なぜ、あの会社は顧客満足が高いのか

オーナーシップによる顧客価値の創造

黒岩健一郎、牧口松二 編著
福冨 言、川又啓子、西村啓太 著

同友館

目次

序章：オーナーシップという鍵……1
Ⅰ．従業員満足を高めれば，顧客満足は向上するか　2
Ⅱ．従業員満足よりオーナーシップ　4
Ⅲ．日本企業のオーナーシップ　5
Ⅳ．一つではないオーナーシップ向上の仕組み　6
Ⅴ．本書の構成　7

第1章：オーナーシップという価値……9
Ⅰ．従業員満足とオーナーシップとの違いの検証～百貨店販売員の調査～　10
Ⅱ．顧客の性質に応じたサービスのあり方～フィットネスクラブの調査～　16
Ⅲ．オーナーシップ・バリュー　モデルとは～本書の分析枠組み～　20

第2章：ザ・リッツ・カールトンとスーパーホテル……27
Ⅰ．はじめに　28
Ⅱ．ザ・リッツ・カールトンのオーナーシップ・バリュー　モデル　32
Ⅲ．スーパーホテルのオーナーシップ・バリュー　モデル　38
Ⅳ．両社のオーナーシップ・バリュー　モデルの比較　42
Ⅴ．むすび　45

第3章：スターバックスとドトールコーヒー……47
Ⅰ．はじめに　48
Ⅱ．スターバックスのオーナーシップ・バリュー　モデル　54

Ⅲ．ドトールのオーナーシップ・バリュー モデル 66
Ⅳ．両社のオーナーシップ・バリュー モデルの比較 77
Ⅴ．むすび 81

第4章：スシローと銚子丸 83
Ⅰ．はじめに 84
Ⅱ．スシローのオーナーシップ・バリュー モデル 88
Ⅲ．銚子丸のオーナーシップ・バリュー モデル 99
Ⅳ．両社のオーナーシップ・バリュー モデルの比較 106
Ⅴ．むすび 108

第5章：プルデンシャル生命保険とライフネット生命保険 111
Ⅰ．はじめに 112
Ⅱ．プルデンシャル生命保険のオーナーシップ・バリュー モデル 118
Ⅲ．ライフネット生命保険のオーナーシップ・バリュー モデル 127
Ⅳ．両社のオーナーシップ・バリュー モデルの比較 139
Ⅴ．むすび 142

第6章：ファーストリテイリングとユナイテッドアローズ 145
Ⅰ．はじめに 146
Ⅱ．ファーストリテイリングのオーナーシップ・バリュー モデル 152
Ⅲ．ユナイテッドアローズのオーナーシップ・バリュー モデル 162
Ⅳ．両社のオーナーシップ・バリュー モデルの比較 169
Ⅴ．むすび 172

第7章：オーナーシップの二つの型 173
Ⅰ．カスタマイズ型とユニバーサル型の顧客価値 174

Ⅱ．カスタマイズ型とユニバーサル型のオーナーシップ・バリュー　モデル　177

第8章：オーナーシップのつくり方……185
Ⅰ．自社の組織にオーナーシップを導入する　186
Ⅱ．オーナーシップを促進するシステムの導入　189
Ⅲ．最期に　195

【付録】　オーナーシップの診断票……197

あとがき……203

参考文献……209

索引……216

序章

オーナーシップという鍵

I 従業員満足を高めれば、顧客満足は向上するか

企業経営において「顧客満足」が重要であることに異論を唱える人は、ほとんどいないだろう。多くの企業の経営理念や企業理念には、「顧客満足」が謳われている。たとえば、アサヒビールグループの経営理念は、「アサヒグループは、最高の品質と心のこもった行動を通して、お客様の満足を追求し、世界の人々の健康で豊かな社会の実現に貢献します」である。また、技術志向が強いイメージをもつNTTドコモでさえも、企業理念は「私たちは『新しいコミュニケーション文化の世界の創造』に向けて、個人の能力を最大限に生かし、お客様に心から満足していただける、よりパーソナルなコミュニケーションの確立をめざします。」となっている。ヱスビー食品にいたっては、企業理念を「真の顧客満足の追求」と定めており、顧客満足が企業理念そのものになっている。

理念に掲げるだけでなく、実際に顧客満足を向上させる活動に取り組んでいる企業も多い。日本マイクロソフトは、役員をはじめ全社員が、顧客満足の向上に関する年間目標を設定し、その評価をするという全社的な取り組みを行っている。まず、顧客の声の収集は、定期的な顧客満足度調査だけでなく、コールセンターやオンラインサポート、営業を通じて、多面的に行っている。つぎに、それらの声を集計・分析し、優先度の高い問題を明確にして、具体策を検討している。そして、部門の壁を乗り越えて、迅速に対応している。

顧客満足の向上に取り組むときに、よく手本にされるのは、東京ディズニーリゾートだろう。事実、顧客満足度は著しく高く、顧客のリピート率も九五％を越えている。経済産業省の委託を受けて日本生産性本部サービス産業生産性協議会が実施している日本版顧客満足度指数調査では、東京ディズニーリゾートは、二〇〇九年の調査で全業種での第一位になっている。同社の顧客満足度が高いのは、さまざまな工夫が施されているからだが、もっとも特徴的なのは、アルバイトを含め、従業員を大切にしていることだろう。同社の哲学[(1)]には、「世界一すばらしい場所を企画、創造、建設

することはできるが、その夢を現実のものにするのはヒトである」という文言がある。東京ディズニーリゾートで働く従業員が「キャスト」と呼ばれていることは、ご存じの読者も多いだろう。掃除を担当する従業員でも、ショーを演じる出演者と捉えられている。また、従業員の表彰制度や従業員向けの特典も整えており、従業員満足度も極めて高い。

東京ディズニーリゾートが行っているように、顧客満足を向上させるために、まず従業員満足の向上から取り組む企業は少なくない。多くの企業がそうするのは、「従業員満足が高まれば、顧客満足が高まる」という因果関係が存在すると考えられているからである。一九九〇年代初期に、ハーバード・ビジネススクールのヘスケット名誉教授とサッサー教授らが「サービス・プロフィット・チェーン」という概念を提示したが、その骨子は、従業員満足が高まれば、顧客満足が高まり、業績も向上するというものである。この概念がビジネス界で普及するにつれ、「顧客を満足させるには、まず従業員から」という考え方が広がっていった。

しかし実際には、東京ディズニーリゾートのようにうまくいっている企業ばかりではない。従業員満足を高めても、顧客満足が一向に高まらない場合もある。従業員を「キャスト」といった呼び名に変えたからといって、すぐに顧客満足が高まるというほど単純なものではない。もっと踏み込んで、職務環境を整えたり、給与水準を上げたりして従業員満足は高まったが、顧客満足は低い水準のままだと嘆く企業もある。単に従業員満足を高めさえすればいいというわけではないのである。

(1)　正式名称は「ディズニー・フィロソフィー」という

Ⅱ 従業員満足よりオーナーシップ

顧客満足を高めるのに、従業員満足は必要だが十分ではない。もっと大切なのは、「オーナーシップ」である。ここでのオーナーシップとは、従業員がストックオプションを利用して、企業の株式を取得するといった意味ではない。「従業員が、勤務する企業をあたかも我が身のように考え、企業やその製品、サービスの成功を自分のことのように喜び、さらなる成功を呼び込むために労をいとわなくなる状態」のことである。

オーナーシップを日本語に訳すのは難しいが、もっとも近い概念は「当事者意識」だろう。従業員が、勤務する企業の業績や評判を「他人事」とは考えず、自分のこととして、すなわち当事者意識をもって捉えているかということである。

オーナーシップは、従業員が単に「満足している」というレベルを遙かに超えたものである。満足はしているがオーナーシップまでは持っていないという従業員は多いだろう。たとえば、勤務する会社が赤字決算を発表したのを聞いて、「今期のボーナスは減るなあ。でも、出るだけ幸せ。」といった程度のことしか感じない従業員である。会社は何をすべきなのか、自分は何をすべきなのかといったことまで思いが到らない従業員である。そのような従業員を、オーナーシップを持つレベルまで引き上げることが大切である。オーナーシップをもつ従業員は、サービスプロセスや職務環境の改善提案を積極的に行うし、自ら先頭に立って提案を具体化させる。

従業員を単に満足させるだけではなく、オーナーシップを持たせることができれば、高いサービス品質が達成され、顧客満足は上昇する。企業内にオーナーシップを持つ従業員がどれだけいるかが鍵になるのである。

ここまで、「従業員満足よりオーナーシップ」と、ややセンセーショナルに表現してきたので、オーナーシップは従業員満足と対立する概念で、サービス・プロフィット・チェーンを否定するものと感じた方がいるかもしれない。しかし、実は、オーナーシップの概念を提唱したのは、サービス・プロフィット・チェーンを提唱したヘスケット名誉教授とサッサー教授らである。彼らは、サービス・プロフィット・チェーンの概念を自ら否定しているわけではない。サービス・プロフィット・チェーンの考え方を取り入れている先端企業の分析から、オーナーシップという概念を導き出した。したがって、サービス・プロフィット・チェーンの進化形と考えればよい。ただ、これまでと違うのは、従業員満足は前提条件であり、それを越えるオーナーシップを引き出すことがより重要と説いていることである。

Ⅲ 日本企業のオーナーシップ

ヘスケット名誉教授らの最近の著作 The Ownership Quotient: Putting the Service Profit Chain to Work for Unbeatable Competitive Advantage（川又啓子他訳『オーナーシップ指数：サービスプロフィットチェーンによる競争優位の構築』同友館）では、オーナーシップ概念の説明から、戦略におけるオーナーシップの位置づけ、オーナーシップを高める方法、オーナーシップが高まる文化について、詳しく説明している。事例も豊富に取り上げており、ハラーズ・エンターテイメントやフェアモント・ホテル&リゾートといった米国企業を通してメカニズムを解説している。

しかし、これらの事例は日本人にはなじみがないので、得心がいかない部分もあった。そこで、日本人ビジネスパーソンにもよく理解できるように、オーナーシップの概念を使って、日本市場で活躍する企業を分析したのが本書である。われわれは、ホテルやカフェなどのサービス業で、誰にでも知られている企業を取りあげて、オーナーシップ概念を中核に据えて分析した。

サービス業に絞ったのは、サービス業では、従業員のオーナーシップを育成することが簡単な課題ではないからだ。製造業であれば、開発者やメカニックが自社や自社製品に対して極めて強い思い入れを抱き、オーナーシップを感じることはありそうである。しかし、サービス業や販売業においては、元来離職率が高く、雇用も不安定である。このように不安定な雇用条件において、サービス品質の向上と維持、知識や情報の共有、チームによる協働、優秀な従業員の離職の抑制を図るために、オーナーシップを育成することが極めて重要であろうとわれわれは考えるからである。

本書を企画した背景には、もう一つ問題意識がある。それは、日本企業にとっても、オーナーシップは重要なのかという疑問である。米国では転職が頻繁に行われるので、従業員が会社に対してオーナーシップを持つことは難しいかもしれない。したがって、オーナーシップを高めることに意味があるだろう。しかし、終身雇用が前提となっている多くの日本企業にとって、オーナーシップは当たり前のことのように思える。家庭を犠牲にして会社に尽くす日本人ビジネスパーソンのことを考えれば、日本企業があえてオーナーシップという概念を重視する意味はないのかもしれない。

しかし、一方で、「若手社員に自発的に働いてもらうにはどうしたらよいのか」と悩むミドルマネジメント層が多いという側面もある。当事者意識の欠けた若手社員に苛立つ当事者意識の高いミドルマネジャーの声をよく聞く。日本企業では、オーナーシップに関して、世代間格差が大きいのかもしれない。また、彼らの話によれば、当事者意識の欠けている従業員が増えてきて、当事者意識の高い従業員が多いことを前提にして機能してきた仕組みにほころびが出てきているようだ。こうした点からも、日本企業のオーナーシップをあらためて考える意義はあるだろう。

Ⅳ 一つではないオーナーシップ向上の仕組み

われわれは、オーナーシップが高いと思われる企業を分析するうちに、オーナーシップを高める仕組みは、一つではないということに気づいた。

そもそも、従業員満足を高める仕組みも一つのタイプに収斂するものではない。何に対して満足しているのかによって、仕組みは異なる。給与が高いことに満足している従業員と仕事自体におもしろさを感じている従業員では、総合的な従業員満足度の数値は同じかもしれないが、それを高めるための方策はまったく違うだろう。従業員満足をもたらしている源泉を解明することが重要である。前述した東京ディズニーリゾートの仕組みを真似てもうまくいかない企業があるのは、この点が大きく影響しているのである。

オーナーシップもまったく同じだ。オーナーシップを生み出す仕組み、そして顧客満足への影響度合いもワンパターンということはないだろう。

そこで、われわれは研究対象企業として、五つのサービス業界から、業績が良く顧客満足度も高いと思われる企業を一つではなく、複数選定することにした。その上で、顧客満足の仕組みに違いがありそうな二社を抽出した。その二社を比較することによって、各々の仕組みの特徴を抽出していったのである。

ヘスケット名誉教授らの著作では、明示的にタイプを分類しているわけではないので、この部分が本書のオリジナリティと言えるだろう。

V　本書の構成

第1章では、まず、顧客満足を高めるためには、盲目的に従業員満足を高めれば良いというわけではないことを例示する。百貨店の販売員に対する調査では、従業員満足が高くても、その従業員が顧客満足を高めるような行動をするわけではないことが明らかになる。そして、顧客満足を高めるためには、従業員満足よりも従業員のオーナーシップがより重要であることを、定量的に示す。

つぎに、顧客満足を高める仕組みは一つではないことを指摘する。あるフィットネスクラブの調査では、郊外の店舗と都心の店舗では、顧客満足を高める仕組みが全く異なる事が明らかになった。同じ看板のフィットネスクラブであっても、出店場所によって異なるのである。

第1章の最後では、第2章以降の事例研究を理解するうえで必要な道具立てを整える。オーナーシップの概念はもちろん、オーナーシップ・バリュー モデルという分析枠組みについても解説する。

第2章から第6章までは、五つのサービス分野から二社を取り上げ、それぞれの仕組みを分析する。取り上げた業界は、ホテル、カフェ、回転寿司、生命保険、アパレルである。各業界の二社をオーナーシップ・バリュー モデルを使って分析し、両社の違いを浮き彫りにする。

そして、第7章では、第2章から第6章までで行った分析結果をまとめ、われわれの最終的な主張を提示しよう。そこでは、2つのタイプの仕組み、カスタマイズ型とユニバーサル型の特徴が対照的に説明される。

また、第8章では、自社の組織にオーナーシップを導入する際の手がかりも提示した。読者の勤務する企業でオーナーシップの概念を通して顧客満足を向上させ、業績を上向きにするための方法論を示した。巻末には、オーナーシップの診断表も掲載してある。この診断表で、読者の勤務する企業がどのような状態であるかを把握した上で、自社のタイプを認識し、具体的な活動に落とし込むことができるようになっている。

本書が読者の企業の顧客満足の向上、ひいては業績の改善に少しでも貢献できることを願っている。

第1章

オーナーシップという価値

I 従業員満足とオーナーシップとの違いの検証～百貨店販売員の調査～

この節の目的は、ある調査結果を用いて従業員満足と顧客満足との間の関係を明らかにし、さらに、企業がオーナーシップを育成することの意義について手がかりを得ることにある。手短にいうと、この節における課題は、果たして本当に従業員満足は顧客満足につながるのか、という問いに挑戦することである。

序章で紹介したサービス・プロフィット・チェーンが日本で有名になったのは、高い顧客満足を達成している企業の従業員満足もまた高い、という命題がシンプルに実務家や研究者の共感を呼んだことにもよるだろう。彼らがいうのは、どちらが先かということではなく、顧客満足と従業員満足との間に連鎖する関係があるということだが、この知見を実務的に生かそうとするとき、顧客満足を高めるために従業員満足を高めようとすることは本当に有効なのだろうか。序章で触れたように、従業員満足を高めることによって顧客満足を向上した東京ディズニーリゾートは模範的な事例のようにみえる。しかしながら、その考え方は普遍的に有効な考え方といえるのだろうか。

この節では、百貨店において接客・サービスにあたる従業員たちを対象とした調査結果を報告し、従業員満足と顧客満足との間には直接的なリンクがないことを明らかにする。したがって、顧客満足を得るために従業員満足を高める、という施策が必ずしも適切でないことに根拠を与えることになる。さらにこの調査結果が示唆するのは、従業員のオーナーシップが顧客満足を高めるような望ましい販売・サービス活動を展開させる、という知見である。これらの根拠にもとづいて、次節あるいは本書における事例研究の問題意識を明確にしていきたい。

◆調査の概要

従業員満足と顧客満足との関係を分析することは容易ではない。というのも、「顧客が満足しているか」を従業員に尋ねても正しい答えは得られないだろうし、「従業員が満足しているか」を顧客に尋ねても同じである。分析のために情報源を統一することが難しいのである。そこで本節では、百貨店の従業員に対して、顧客満足を促進すると思しき「企業にとって望ましい結果」と彼・彼女たちの満足との間に関連があるかを検証する。同時に、われわれが事例研究を通じて提案するのは従業員の当事者意識、さらにいうと情熱や責任感を象徴する「オーナーシップ」を育成することの重要性である。オーナーシップと従業員たちの望ましい行動実態との間の関係も明らかにする。

調査は二〇一〇年一一月から翌年二月までの期間において、いくつかのアパレル・メーカーとある大手百貨店の協力を得て実施された。日本の百貨店は比較的高価な商品を取り揃えており、商品それ自体の魅力だけでなく、価格に見合った質のサービスを提供することが望まれる業種である。サービス水準が求められない環境の従業員のサービス水準を左右する要因を探っても意味がない。

また、本調査に回答を寄せたのは、アパレル・メーカーや百貨店にとって重要な人物の紹介によって集められた人たちである。ここでいう重要な人物とは、たとえば、狭小なスペースで年間二億円を売り上げる店舗の店長や在職中に経営学修士号を取得し、修了後すぐに海外の重要市場への赴任が決まっているような人物である。こうした人物たちに質問票を預け、彼・彼女の周囲の人々から回答を得る、という手続きを踏んだ。一〇〇名そこそこのデータを適当に集めてもまったく無意味であるため、調査協力企業にとって欠くべからざる人々とそのコミュニティに属する人たちを調査対象とすることによって、少しでも有用な結論を導きたいと考えたからである。

◆調査と分析の方法

本調査のため、二〇〇九年の暮れからプレテストを実施し、調査協力者や回答を依頼する候補者たちの意見を取り入れて質問票を作成した。アパレル・メーカーから七一名、大手百貨店から五五名、合計で一二六名の従業員から回答を得たのち、分析に用いる項目について欠損のある回答を削除、一一三名分のデータを用いて分析を行った。

分析は、企業の施策（四項目）や従業員の個人的性格（三項目）とともに従業員満足やオーナーシップを原因として、企業にとって望ましい結果（六項目）がもたらされるかどうかを検証する重回帰分析である。この分析モデルを簡潔に図示したものが図1である。具体例をあげると、「義務以上のサービスを提供しているか」という望ましい結果の一つに対して「職務の説明を受けているか」（企業施策の一つ）や「競争を望む性格か」（個人的性格の一つ）、「あなたは満足しているか」（従業員満足）、「あなたは企業の成功をあなた自身の成功と同じように思うか」（オーナーシップ）といった項目が与える影響力を比較するものである。データソースの違い（アパレル・メーカーか大手百貨店か）も原因の一つとして分析に加えた。調査項目のリストは表1のとおり。雇用者の違い以外の項目はすべて、「まったくそうは思わない（とても不満）」から「とてもそう思う（とても満足）」までの七段階で測定した。分析結果は表2のとおりである。なお、分析結果の読み取りに関する説明は別枠内において行う。本文には調査結果から察せられることについて述べる。

図1：百貨店の販売員調査〜分析モデル〜

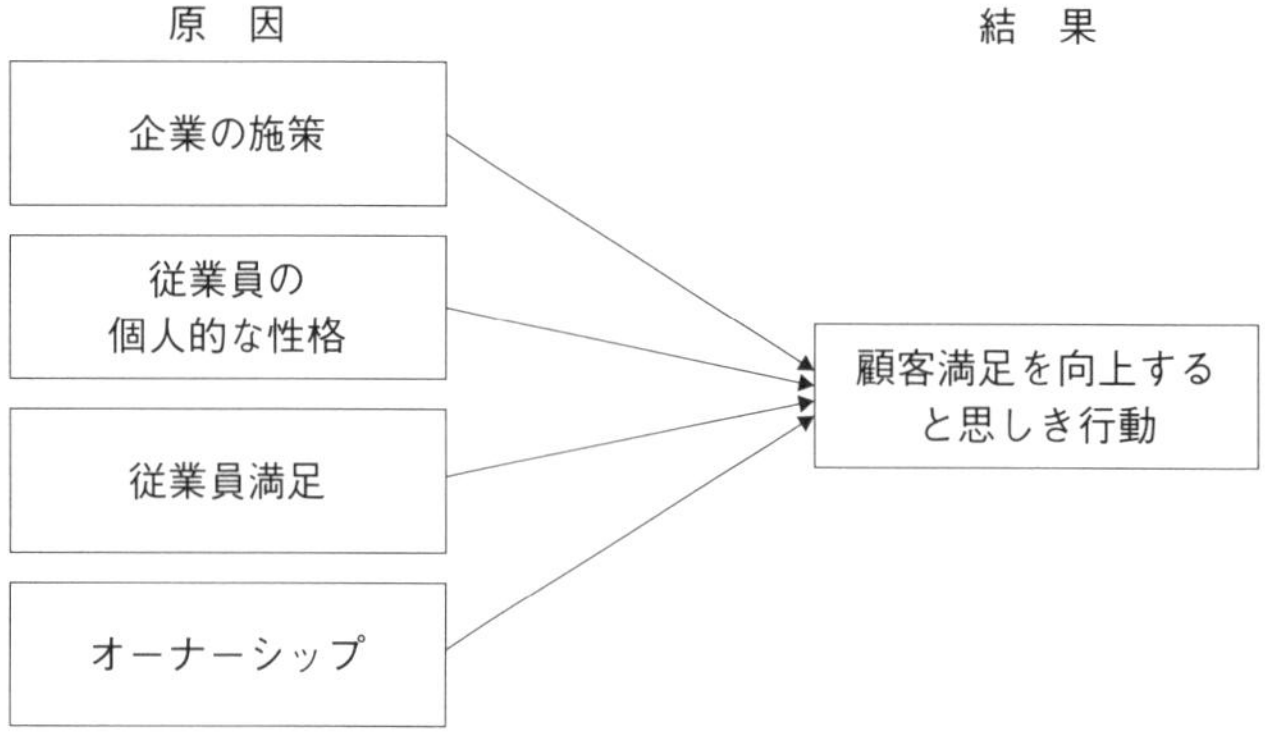

表１：百貨店販売員への調査項目

原因		質問項目（測定方法）	出典・参照
企業の施策	自律性	仕事を進める上で自由度を発揮している	
	職務の矛盾	社内には、自分の仕事の進め方に反対する人もいると思う	Rizzo et al., 1970; Noble 2008
	職務の説明	自分が何をなすべきか、について十分に詳しい説明を受けている	Rizzo et al., 1970; Noble 2008
	評価の公平性	職場での評価は公平だと思う	Arndt et al. 2006
個人の性格	内発的動機	販売の仕事で成功することは、自分自身の望んでいることの一つだと思う	Oliver & Anderson 1994; Noble 2008
	マルチタスク志向	自分は、同時に複数の作業をこなすことができる	Arndt et al. 2006
	競争志向	自分のことを、競争を望むタイプだと思う	Brown et al. 1998
従業員満足		給料、仕事の内容、やりがい、自分自身の成長、職場環境（人間関係を除いて）、販売職に就いている自分自身のこと、以上６項目への回答を平均	Hackman & Oldham 1975; Mulki et al. 2008
オーナーシップ		勤務先の企業の成功は自分自身の成功のことのように嬉しい	Heskett et al. 2008
百貨店ダミー		雇用者が大手百貨店の場合１、アパレル・メーカーの場合を０とする	
目的変数			
顧客適応した販売		お客様にあわせて販売方法や接客方法をアレンジしている	Robinson et al., 2002; Jaramillo & Grisaffe 2009
顧客に対するケア		お客様へのケアは十分にできている	Bettencourt et al. 2005
義務以上のサービス		お客様には、義務以上・必要以上のサービスを提供している	Netemeyer & Maxham III 2007
同僚を手助け		同僚が仕事上の問題を抱えているとき、よろこんで手助けをする	Netemeyer & Maxham III 2007
新人教育に積極参加		新人や経験の浅いスタッフに対して、必要以上の手助けをしている	Netemeyer & Maxham III 2007
長期勤続の意志		現在の職場・勤務先での仕事を長くつづけたい	Dooley, et al. 1987

表２：分析結果

		顧客に対する「望ましい結果」			同僚や組織に対する「望ましい結果」		
		顧客適応した販売	顧客に対するケア	義務以上のサービス	同僚を手助け	新人教育に積極参加	長期勤続の意志
原因							
企業の施策	自律性	.081	.007	.076	.124	−.017	.075
	職務の矛盾	−.051	−.091	−.071	−.161	.013	.132
	職務の説明	.019	.190 **	.233 **	.141	.175	.053
	評価の公平性	−.170	−.002	−.129	−.036	−.152	.114
個人の性格	内発的動機	.052	.168	.197 **	.241 **	.037	.283 ***
	マルチタスク志向	.125	.195 **	.099	.096	.337 ***	−.107
	競争志向	.041	.042	.141	−.007	.199 **	.126
従業員満足		.208	.069	.107	.122	.208 **	.030
オーナーシップ		−.064	.258 **	.251 **	.121	.015	.235 **
百貨店ダミー		−.293 ***	−.077	−.058	−.204 **	.055	.085
R^2（調整済み）（モデル5）		.141	.217	.288	.273	.251	.264
ΔR^2 モデル1		.056	.115 ***	.150 ***	.149 ***	.096 **	.152 ***
ΔR^2 モデル1→2		.065	.114 ***	.139 ***	.135 ***	.185 ***	.122 ***
ΔR^2 モデル2→3		.014	.010	.017	.010	.032 **	.007
ΔR^2 モデル3→4		.006	.041 **	.040 **	.006	.000	.040 **
ΔR^2 モデル4→5		.075 ***	.005	.003	.036 **	.003	.006

p<.05、*p<.01。
回帰係数はすべて標準化。ΔR^2の値は、調整前の決定係数の増分。原因変数間に相関がある場合にも、VIF の値は許容範囲であり、多重共線性の問題は回避できている（Burns&Bush 2000）

表２の分析結果について

本文中の発見事実は、本表に記載されている回帰係数の値と決定係数の増加量をみて得たものである。最上段に並ぶのが企業にとって望ましい結果である六項目、左列に並ぶのが原因として仮説する企業の施策など全一〇項目である。

たとえば、「顧客に対するケア」に対して、従業員満足の回帰係数は0.069であるが統計的に有意な水準を満たしていない。一方オーナーシップの回帰係数は0.258、顧客に対するケアに正の影響力があり、統計的に有意な水準を満たしている。

また、望ましい結果に対して企業の施策（四項目）だけを原因として分析したものをモデル１、個人的な性格（三項目）を加えて分析したものをモデル２、従業員満足をモデル３において加え、オーナーシップ、百貨店ダミー（雇用者のちがい）をそれぞれモデル４、モデル５において加えた。

このように原因と考えられる項目を追加していくことによって、分析が改善されたかどうかを検証するものがΔR^2（決定係数の増分）である。たとえば、「義務以上のサービス」を結果とした分析は、モデル２をモデル３とすることによって決定係数が0.017上昇するが、統計的に有意な水準で分析を改善していない。すなわち従業員満足を加えて分析したとしても、分析モデルの説明力は上がらないのである。他方、オーナーシップを加えて分析したモデル４において、決定係数が0.40上昇し、統計的に有意な水準で分析モデルを改善している。よって、オーナーシップは「義務以上のサービス」を左右する要因であると結論づけられる。

◆分析結果

分析結果のなかで、まず注目に値するのは、従業員満足が企業にとって望ましい結果をもたらしていないことである。唯一望ましいことは、満足度の高い従業員が新人従業員に対して積極的に教育することであるが、従業員満足と顧客に対するサービス提供との間には直接関係がない。最悪のケースを想像すると、顧客に対して望ましくない姿勢まで新人に教育するケースがあるかもしれない。

一方で、オーナーシップはいくつかの望ましい結果をもたらしている。顧客に対するケアや義務以上のサービスを提供することに対してプラスに作用しているし、何より、雇用者によって優秀であると期待されている従業員とその周囲の人々が当該企業に長く勤続しようとしている点も興味深い。

以上の分析結果より、「ただ満足している」従業員は企業にとって望ましい結果をもたらさず、「企業の成功を自分自身の成功のように思う」従業員こそが顧客満足に結びつくような行動に積極的である可能性が示唆された。たとえば、「仕事をしないでよい」場合の従業員満足は高いかもしれない。「顧客の要望に応えなくてもよい」従業員も職務に満足しているかもしれない。恐らく多くの人たちが懐疑的であったとおり、従業員満足は顧客満足に単純に結びつくものとは考えられない。したがって、本節の分析は「顧客満足を高めるため、まずは従業員満足を高めよう」という意識づけは適切でないことを示唆している。

対照的に、オーナーシップは企業にとって望ましい結果をもたらすことが検証された。しかしながら、この分析において測定したオーナーシップは企業にとって望ましい結果をもたらす原因として扱うよりもむしろ、何らかの要因によってもたらされる結果として扱うべきものであろう。オーナーシップはどのように高めることができるのだろうか。従業員が勤務先の企業のことを自分自身のように感じるに至るまでのプロセスこそが重要である。その解明こそが本書に課せられた重要な課題であるといえる。また、東京ディズニーリゾートは、従業員の満足ではなくオーナーシップを高めている事例といいかえる方が適切かもしれない。

本節の調査結果から、顧客満足を向上する要因としてオーナーシップが重要ではないだろうか、という手がかりをえることができた。オーナーシップをどのように育成するか、という問題が重要な研究課題であることも提起されている。さらに次節において、顧客満足を向上する仕組みについて、フィットネスクラブの調査結果を用いて検討を加える。

Ⅱ 顧客の性質に応じたサービスのあり方～フィットネスクラブの調査～

◆フィットネスクラブの仕組み

人がフィットネスクラブへ通い始める理由は何か。「痩せたい」「鍛えたい」「友達に誘われたから」「お風呂やジャグジーでリラックスできるから」。さまざまな理由で多くの顧客が集っている。しかしフィットネスクラブの入会者が一年後も継続して会員になっている割合はわずか四〇％弱である。つまり一〇人入会したら六人は途中で離脱してしまう状況になっている。

一般的にフィットネスクラブの収入の九〇％は会員の月会費で賄っている。経費のほとんどが人件費、賃借料、機材費、水光熱費などの固定費である事業者側としては、入会した会員にできる限り長く継続してもらうことが、不可欠となる。そのためには会員の満足度、ロイヤルティを高めていく施策を行っていくことが、ビジネスを永続させるうえで必須となっている。しかしやみくもに施策を行ったとしてもそれが会員の満足に繋がるかどうかがみえないと、限られた資源の浪費になってしまう危険性も拭えない。そのためには顧客の声を確認し、手立ての効果を把握する必要性が出てくる。

ここに筆者が、あるフィットネスクラブと共同で行った会員に対するアンケート調査を分析した結果がある。このフィットネスクラブは、首都圏、関西を中心に、四十数店舗のクラブを運営する事業者である。元々は、都心のターミナル駅近辺に出店し、徐々に沿線の郊外までエリアを拡げていった。このフィットネスクラブでも他のクラブ同様に、会員の継続率をいかに高めていくかに課題が置かれていた。会員の満足度、継続率を高める手立てを講じるにあたり、現会員がどのような要因で満足し、継続しているかを定量的に把握するために、三〇〇〇名弱のアンケート調査を実施した。

そこから導出された発見は、クラブの立地によって、会員の維持率を高める構造が大きく異なっていることであった。四十数店舗のクラブを都心のターミナル駅付近に立地する都心店と、郊外エリアに立地する郊外店に分けて、それぞれの要因をパス解析した結果が図2と3である。以下に郊外店と都心店での差異を分析結果から説明していく。

◆アンケート結果からの解析～都心店と郊外店の差異

ここでこの解析図の見方を説明しておく。図2で示されている円が、個々の質問を纏めた因子群である。「ピープル」と示したものが受付やジム、プールでのスタッフの対応の良さなどを示したものである。つぎに「プログラム」はスタジオやプールなどで行われるエアロビクスやヨガ、ピラティス等のプログラムの編成や内容などに関する評価である。「インフォメーション」とは会員向けのメールや会報誌などの情報発信に関する評価である。「ハード」とはフィットネスクラブでの施設全体、ジムやプール、ロッカー、入浴施設等の文字通りハードの品質評価である。それぞれの円から矢印で示されているのが、評価の因果関係と捉えられる。そして矢印上に示される数値や線の太さが影響の大きさである。たとえば「ピープル」の評価が一単位上がると、他の項目に変化が無い限り、その線の先のクラブ全体の「品質評価」の数値が〇・一三ポイント向上すると読み取れる。

ここで都心店の解析結果を俯瞰すると、「プログラム」の影響度の大きさが目に付く。「プログラム」の影響度が一・一一という数値となっている。これは「プログラム」の評価が一単位向上すると、一・一一ポイントもフィットネスクラブの「品質評価」が向上することを意味している。この影響度は逆にも作用する。つまり「プログラム」の評価が一単位下がれば、同様に「品質評価」も一・一一ポイントも下がりうることを意味している。実際に詳細に分析してみると、会員からの評価で、「プログラム」の運営について不満が出ていることが伺えた。このフィットネスクラブは最先端の人気プログラムに定評があり、それだけに人気のプログラムには、「混んでいて時間通りに行っても入れないことが多い」「整理券にも行列ができ並ばなければいけない」「行列に殺到する会員が多く、参加する気にならない」等の運営の稚拙さへの不満が出ていた。

都心に立地する店舗だけに、会員の年齢構成も若年層が相対的に多く在籍している。彼・彼女らにとって、フィットネスクラブを継続する理由として、プログラムの中身の質と運営の円滑さに大きく依拠することが解析結果から伺えた。相対的に見るとスタッフの対応等は、都心店の会員にとってあまり重要な要素ではないと伺える。会員が求めることは、スタッフとの過度なコミュニケーションよりも、淡々とプログラムができて、「痩せたい」「鍛えたい」とい

図2：都心店での解析結果

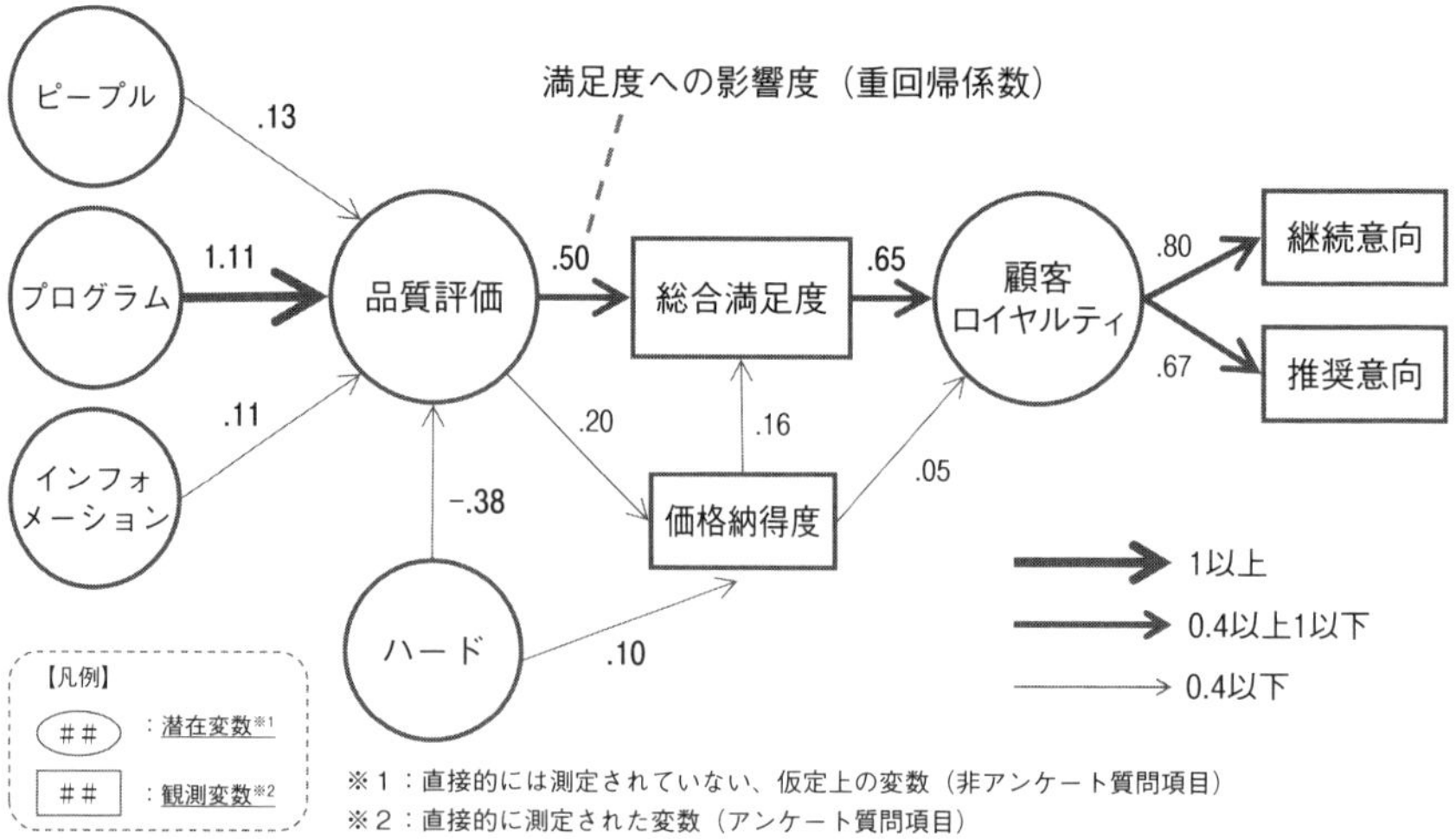

※1：直接的には測定されていない、仮定上の変数（非アンケート質問項目）
※2：直接的に測定された変数（アンケート質問項目）

う目的を果たせることである。それがフィットネスクラブに求める価値ではないかと推察される。

一方、郊外店での結果をみてみると、その様子が変わってくる。「ピープル」の影響度が、〇・四六と非常に高くなり、「プログラム」の影響度が〇・四七と都心店と比べて低くなっていく。郊外店の在籍会員の年齢層も、都心店と比較して高い。また在籍期間も長い会員が多い。彼・彼女らにとって、「プログラム」の質も重要だが、それと同じぐらい受付やインストラクター等スタッフの接遇も大切な要素となっている。在籍期間が長くなると顔見知りのスタッフも増え、体調の変化の気づきや改善へのアドバイス等のような人的なコミュニケーションが、フィットネスクラブを続けていく動機に大いに寄与していると推察される。

◆マネジメントへの示唆

この結果から、フィットネスクラブのマネジメントに得られる示唆は何だろうか。一つは同じ看板を背負っている店でも、その立地特性によって、顧客特性が変わってくることである。顧客特性が変わるということは、顧客への提供価値も変化していく、つまりビジネスモデルも異なってくる。

図３：郊外店での解析結果

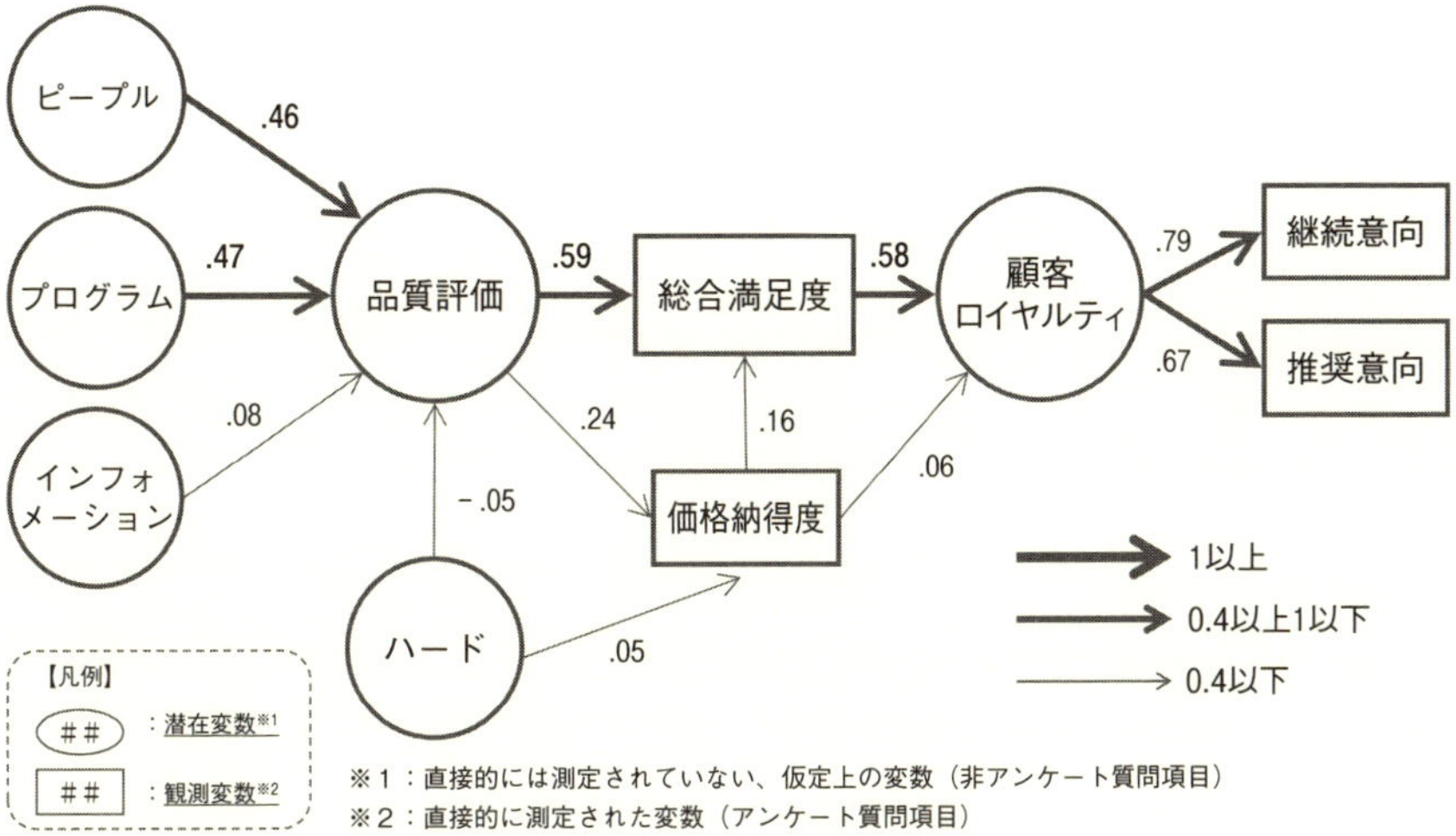

※１：直接的には測定されていない、仮定上の変数（非アンケート質問項目）
※２：直接的に測定された変数（アンケート質問項目）

二つ目は投資の力点を、その店舗のもつ立地特性、顧客特性によって、使い分けなければならないことである。このフィットネスクラブの例では、都心店で注力すべきことは、まず「プログラム」のオペレーションを改善していくことである。一方で郊外店においては、「プログラム」の改善とともに、「ピープル」の評価を上げるようなスタッフの接遇品質を高めることである。しかしスタッフの接遇品質といってもマニュアルを整備するだけではフィットネスクラブの対応力は整備されない。多分にスタッフの経験知やコミュニケーション能力に負うところが大きい。一方、このフィットネスクラブのスタッフの八〇%は非正規社員、つまりパートやアルバイトの従業員である。したがってマネジメントとしては、できる限りスタッフの継続率を高めることで、経験や知識を蓄積することを促進していかねばならない。

フィットネスクラブという同じサービス、同じブランドで展開していても、立地という特性の違いによって、顧客属性が変化し、ロイヤルティの要因も微妙に異なってくるという事実がみられた。本章での論点は、同じ業種のサービスにおいても、顧客の購買決定要因が変わってくれば、その担い手である従業員のオーナーシップの持たせ方、すなわち働くことで喜びを見出すポイントも大きく変わってくると考えられる。自分たちの顧客は誰で、自分たちの商品にどのような価値を求めているのか。そのために従業員はどのような特性を持った人間が必要で、それがどのような場面でどのような能力を発揮するべきか。そうした価値を形成する型、パターンが明確化されることによって、貴重な資源をどこに注力すべきかの優先順位が見えてくるのではないだろうか。

Ⅲ オーナーシップ・バリュー　モデルとは～本書の分析枠組み～

百貨店の販売員への調査結果が示すように、従業員満足がかならずしも顧客満足を向上する望ましい活動を引き出すとは限らない。従業員満足よりも、むしろオーナーシップの方が、影響力が大きかった。ここから導かれる第一の仮説は、従業員満足よりも従業員のオーナーシップの方が、顧客満足に強い影響を与えるというものである。

つぎに、フィットネスクラブの事例が示すように、顧客満足を高める仕組みは、顧客特性によって異なることがわかった。すなわち、第二の仮説は、顧客満足を高める仕組みは一つではないというものである。

これら二つの仮説を包含するように、われわれは新しい分析枠組みを開発した。それがオーナーシップ・バリューモデルである。このモデルを携えて、第2章以降では、業界ごとに二つの企業を取り上げ、顧客満足の仕組みを分析していく。

オーナーシップ・バリュー モデルの説明に進む前に、このモデルの原型であるサービス・プロフィット・チェーンの復習から始めよう。

◆サービス・プロフィット・チェーン

サービス・プロフィット・チェーンは、サービス・マーケティングの研究分野で、収益性や成長性の源を説明するフレームワークとして生まれた。「チェーン」という言葉が使われているのは、従業員への対応品質から業績までのいくつかの概念のつながりを示しているからである。また、「サービス」という語が入っているのは、サービス業、とくに労働集約型サービス業で顕著に見受けられる傾向だからである。ただ、製造業でも当てはまらないわけではない。

具体的には、図4が示すように、従業員に対するサービスの品質（内部サービス品質）を高めることが起点になる。それが高まれば、従業員満足が向上する。つぎに、従業員満足が高まれば、従業員の維持率が高まる。また、従業員の生産性も上昇する。これによって、サービスの価値が高まり、顧客は満足する。顧客は、製品・サービスに満足すると、また同じ製品を購入する確率が高い。顧客の再購買率（顧客ロイヤルティ）が高まれば、売上も利益も向上するというわけである。

サービス・プロフィット・チェーンには、批判もある。たとえば、顧客ロイヤルティが収益性を高めるとは限らないという指摘である。長期顧客は、取引金額が大きいので、自らが重要な存在であるという立場を利用して最上級のサービスや値引きを要求することがある。また、従業員満足が従業員の生産性を高めることにはならない場合があることは、序章や本章の第Ⅰ節で指摘した通りである。

このような批判はあるものの、サービス・プロフィット・チェーンを支持する研究結果も数多く存在する。また、シンプルでわかりやすい構造であるためか、実務界にも浸透しており、信奉者も多い。

◆オーナーシップ

オーナーシップの概念については、序章や本章のはじめにすでに説明しているが、若干の補足をしておこう。

この概念は、二〇〇八年に、サービス・プロフィット・チェーンを提唱したヘスケット名誉教授とサッサー教授らが提示したものである。彼らは、サービス・プロフィット・チェーンを経営に適用してきた先端的な企業を研究していく中で、このオーナーシップの概念にたどり着いた。研究対象とした企業は、いずれも、中核となる従業員を支援しており、その従業員たちは、業務プロセスの変更や製品改良の提言を行ったり、新製品のテストに自ら参加したりしていたからである。

彼らのオーナーシップの捉え方は、図5に示すように、従業員の心理状態の階層の

図4：サービス・プロフィット・チェーン

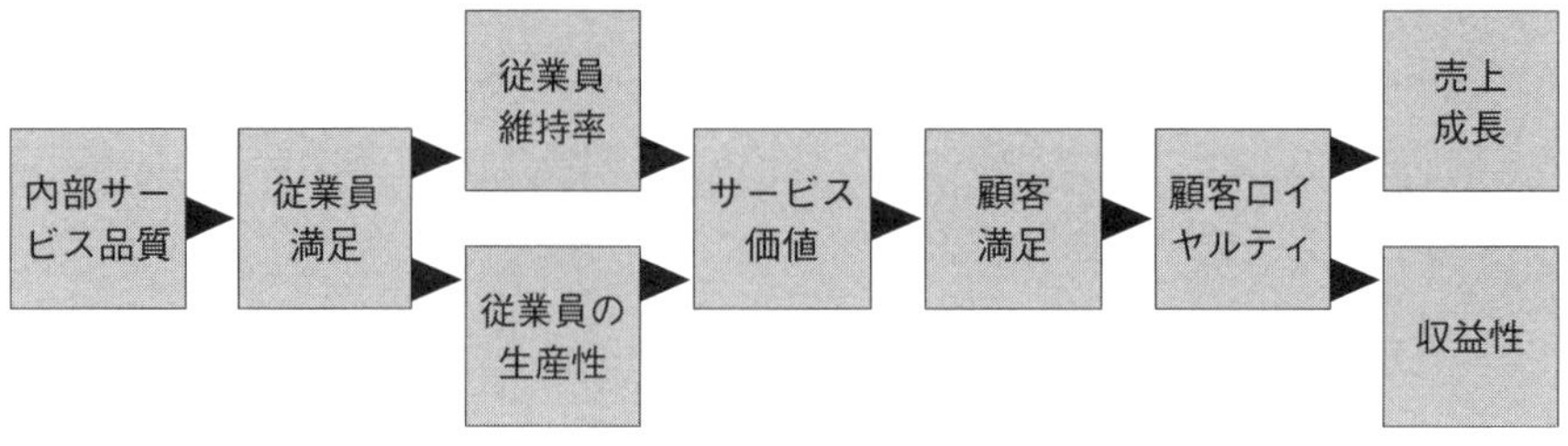

出所：Heskett J. L., T. O. Jones et al.（1994）“Putting the Service-Profit Chain to Work,” Harvard Business Review

最上位に位置づけられるものとしている。最下層の「気づきと好奇心」のレベルは、従業員として雇用される前の求人者が、よい職場として認知している状態である。次のレベルの「トライアル」も、求人者が応募する行動までにいたる、働いてみたいと望む状態である。これらは、従業員ではなく、求人者の心理状態である。従業員の心理状態は、その次の「満足」からとなる。

満足は、一般に、職務や職務環境、報酬、人間関係などへの総合的な満足状態を示す。「ロイヤルティ」は、継続的に勤務することを示す。他の魅力的な職場への勧誘が来ても、転職する気のない状態と言い直すことができるだろう。「コミットメント」は、さらに、他者に自分の職場を勧めるほど関与が高い状態である。そして「使徒のような伝播力のある行動」とは、他者への紹介行動を「コミットメント」のレベルよりも積極的に行おうとする状態である。そして、最上位の「オーナーシップ」となる。

オーナーシップと従業員満足との違いが明確になっただろうか。従業員満足は、職場に満足しているかどうかであるのに対して、オーナーシップは、勤務先企業のこ

図5：オーナーシップ階層

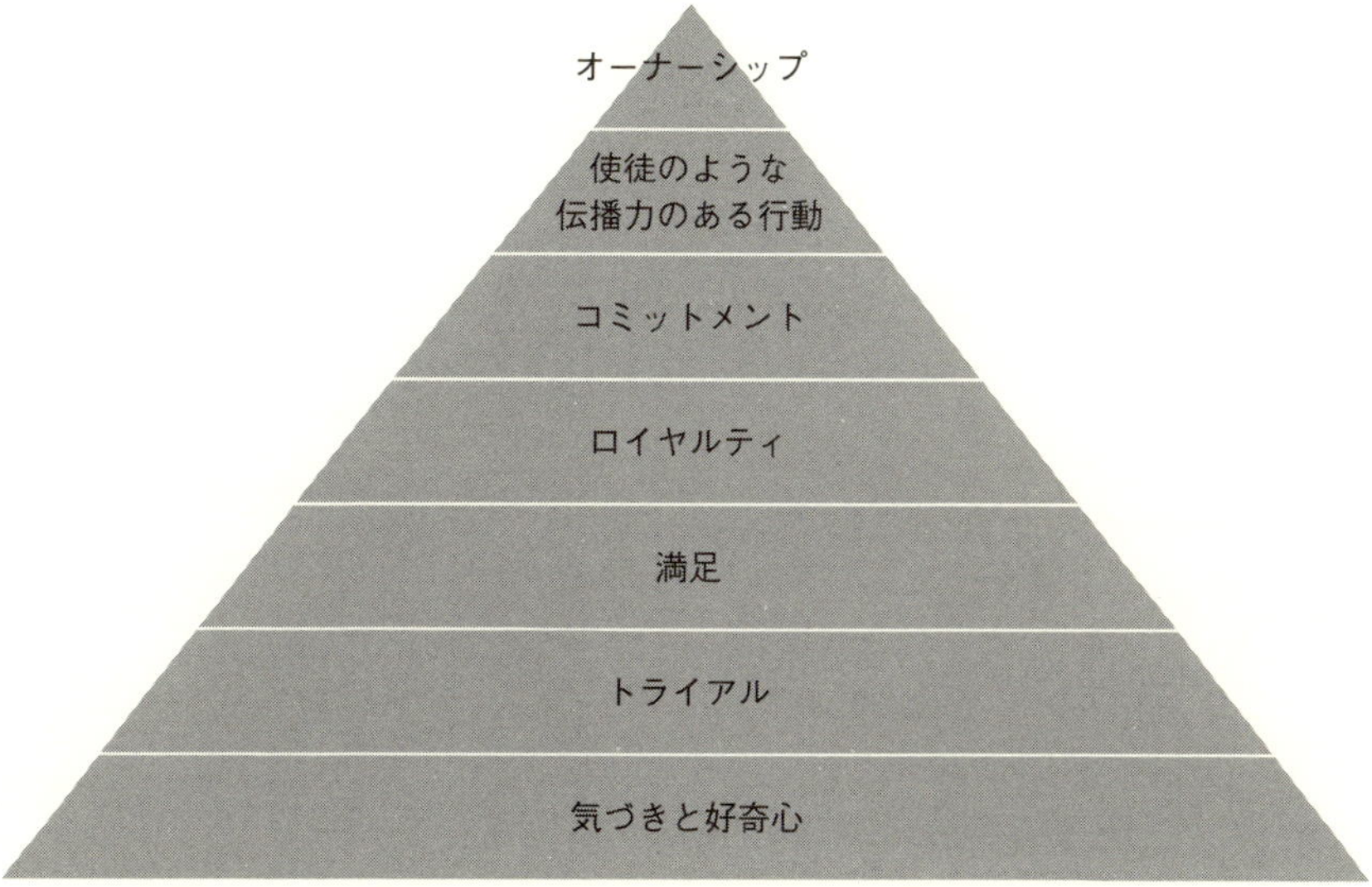

出所：Heskett J. L., W. E. Sasser and J. Wheeler (2008) *The ownership quotient: putting the service profit chain to work for unbeatable competitive advantage, Harvard Business School Press.*

とを我が身のことと同じように思うかどうかである。職場に満足していないとオーナーシップは生まれにくいので、従業員満足はオーナーシップの前提条件である。そして、オーナーシップは従業員満足の状態をはるかに越えたものと考えられている。

実は、ヘスケット名誉教授らは、このオーナーシップの概念を顧客にも適用している。上記の従業員の階層と同様に、顧客の満足、顧客のロイヤルティ、最上位には顧客のオーナーシップという階層も提示している。顧客も満足レベルにとどまらず、オーナーシップをもつレベルにまで向上させることが重要と主張している。これも興味深い考え方ではあるが、本書では混乱を避けるために扱っていない。

最後に、本書でのオーナーシップの定義を再掲しておこう。オーナーシップとは、「従業員が、勤務する企業をあたかも我が身のように考え、企業やその製品、サービスの成功を自分のことのように喜び、さらなる成功を呼び込むために労をいとわなくなる状態」のこととしている。

◆オーナーシップ・バリュー モデル

オーナーシップ・バリュー モデルは、われわれが開発した新しい分析枠組みである。オーナーシップを中核にして、企業が事業成果を生み出す仕組みを理解することが目的である。

基本的な骨格は、サービス・プロフィット・チェーンを原型にしている。図6のように、このモデルは、従業員のオーナーシップと顧客価値、そして業績へのチェーンを示す。サービス・プロフィット・チェーンと異なるのは、まず「従業員満足」を「オーナーシップ」に置き換えた点である。われわれの第一の仮説、すなわち「従業員満足よりも従業員のオーナーシップの方が顧客満足に強い影響を与える」は、ここに加味されている。「サービス価値」は、「顧客価値」という言葉に換えているが、意味するものは同じである。「顧客満足」以降のチェーンは、「事業成果」に集約した。

さらに、第二の仮説を反映させるために、オーナーシップと顧客価値を生み出す要素は、詳細かつ柔軟に記述ができるようにした。

このモデルは二つのシステムから構成される。図の左側に位置する一つめのシステムは、オーナーシップ育成システムである。ここでは従業員のオーナーシップを高める仕組みが示される。本書では、オーナーシップに向上させる要素として、理念・社風、採用・育成、評価・報酬を中心に記述している。

オーナーシップ育成システムでは、すべての従業員を対象にしているわけではない。鍵となる従業員に絞って、記している。オーナーシップは、すべての従業員にもってもらう必要はない。顧客価値にもっとも大きな影響を与える従業員のオーナーシップを高めることが効果的である。

二つめは、顧客価値創造システムである。どのような顧客価値をどのように生み出しているのかが示される。今回のサービス業の事例では、接客、商品、空間に分けて記述した。もちろん、オーナーシップも、顧客価値創造システムに含まれる。顧客価値を高める仕組みの重要な要素になっている。言うまでもないが、顧客価値創造システムでも、すべての顧

図6：オーナーシップ・バリュー モデル

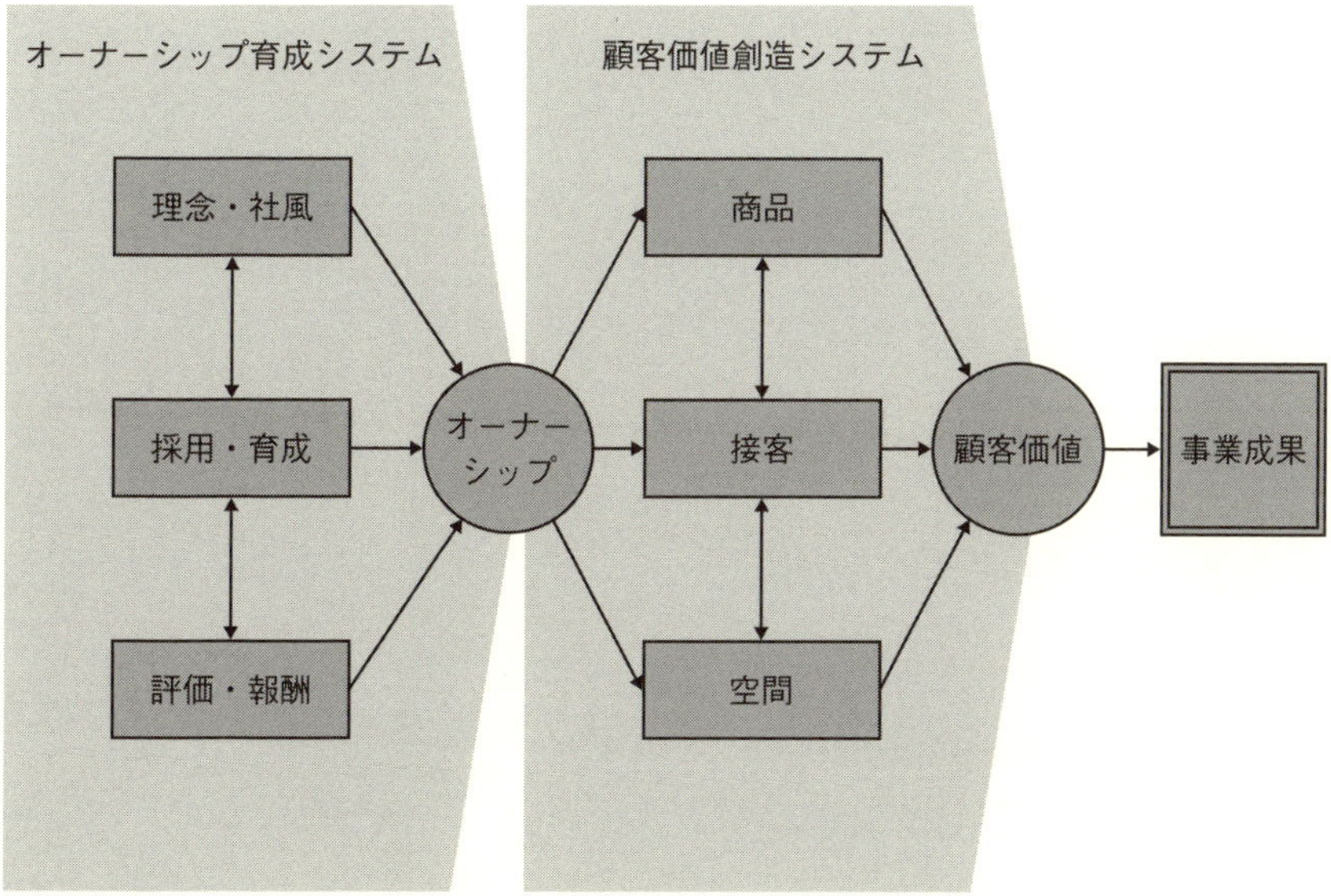

客を対象にしているわけではない。ターゲットが絞られている。

なお、図6中の丸い囲みは概念を、四角い囲みは活動を示している。さあ、オーナーシップ・バリュー モデルという道具を手に事例研究に進もう。

第2章

ザ・リッツ・カールトンとスーパーホテル

I　はじめに

◆ホテル業界の市場動向

日本の宿泊需要は、一九九一年の五兆円をピークに二〇年間下降の一途である。バブル経済崩壊後の宿泊需要の減少は、国内旅行の減少や情報通信技術の進展による出張回数の抑制などが原因だが、大きく影響を受けたのは旅館市場である。旅館市場は、宿泊需要とほぼ同じカーブを描いており、一九九一年の約三・五兆円が、現在では半分以下になっている。一方、ホテル市場の規模は、多少の上下はあるものの、一九九〇年頃からほぼ横ばい傾向で約一兆円である。宿泊需要の減少にもかかわらず、ホテル市場はなんとか一定数の需要を確保している。

日本の西洋式ホテル市場が誕生するのは、明治時代の初期、金谷ホテルや富士屋ホテルなどの開業からという。その後、一九六四年の東京オリンピックを機に市場は急拡大する。また、一九七〇年の万国博覧会時には、新幹線や高速道路などの高速交通網も整備されていたので、地方へも広がっていった。質的にも変化が現れる。この時期は、団塊の世代の結婚適齢期であり、婚礼・宴会部門の拡充が行われるのである。

一九八〇年代のバブル経済時は、ホテルチェーンの投資が活発にな

図１：宿泊、ホテル、旅館市場の推移

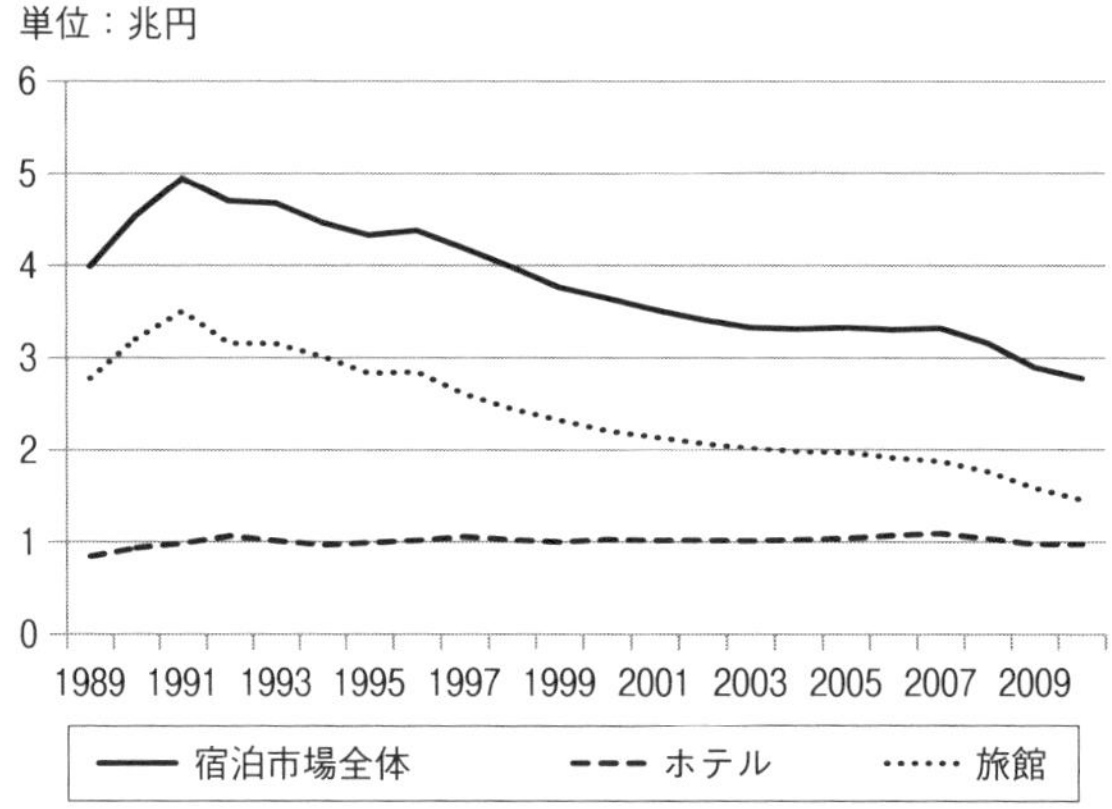

出所：日本生産性本部（2011）『レジャー白書2011』を元に筆者作成

り、地方都市でも豪華な施設をもつホテルが登場した。しかし、バブル経済の崩壊後は状況が一変し、熾烈な価格競争が行われる。倒産や休業となるホテルも数多くあった。また、オペレーションコストを抑えた宿泊特化型ホテルが登場するのも、この時期である。

二〇〇〇年以降は、外資系ホテルの進出が相次いだ。グランドハイアット、コンラッド、マンダリン・オリエンタル、シャングリラ、ザ・ペニンシュラと、世界の高級ホテルが続々と東京に出現した。迎え撃つ日本の老舗高級ホテルも大規模リニューアルを行うなど、現在は、高級ホテル戦争が繰り広げられている。

一方、一泊五千円前後の低価格宿泊特化型ホテルも成長している。アパホテルや東横インなど、宴会場などの設備を持たず、宿泊のみにサービスを絞り込み、低価格を実現している。

高級ホテルと宿泊特化型ホテル。ホテル業界でも「二極化」の傾向が見られる。

このような市場環境の中、二〇一一年八月にJ・D・パワー アジア・パシフィック[1]が実施した「二〇一一年日本ホテル宿泊客満足度調査」において、一泊三万五千円以上の部門で六年連続の第一位に輝いたのは、ザ・リッツ・カールトンである。ザ・リッツ・カールトンは、ホスピタリティの高いサービスで定評があり、さまざまな書籍や雑誌で取り上げられている。感動を生むサービスのエピソードは、伝説のように語られている。

一方、二〇一〇年度日本版顧客満足度調査（JCSI）[2]において、ホテル業界ナンバーワンになったのは、帝国ホテルでもホテルオークラでもない。[3]スーパーホテルだった。[4]ビジネスホテルであるスーパーホテルが、高級ホテルを抑え

---

(1) 顧客満足度に関する調査・コンサルティングを行う国際的な企業。
(2) サービス産業生産性協議会による調査。
(3) ザ・リッツ・カールトンは、調査対象に入っていない。
(4) スーパーホテルは、J・D・パワーの二〇一一年日本ホテル宿泊客満足度調査の一泊九千円未満の部門でも第一位となっている。

て、トップにランキングされたのである。

これら二つのホテルは、どちらも顧客満足度の高いホテルではあるが、宿泊料金が極端に異なる。ザ・リッツ・カールトンが一泊約五万円であるに対して、スーパーホテルは十分の一の約五千円である。このような料金差があるにもかかわらず、両ホテルの顧客満足度がともに高いのは、それを生み出す構造が異なるからに違いない。本章では、この料金差十倍の二つのホテルのしくみをオーナーシップ・バリュー モデルを通してみていく（オーナーシップ・バリュー モデルについては、第1章のⅢ節を参照）。

◆ザ・リッツ・カールトンの概要

まず、ザ・リッツ・カールトンホテルについて簡単に解説しておこう。同ホテルは、百年以上の歴史をもっている。一八九八年、創始者のセザール・リッツがパリのヴァンドーム広場にリッツ・ホテルを開業したことから始まる。世界中を旅する人々が自宅のようにくつろげるホテルというコンセプトだった。その後、ロンドンにあったザ・カールトン・ホテルと提携する。

表１：ザ・リッツ・カールトンの概要

企業理念（クレド）	リッツ・カールトンはお客様への心のこもったおもてなしと快適さを提供することをもっとも大切な使命とこころえています。 私たちは、お客様に心あたたまる、くつろいだそして洗練された雰囲気を常にお楽しみいただくために最高のパーソナル・サービスと施設を提供することをお約束します。 リッツ・カールトンでお客様が経験されるもの、それは感覚を満たすここちよさ、満ち足りた幸福感そしてお客様が言葉にされない願望やニーズをも先読みしておこたえするサービスの心です。
直近年の売上・利益	非公開
店舗数	25カ国77カ所
従業員数	38,000名
社長名	Herve Humler
創業年	1898年
本社所在地	米国メリーランド州

出所：The Ritz Carlton「About us」「The Ritz Carlton Fact Sheets」〈http://corporate.ritzcarlton.com/en/Press/FactSheet.htm（2012年６月24日閲覧）〉より作成

北米においては、アルバート・ケラーがフランチャイズ権を取得し、ザ・リッツ・カールトン・インベストメント・カンパニーを設立する。そして一九二七年に、ボストンに第一号店を開業する。一九九八年に、マリオット・インターナショナルが株式を取得し、現在もマリオットの傘下で運営されている。

二〇一二年五月現在、二十五カ国七十七のホテルチェーンになっている。日本では、一九九七年に大阪、二〇〇七年に東京、そして二〇一二年に沖縄でも開業した。京都への出店予定もあるようだ。

ザ・リッツ・カールトンは、ホスピタリティの高いサービスを提供する超高級ホテルとして有名だが、マルコム・ボルドリッチ賞(5)を二度も受賞しており、経営品質の高い企業としても定評がある。

◆スーパーホテルの概要

一方、スーパーホテルは、一九八九年に山本梁介氏が創業したビジネスホテルである。山本氏は大阪の繊維問屋に生まれるが、大学を卒業してすぐには家業を継がず、大手商社に入社した。その後、父の死を機に家業を継ぐことになるが、番頭とぶつかり、家業を番頭に譲ってしまう。売却して得た資金で、自らはシン

表2：スーパーホテルの概要

企業理念	「人も地球も元気に」
直近年（2012年３月期）の売上・利益	売上高197億円
店舗数	日本全国104
従業員数	260名
社長名	山村　孝雄
創業年	1989年
本社所在地	大阪府大阪市

出所：スーパーホテル「会社概要」「企業データ」〈http://www.superhotel.co.jp/kaisya_r/company/summary.html（2012年６月11日閲覧）〉より作成

(5)　マルコム・ボルドリッチ賞とは、米国政府が、顧客満足の改善や実施に優れた経営システムを有する企業に与える権威ある賞である。

グルマンション事業を展開し、ビジネスホテル業にも参入した。しかし、バブル経済が崩壊して、客足が遠のくなか、現在のスーパーホテルのような宿泊特化型の形態に転換した。

スーパーホテルは、徹底したコスト削減努力により、一定のサービスレベルを維持しながら、一泊五千円を切る低価格を実現している。一般的なホテルの稼働率が六〇％程度であるのに対して、スーパーホテルは九〇％前後。ほぼ一〇〇％という店舗もある。リピート率も七〇％程度と極めて高い。

二〇一二年五月現在、日本全国に一〇四のホテルを展開するホテルチェーンに成長している。

Ⅱ ザ・リッツ・カールトンのオーナーシップ・バリュー モデル

◆ザ・リッツ・カールトンの顧客価値創造システム

〔顧客価値〕

ザ・リッツ・カールトンは、ターゲットを企業経営者や外国人ビジネスパーソンなどの高所得者に絞っている。彼らが、なぜザ・リッツ・カールトンに満足しているかといえば、それは最高水準のサービスを受けられるからである。ザ・リッツ・カールトンの従業員は、顧客が要望を口にする前に、顧客の気持ちを先読みして行動する。また、定型的なマニュアルに沿った対応ではなく、その状況や顧客に応じて柔軟に対応する。さらに、顧客側が予想もしていなかったようなサービスをすることである。

エピソードを一つ紹介しよう。あるビジネスマンが、ホテル宿泊中に、髪が伸びたままであることに気づき、ゲスト・サービス・エイド（ＧＳＡ：安全管理部門の呼称）に翌朝の商談までに髪を切ってくれる美容室がないかを尋ねてきた。

連絡が入ったのがすでに夜中だったため、ＧＳＡはどの美容室にも問い合わせをすることができなかったし、どの美容室も商談が始まる時間には間に合いそうにもなかった。そこで、この従業員は自宅に電話をし、美容室の店長をしている自分の妻に状況を説明した。そして、彼女は翌朝、午前七時にホテルに立ち寄って、顧客のカットをしたという。

　このような顧客に感動を与えるサービスは、「ザ・リッツ・カールトン・ミスティーク」と呼ばれ、たくさんの事例が存在する。

〔接客〕

　ザ・リッツ・カールトンの優れたサービスは、従業員の能力に支えられているが、従業員が能力を発揮するための仕組みもしっかりと整備されている。

　まず、クレドの存在(6)がある。クレドとは、ザ・リッツ・カールトンの理念や使命、サービス哲学を明確に示したものである。世界中の従業員全員、クレドが記載さ

(6)　クレドとはラテン語で「私は信じる」という意味。

図２：ザ・リッツ・カールトンのオーナーシップ・バリュー モデル

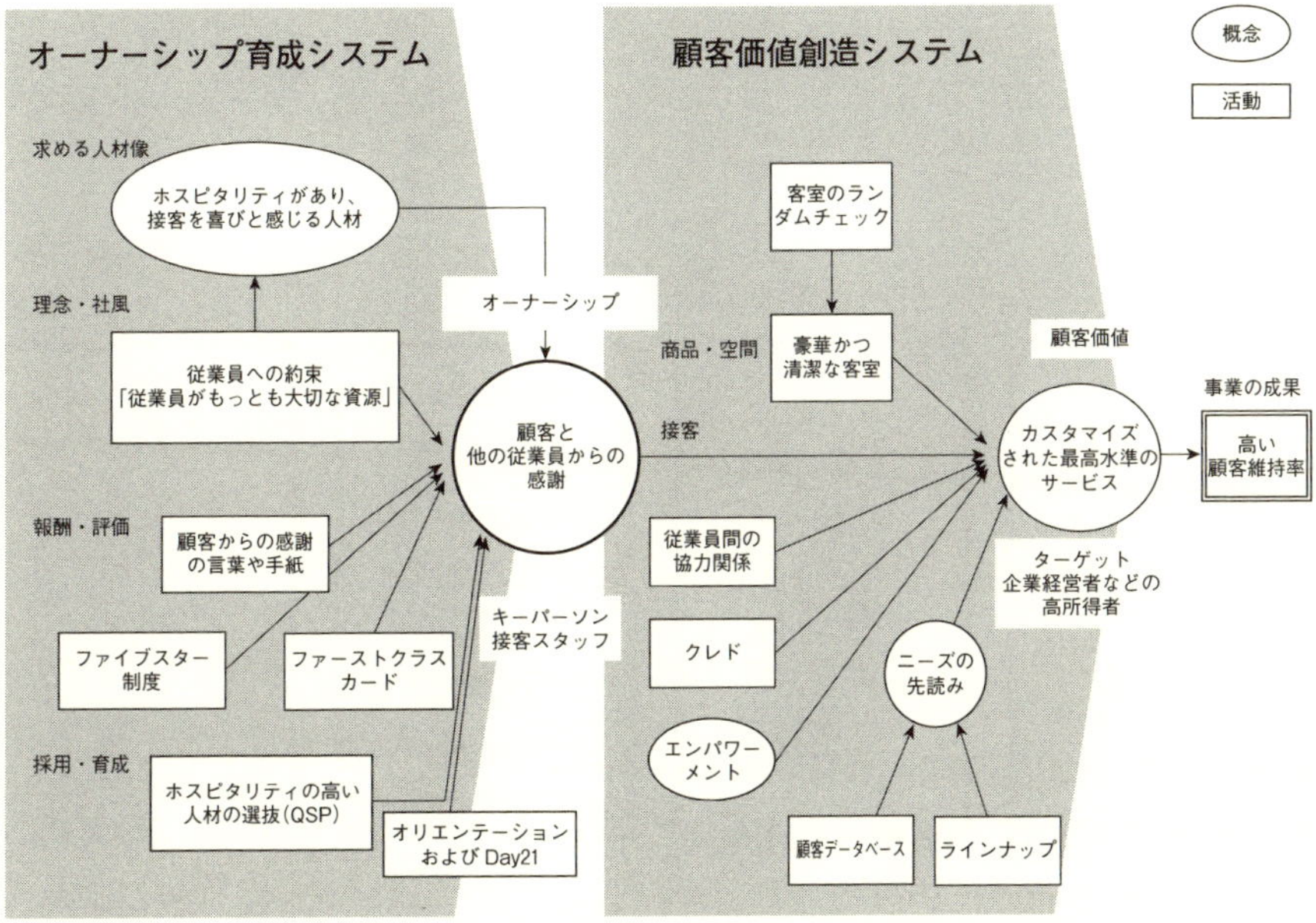

れたクレド・カードを常に携帯している。そこにはこう記されている。

「ザ・リッツ・カールトンはお客様への心のこもったおもてなしと快適さを提供することをもっとも大切な使命とこころえています。私たちは、お客様に心あたたまる、くつろいだ、そして洗練された雰囲気を常にお楽しみいただくために最高のパーソナル・サービスと施設を提供することをお約束します。ザ・リッツ・カールトンでお客様が経験されるもの、それは、感覚を満たすここちよさ、満ち足りた幸福感、そしてお客様が言葉にされない願望やニーズを先読みしておこたえするサービスの心です。」

この文章に、ザ・リッツ・カールトンの姿勢が表れている。パーソナル・サービスとは、すべての顧客に共通のサービスではなく、その顧客に合わせたサービスを意味する。状況に応じた柔軟な対応をすべきとしている。また、ニーズの先読みをすべきだとしている。顧客に言われて初めて対応するのではなく、顧客との会話や観察から顧客のニーズを察知して、従業員側から進んでサービスしていくという考え方を徹底させている。

さて、このような価値観をもった従業員が、顧客のニーズを先読みしたとしよう。このとき、従業員がいちいち上司にどのような行動をとるか指示を仰いだり、許可を得たりしていてはタイミングのよいサービスはできない。そこで重要になるのがエンパワーメントである。エンパワーメント、すなわち権限委譲を実施しているとする企業は多いが、委譲される内容があいまいだったり、従業員が独自判断で行動したあとに上司から叱責を受けたりし

図３：クレド・カード

サービスの3ステップ

あたたかい、心からのごあいさつを。
お客様をお名前でお呼びするよう
心がけます。

おこたえします。

感じのよいお見送りを。
さようならのごあいさつは心をこめて。
できるだけお客様のお名前をそえるよう
心がけます。

Ladies and
Gentlemen

Ladies and
Gentlemen”

提供する上で、紳士・淑女こそが

信頼、誠実、尊敬、高潔、決意を
原則とし、私たちは、個人と会社の
ためになるよう、持てる才能を育成し、
最大限に伸ばします。

個人のこころざしを実現し、
（神秘性）を高める…
職場環境をはぐくみます。

出所：林田正光（2004）『リッツ・カールトンで学んだ仕事でいちばん大事なこと』あさ出版から抜粋

て、うまくいっていないことも多い。しかし、ザ・リッツ・カールトンでは、つぎの三点が明確に示されている。第一に、上司の判断を仰がず、自分の判断で行動できる。第二に、セクションの壁を越えて仕事を手伝う時は、通常業務から離れることができる。第三に、一日二千米ドルまでの決裁権限をもつ。このように明確に示されているために、従業員は安心して自分で判断ができる。そして、前述のようなザ・リッツ・カールトン・ミスティークが生まれるのである。一方、上司は、このような権限を部下に与えてしまうと、勝手なことをしないか心配ではないかと思われるかもしれない。しかし、クレドなどによって価値観を共有しているので、「部下はそんなに間違ったことはしないだろう」という安心感がある。エンパワーメントとは、価値観の共有を組み合わせて初めて機能するのである。

顧客ニーズの先読みは、ベテランでも簡単にできるものではない。やはり、過去の顧客の行動など情報が必要である。ザ・リッツ・カールトンの顧客データベースは、たんにプロフィールや過去の宿泊履歴が載っているだけではない。「阪神ファン」「味噌汁は白みそが好み」といった情報も入っている。このような情報を事前に知っているからこそ、ニーズの先読みができるのである。この情報は、顧客との何気ない会話や観察から入手している。ドアマンが客室まで荷物を持って同行する間に交わした会話から出張の目的や職種がわかったり、客室の清掃係がチェックアウト後の部屋の様子から好みの室温などを把握したりする。したがって、できるだけ顧客との会話が生まれるような工夫もされている。たとえば、館内の案内板はあまり多くない。顧客が目的の施設までの行き先を従業員に尋ねれば、それは会話のきっかけになる。自動ドアも少ない。ドアマンとの会話が生まれる機会を作っているのである。

会話や観察で入手した情報は、従業員がカードに記入して、データベースを管理する部門へ送られる。そして一元管理をしている。先に記したラインナップでは、当日の宿泊客の情報が共有される。従業員は、どのような顧客が来館するのか、事前にわかっているのである。

〔商品・空間〕

もちろん、客室は豪華かつ清潔に保たれている。清掃の状態を確認するために、いくつかの客室をランダムに選び、チェックシートに沿って評価している。製造業で行われるサンプル検品と同じ考え方で、客室の状態を管理しているのである。しかしながら、このようなハードの部分は、不備があれば顧客の不満につながるかもしれないが、良かったからといって顧客満足にはそれほど影響を与えない。やはり、ソフトの部分、すなわち従業員の人的サービスが顧客価値を形成しているのである。

◆ザ・リッツ・カールトンのオーナーシップ育成システム

〔理念・社風〕

ザ・リッツ・カールトンでは、従業員へのエンパワーメントが行われ、従業員の裁量が大きい。したがって、従業員のやる気がホテル全体のサービス品質を左右する。では、なぜ、ザ・リッツ・カールトンの従業員は熱心に仕事に取り組むのだろうか。

第一の要因は、従業員がクレドに書かれたザ・リッツ・カールトンの理念に心底共感しているからだろう。また、企業側も従業員を大切にすることを表明している。「従業員への約束」は、クレド・カードにも記載されているが、従業員がもっとも大切な資源であることや従業員の才能を育成すること、また充実した生活を深めるような職場環境をはぐくむことが明示されている。

第二の要因は、会社や同僚から認められたり、顧客や同僚から感謝されたりといった周りからの評価だろう。ザ・リッツ・カールトンでは、ファイブスター表彰プログラムという表彰制度がある。四半期毎に、年間二〇名の優れたサービスを行った従業員を選び表彰する。そして、毎年、その中でもとくに優れた活躍をした上位五名を「年間ファイブスター

（五つ星）」として選ぶ。ファイブスターを獲得した従業員は、胸にバッジをつけることができ、自己顕示欲をくすぐるだけでなく、ファイブスター従業員としてのプライドが生まれ、さらなるサービスの向上に取り組むことになる。

優れたサービスを行った際の顧客からの感謝の言葉や顧客から寄せられる手紙は、仕事のやりがいに大きく影響しているだろう。このお礼状は従業員食堂に掲示されるので、同僚の目にも触れるようになっている。

また、同僚の仕事を手伝った際は、ファーストクラスカードと呼ばれる手紙が届く。仕事を手伝ってもらった時には、ありがとうの一言をもらうことはどこの会社でもあることだが、ザ・リッツ・カールトンでは手伝ってもらった従業員は定型フォームにお礼メッセージを書くことが制度化されている。さらに、これもコピーが従業員食堂に掲示されるので、手伝ったことが他の従業員にも知らされるようになっている。

第三の要因は、従業員には権限が委譲されているため、自分の判断で行動することができる。自分の判断が、顧客の感動を生んだり、生まなかったりと、結果がすぐにでる。自分の裁量が大きいこと自体、やりがいを生んでいるだろう。マニュアル通りに仕事をするのでは、こういったやりがいは得られないだろう。

〔採用・育成〕

ザ・リッツ・カールトンの従業員が優れたサービスを提供できるのは、もともとホスピタリティが高い人材を集めているからでもある。採用の際には、ＱＳＰ（Quality Selection Process）と呼ばれる心理テストを実施する。これは、心理学者と共同で開発したホスピタリティを測定するテストで、電話で実施される。さまざまな質問がされ、限られた時間内に回答しなければならない。回答者は、ホスピタリティが高いと思われるような回答はどのようなものかを考える暇はない。本人の考え方が正確に結果に表われるように工夫されている。

また、理念を浸透させるための研修もある。理念は、たんに記載されたカードをもたせるだけでは機能しない。それを、従業員一人一人の心に浸透させる仕組みが必要である。ザ・リッツ・カールトンでは、まず入社後二日間のオリエンテーションや「Day21」と呼ばれる入社後三週間目の振り返り研修で、価値観の共有がはかられる。また、毎日のラインナップと呼ばれる朝のミーティングでも理念の理解を深める時間がとられている。

このような仕組みによって、ザ・リッツ・カールトンの従業員は、ザ・リッツ・カールトンに対するオーナーシップ(7)をもつようになっている。

Ⅲ スーパーホテルのオーナーシップ・バリュー モデル

◆スーパーホテルの顧客価値創造システム

〔顧客価値〕

スーパーホテルの顧客層は、中間管理職や若手のビジネスパーソンが多い。とくに、出張の回数が多い人がよく利用している。女性のビジネス客も少なくない。場所によっては観光客もいるが、メイン顧客は低予算でゆっくりと休むことを求めているビジネスパーソンである。

彼らが満足しているのは、低料金にもかかわらずサービスがよいことである。といってもすべてのサービスが良いというわけではなく、「ゆっくり休む」ということに絞ってサービスを充実させていることである。

(7) ザ・リッツ・カールトンでは「エンプロイー・エンゲージメント」という言葉が使われている。

〔商品・空間〕

まず、顧客に自分にあった硬さ、高さの枕がチェックイン時にフロントで選べるようになっている。枕が合わなくてよく寝られなかったということは、このホテルではない。また、ベッドは大きめで低反発マットが使われている。音の対策もできている。防音性の高い壁で客室は囲われている。また、冷蔵庫の音が気にならないように、音が抑えられた仕様になったものを設置している。

照明も工夫されている。フロント、廊下、客室の照度を、三段階で徐々に下げていて、フロントから客室へ移動するにつれて眠りを誘うようになっている。また、体の疲れを取ってぐっすり眠れるように、一部の店舗では温泉の共同浴場が設備されている。

〔接客〕

このようなサービスを実施しながら、低価格を達成できているのはなぜだろうか。ゆっくり休むというコンセプトに関係しないサービスは徹底的に効率化しているからである。まず、チェックアウトがない。チェックアウトは特定の時間に集中するので、それに対応するために

図4：スーパーホテルのオーナーシップ・バリュー モデル

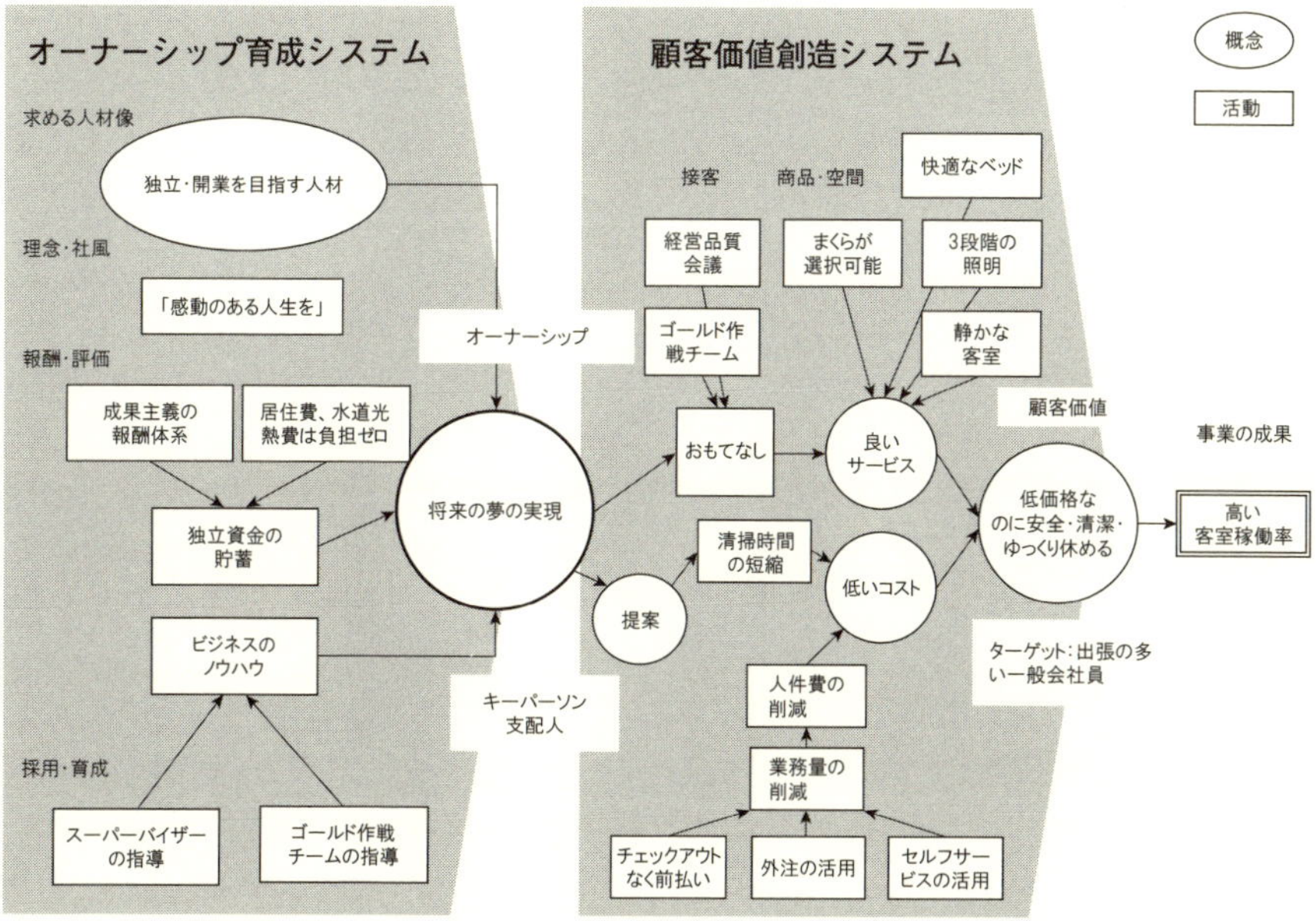

は、一定の人員が必要になる。したがって、一般のホテルでは、この時間の人員需要に合わせて人員配置をしている。しかし、スーパーホテルでは、チェックアウトがないので、人員を増やす必要はない。

チェックアウトをなくすためには工夫がいる。まず、料金は前払いにしている。チェックアウト時に精算する電話代、ミニバー代も請求しない。実は、客室内に電話を置いていないし、冷蔵庫には何も入っていない。顧客は携帯電話をもっているので、客室に電話を置く必要性はないし、コンビニエンスストアが発達しているので、そこで顧客が買い物すればホテル側が冷蔵庫に何か入れておく必要もない。ルームキーもない。ドアは、ドアノブの部分で暗証番号を押せば開くようになっている。チェックアウトをなくしたことは、たんにコスト削減だけでなく、顧客にとっても利点がある。チェックアウト時にフロントで待ってイライラすることはないし、出発時間ギリギリまで客室にいることができる。

チェックインも自動チェックイン機が対応するので、従業員は挨拶程度の対応でよい。現金は自動チェックイン機が管理するので、盗難が起きたり、アルバイトが不正を働いたりする心配もない。

また、ホテル側の負担を減らすために、スーパーホテルには宴会やレストランはない。さらに、朝食はケータリング会社に外注し、宿泊客のセルフサービスにしているので、人員を極力減らすことができている。標準的な店舗では、支配人と副支配人、アルバイトが一～二名で運営している。

清掃費用を削減するために、清掃時間を短縮する工夫もされている。まず、客室内でもっとも掃除がしにくいベッドの下の空間を掃除しなくても済むように、ベッドの下に空間がないタイプのベッドを使用している。その分、ベッドの高さが低くなり、天井が高くて客室が広く感じられるという利点もある。このアイデアは、社長が考えたものではなく、外注していた清掃業者から出されたものである。このように外注企業を含め、支配人や従業員がアイデアを提案して、業務改善している事例がスーパーホテルには数多くある。

客室に話を戻そう。客室のドアを開けてすぐの部分のカーペットの色は、数十センチ奥からの部屋全体のカーペットの色と変えている。境目には「靴を脱いで『ぐっすり』お休み下さい」と書いてある。そしてスリッパが置かれている。

玄関のたたきとあがりかまちのような雰囲気にしてあるので、自然に靴を脱いでスリッパに履き替えることになる。そのため、客室内のカーペットが汚れずに済み、掃除も簡単になるのである。

このように必要のない部分はどんどん削っているが、おもてなしの部分に関しては手を抜いていない。実は、スーパーホテルにも、ザ・リッツ・カールトンと同じようにサービススタンダードがある。そこには「第二の我が家」を提供すると謳われている。また、顧客を名前で呼ぶことやニーズを先読みすることも奨励されている。ある店舗に宿泊した際、中国人のアルバイトが、キャビンアテンダント級のしなやかなお辞儀で迎えてくれた。

各店舗のサービスレベルは、経営品質会議で管理されている。顧客からの苦情情報や、スーパーバイザーによる店舗チェックによって、サービスレベルの状況を把握し、対策が議論される。もしも、品質の低下が起こっているときは、外部のコンサルタントを含むサービスのプロ集団である「ゴールド作戦チーム」が直接店舗へ訪れて指導を行う体制になっている。

◆スーパーホテルのオーナーシップ育成システム

〈報酬評価〉

スーパーホテルで我々を迎えてくれる人は、実はスーパーホテルの社員ではない。スーパーホテルと契約を交わした個人事業主である。彼らは事業リスクを負担しているので、オーナーシップが高いのは当然といえば当然である。社員ではなく、外部の個人事業主を支配人にしているところが鍵である。

スーパーホテルは、支配人・副支配人を常時募集しており、応募資格は夫婦、もしくは女性のペアとなっている。彼・彼女らはホテルに住み込みで最低四年間、最長六年間、無休で働く。朝六時半から夜一二時までの長時間労働である。もちろん、自分の裁量で休日を設定したり、休憩時間をとったりすることはできるが、その時はアルバイトを採用して対応することになる。アルバイトの給与は、スーパーホテルから若干の補助はあるものの、基本的に自分の収入から支払わなくてはならない。また、子供がいる場合は、契約期間中は一緒に住むことはできない。契約期間中に子供ができた場合は、その時点で契約は終了してしまう。

このようにかなり厳しい条件のもとで生活をすることになるわけだが、どうして彼らは身を粉にして働くのだろうか。それは、自分の夢の実現に近づくからである。スーパーホテルの支配人に応募する人の多くは、将来、自分の店を持ちたいといった夢を持っている。夢を実現するために必要なものが、スーパーホテルから提供されるのである。

第一は、開業資金である。四年から六年でまとまった資金を貯められるのは大きな魅力である。まず、夫婦二人の働きに対する固定給は、初年度九三〇万円、次年度が九八〇万円、三年目以降は一〇三〇万円となっている。加えて、業績給である奨励金や報奨金が加算される。業績給が組み込まれているために、売上を伸ばすための努力は惜しまない。頑張れば頑張るほど夢に早く近づくからだ。

これらの報酬は、かなりの割合が貯蓄にまわる。ホテルに住み込みなので、住居費用が掛からないし、水道光熱費もかからない。そもそも、お金を使っている暇がない。したがって、丸々残ることになる。

第二は、サービス業のノウハウであろう。将来の独立の際に生きるノウハウがスーパーホテルでたくさん得られる。ホテルの売上を上げるための工夫や努力をすれば、将来の自分のお店でも活用できると考えている。したがって、研修やゴールド作戦チームの指導は真剣に取り組む。

Ⅳ 両社のオーナーシップ・バリュー モデルの比較

これまで見てきたように、ザ・リッツ・カールトンとスーパーホテルは、顧客満足度が高いという点においては似ているが、その仕組みはかなりの違いがある。ここで改めて、両社を比較してみよう。

◆顧客価値の質の違い

ザ・リッツ・カールトンの顧客が満足しているのは、「絶対的」なサービス水準の高さであるのに対して、スーパーホテルの顧客が満足しているのは、「相対的」、すなわち価格とのバランスから見たサービス水準の高さであろう。

ザ・リッツ・カールトンは、サービスを顧客ごとにカスタマイズしているので、顧客は自分のためにサービスしてくれていると感じることが多いだろう。ここで重要な経営指標は顧客維持率である。顧客維持率を高めることで、結果的に客室稼働率も高まる。決して逆の順番ではない。

一方、スーパーホテルは、基本的なサービスを一定レベル以上の水準に維持して、価格に対するお得感を追求している。顧客は、そのお得感に満足しているわけで、自分のためにサービスしてくれているという感覚はないだろう。お得感で他社に負けないためには、客室稼働率を高く維持することが重要になる。

ザ・リッツ・カールトンは、あらゆる場面で最高水準のサービスを提供しているのに対して、スーパーホテルは、ゆっくり休むことには関係ないサービスは、徹底的に切り落としている。フルサービスと限定サービスの違いとみることもできる。

また、ザ・リッツ・カールトンは、顧客個々の事情に合わせたサービスをするため、その場その場での従業員の判断が求められる。したがって、従業員に依存したサービスになる。一方、スーパーホテルは、全顧客に共通のサービスを提供するため、人よりも仕組みに依存したサービスになっている。

表３：ザ・リッツ・カールトンとスーパーホテルのモデルの比較

□：各社の際立った特徴

		ザ・リッツ・カールトン	スーパーホテル
求める人材像		ホスピタリティがあり、接客を喜びと感じる人材（キーパーソン：接客スタッフ）	独立・開業を目指す人材（キーパーソン：支配人）
オーナーシップ育成システム	理念・社風	従業員への約束「従業員がもっとも大切な資源」	感動のある人生を
	採用・育成	・QSP	・ゴールド作戦チームの指導 ・スーパーバイザーの指導
	報酬・評価	・ファイブスター制度 ・ファーストクラスカード ・顧客からの感謝の言葉や手紙	・成果主義の報酬体系 ・サービス業のノウハウ
オーナーシップ		顧客と他の従業員からの感謝	将来の夢の実現
顧客価値創造システム	接客	・従業員間の協力関係 ・顧客データベース ・クレド ・ラインナップ ・エンパワーメント	・限定的なサービス（清掃時間の短縮化、チェックアウトなく前払い、セルフサービス・外注の活用）
	商品 空間	・豪華かつ清潔な客室 ・客室のランダムチェック	・豪華ではないが、快適な客室（まくらが選択可能、３段階の照明、防音）
顧客価値		カスタマイズされた最高水準のサービス	低価格なのに安全・清潔・ゆっくり休める
ターゲット		企業経営者などの高所得者	出張の多い一般会社員
事業の成果		高い顧客維持率	高い客室稼働率

◆オーナーシップの質の違い

ザ・リッツ・カールトンの従業員は、企業の理念に共鳴している。顧客と接する業務そのものが好きなのだろう。顧客からの感謝や同僚からの感謝といった社会的な報酬に満足し、ザ・リッツ・カールトンに対するオーナーシップが高まっている。決して経済的な報酬ではない。

一方、スーパーホテルの支配人は、スーパーホテルの理念に共鳴しているかもしれないが、それよりも、彼・彼女ら自身の夢のために頑張っているのである。業務を楽しんでいるというよりは、目標を早く達成するためにさまざまな創意工夫をしているわけだ。彼・彼女らにとって、経済的報酬が重要であり、社会的な報酬はそれほど重要ではないだろう。

彼らは個人事業主なので、まさにオーナーなのである。スーパーホテル全体に対するオーナーシップは必ずしも高くないかもしれないが、自分の店舗へのオーナーシップは非常に高い。店舗運営を自社の社員にさせずに外部に委託する仕組みが、オーナーシップを引き出しているのである。

Ⅴ むすび

ザ・リッツ・カールトンとスーパーホテルのオーナーシップ・バリュー モデルをみてきた。どちらも顧客満足が高く、働く人のオーナーシップは高い。しかし、その中身はかなり異なるものである。満足している対象が異なるし、オーナーシップの質も全く別のものである。これらを支えるシステムも共通点は少ない。

発展性についても違いがあるだろう。ザ・リッツ・カールトンのモデルは、顧客が高所得者層に限定していることから、ひとつの国では数店舗が上限になるだろう。数十の単位になるのは、米国ぐらいしかないだろう。また、従業員に依存するモデルであるため、ホスピタリティの高い従業員を確保することが難しいことや、人材育成に時間がかかることから、従業員が店舗展開のボトルネックになる。

一方、スーパーホテルは、顧客層が広いし、人に依存しないモデルであるため、多店舗展開することは比較的容易だろう。ただ、支配人の確保がボトルネックになるだろう。スーパーホテルの支配人制度は、改めて考えると、コンビニエンスストアで採用されていたものと似ている。コンビニエンスストアのフランチャイザーは、個人事業主としてフランチャイジーと契約し、夫婦で長時間働いていることが多い。ただ、スーパーホテルの場合は、四～六年間と期間が決まっている点が異なる。かなり厳しい労働条件でも期間が決まっていれば耐えられるので、期間を限定することは重要だが、多店舗展開するには、常に支配人候補者を抱えていなければならない。出店ペースを誤ると引き継ぐ支配人がいない店舗ができてしまう。百店舗を超えたところで、出店ペースを落としているのは、そのような事情があるからかもしれない。

第3章

スターバックスとドトールコーヒー

I はじめに

◆喫茶店・カフェ業界の市場動向

いま、日本の喫茶店・カフェ業界には二つの巨頭と呼ぶべき存在がいる。スターバックスとドトールコーヒーである。「喫茶店」と定義される業態の売上高は一九八〇年代初頭に一兆七〇〇〇億円を上回っていた。業界の市場規模はここ数年一兆円を少し超えて減少傾向にある（図1）。しかしながら、単純に市場規模が縮小していると考えることはできない。バブル崩壊後の「失われた一〇年」もドトールコーヒーにとっては成長を続ける一〇年となっていたし、[(1)] 一九九六年の日本市場参入以降、スターバックスはその売上高や店舗数を伸ばしているのである。コーヒーなどの飲料や軽食を提供するサービス・小売業者のなかには、「喫茶店」の定義に収まりきらない業態も数多く含まれるであろう。スターバックスを喫茶店ということには違和感があるかもしれず、「カフェ」と定義する方が自然かもしれない。今後、業務用のマシンを使って、店頭でコーヒーなどを提供する「カフェ市場」の競争はさまざまな定義のプレイヤーたちによって苛烈なものとなることが予想されている。たとえば最近では、ハンバーガー・チェーンやコンビニエンス・ストア、ファミリー・レストランもコーヒー類の提供に積極的になっている。[(2)]

図1をみると、スターバックスの売上高がドトールコーヒーのそれを大きく上回っているようにみえる。しかしなが

---

(1) 創業者・鳥羽博道による「私の履歴書」。日本経済新聞、二〇〇九年二月二五日。

(2) コンビニエンスストア・チェーン大手はこぞって店頭でのコーヒー提供に力を入れている。日本マクドナルドがコーヒーを提供する店舗数はドトールコーヒーの実に倍である。ファミリーレストランやその他のファストフード・チェーンもコーヒーやカフェに対する需要を狙っている。日本経済新聞、二〇一二年二月一一日。同、二〇一一年一二月一六日。

ら、直営店の売上高がほぼすべてを構成するスターバックスとは対照的に、ドトールコーヒーはフランチャイズ・システムにもとづいたビジネスを展開している。フランチャイジー（加盟店）への卸売業も主要な収益の源泉であると同時に、ドトールコーヒーのグループ全体としての売上高を考慮して両社の競争を捉える必要がある。

図2はコーヒー・チェーン店の市場シェアである。この図から、両社がいかに業界の双璧をなし、いかにしのぎを削っているかを想像することができるだろう。本章では、これらの二社のオーナーシップと顧客価値の創造に注目していく。まずは両社の概要について述べる。

◆スターバックスの概要

現在のスターバックスは、コーヒーの焙煎・卸売業を営んでいた前身を買収したハワード・シュルツによって創業された。同氏はシアトル

図１：喫茶店業市場とスターバックスおよびドトールコーヒーの売上高推移

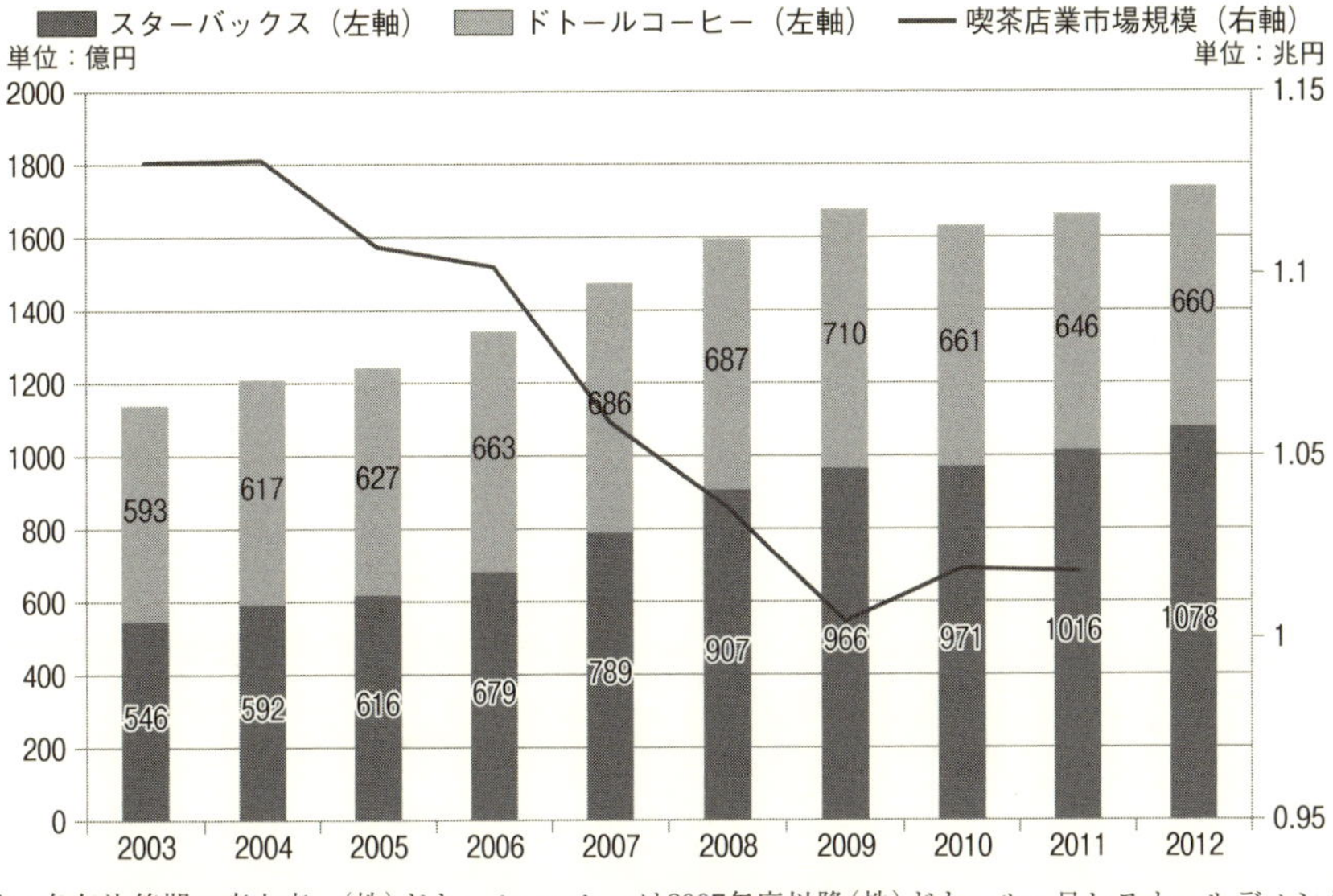

注：各年決算期の売上高。（株）ドトールコーヒーは2007年度以降（株）ドトール・日レスホールディングスの連結子会社となり、それにともない決算期も３月から２月となった。2007年のデータは2006年４月１日から翌３月31日まで、2008年のデータは2007年３月１日から翌２月29日までの数値であり、正確な時系列ではない。スターバックスの売上高は単体によるもの。

出所：各社有価証券報告書やIRレポート。ならびに財団法人　食の安全・安心財団〈http://anan-zaidan.or.jp/data/index.html（アクセス：2012年６月27日）〉より作成。

にある前身会社に勤めていたが、イタリアのバールでエスプレッソを楽しむ人々の様子を見てビジネス・チャンスを見出した。そこで小売やサービス業への参入を主張したものの経営陣はそれを却下、同氏は退社して自らカフェの経営に乗り出した。資金繰りには苦労をしたらしいが、当時の出資者はこのビジネスの目覚ましい成長を見届けることになる。イタリアのスタイルに倣い、エスプレッソを主体としたメニューにより同社は独特の価値を提供。シュルツはその後思い入れのある勤務先であったスターバックス社を買収、かくしてスターバックスはシアトル系のカフェとして瞬く間に一世を風靡する。(3)

日本市場への参入は一九九六年。銀座に第一号店がオープンした。スターバックスの日本法人は米国本社（の一〇〇％出資子会社）と日本企業（現・株式会社サザビーリーグ）との合弁会社である。設立当初は折半の出資、現在はそれぞれが同社株式の約四〇％を保有し合っている。また、全店を禁煙とする意思決定はコーヒーを提供する店舗として当時は異例のことであった。この方針の背景にはシュルツの信念がある。彼

図２：コーヒー・チェーン店の市場シェア（2010年度）

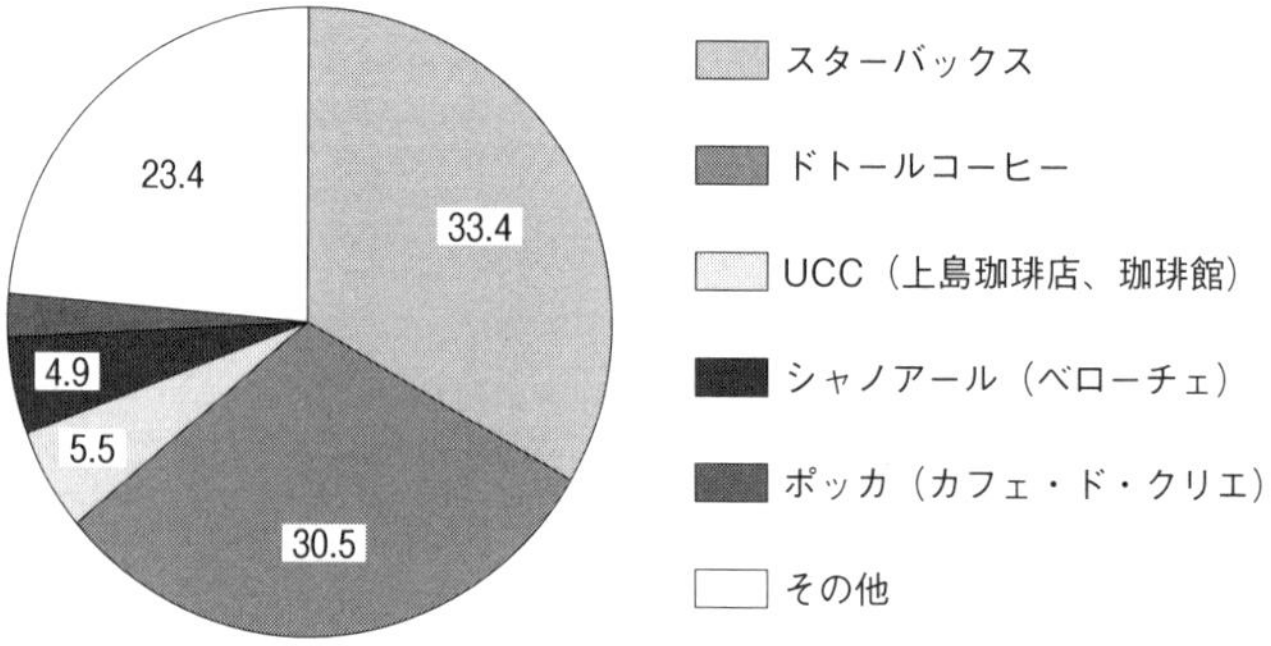

注：各社の店舗売上高の合計は3037億円。
出所：日経産業新聞（編）（2011）『日経シェア調査195　2012年版』日本経済新聞出版社。原典は日経 MJ「飲食業調査」などからの日本経済新聞社による推計値。

(3)　本章におけるスターバックスの事例について、情報源は以下のとおりである。財務情報や基本的な企業情報は有価証券報告書やIRレポート。店舗オペレーションやパートナー間の関係については、パートナーへのヒアリング調査、二〇一一年六月一四日。バリエーション数やパートナーの離職率、企業施策等については荒田（二〇一〇）。アメリカにおけるスターバックスやシュルツの意向についてはSchultz with Gordon（2011）。また、店舗観察を二〇一一年一二月二〇日と二三日に実施した。

は、北米の店舗に限らず、スターバックスでコーヒー以外のものの香りがすることを認めていない。CEOとして復帰した後に行った重要な意思決定の一つに、サンドウィッチ類の提供を一時的に止めたことがある。会長職となっていた時代にサンドウィッチは極めて大きな収益源となっていたにもかかわらず、その香りの強さがコーヒーの香りを邪魔していると考えたからである。経営陣やパートナーからは猛烈な反対があったがシュルツはこの意思決定を貫いた。サンドウィッチは改良され、コーヒーの香りを阻害しないとシュルツが判断するまでは店舗に並べられなかった。

すなわちスターバックスは、日本市場に参入した瞬間から、他の喫茶店とは異なるコンセプトを提案していた。しかし、そもそもカフェや喫茶店といった業態が広く日本に浸透したきっかけをつくった企業であることを忘れてはならない。かつてこの国には、コーヒーを提供する喫茶店はいかがわしい、不良の溜まり場として見なすきらいがあった。それを打破し、老若男女が等しく生活の一部として訪れることのできる喫茶店を世に送り出した人物がいる。彼もまた、ビジネスの着想をヨーロッパで得ていた。パリのカフェのように、出勤前、休み時間、そして帰宅途中にふと立ち寄り、コーヒーを一杯楽しむことができるような店舗を日本でも展開しようとした。ドトールコーヒーの創業者、鳥羽博道である。

表2：スターバックスコーヒージャパン(株)の会社概要

代表取締役経営最高責任者(CEO)	関根　純	本社所在地	東京都渋谷区
2011年度末従業員数	1,840人（正社員数）	設立年	1995年
2011年度売上高	1,077.54億円	2011年度経常利益	80.57億円
2011年度末店舗数	955店（うちライセンス店39店）		
企業理念・ビジョン	人々の心を豊かで活力あるものにするために― ひとりのお客様、一杯のコーヒー、そしてひとつのコミュニティから その他、グリーン・エプロン・ブック等		
事業の特色	価格に見合う付加価値の提供 ホスピタリティのあるサービスと 「見る・見られる」関係を楽しむ顧客たち		

◆ドトールコーヒーの概要

ドトールコーヒーショップには老若男女を問わず、幅広い層の顧客が気軽に立ち寄ることができる。四〇歳代、三〇歳代、二〇歳代、五〇歳代の順にドトールコーヒーの利用意向が高いことが報告されているが、その高低差は比較的緩やかであり、顧客の年齢差によらず安定的な支持が寄せられている。スターバックスでは二〇歳代と三〇歳代の利用意向がことさらに高い。[4] さらに、老若男女がコーヒーショップを訪れる光景そのものがドトールコーヒーによって生み出されたものであるということも興味深いだろう。創業者である鳥羽博道はレストランや喫茶店での勤務経験のほか、ブラジルの農園にも勤めていた経験を持つ。彼が一九六二年に起業したとき、ドトールコーヒーはコーヒー豆の焙煎と卸売を行っていた。同社は現在もこの卸売事業を続けており、フランチャイズ加盟店への販売やチルド商品などの売上と合わせると二〇一一年度に四五〇億円弱を売り上げている。コーヒーショップ事業もまた約三〇〇億円の売上を誇る。[5]

ドトールコーヒーが誕生する以前、日本の喫茶店業はいかがわしい水商売のレッテルを貼られていた、と創業者はいう。そして、彼自身がパリのカフェで経験したような、「普通の」ビジネスパーソンや「一般の」男女が気軽に利用できるようなコーヒーショップ事業に大きな可能性があることを悟った。創業後のドトールコーヒーにとって、かつてないコンセプトの店舗を自社の直営によって展開することも重要な課題ではあったけれども、共存共栄を図ることのでき

---

(4) 日経MJ（流通新聞）、二〇〇三年二月四日。

(5) 本章におけるドトールコーヒーの事例について、情報源は以下のとおりである。財務情報や基本的な企業情報は(株)ドトールコーヒーおよび(株)ドトール・日レスホールディングスの有価証券報告書などを参照した。創業までの経緯、創業後のオペレーション、品質や機械化へのこだわりなどについては鳥羽（二〇〇八）。店舗オペレーションや研修制度について同社広報課へのヒアリング調査を二〇一一年一二月一六日に、フランチャイズ店のオーナーへの調査を二〇一二年二月二四日に、店舗のパートナーへの調査を二〇一一年一二月一九日に、店舗観察を二〇一一年一二月二三日に行った。その他、電子メールによる内容確認について広報課の調査協力をえた。

るフランチャイズ加盟店を増やすことによっても規模の拡大が進められた。加盟店の増加は、焙煎と卸売業としての出自を生かし、販路を拡大する利点もあったのである。

出勤前にも気軽に立ち寄ることができる場所。このコンセプトにのっとり、当初カフェ・コロラドの名称で最初の店舗をオープンさせたのが一九七二年である。ほぼすべてがフランチャイズ加盟店による展開であった。ドトールコーヒーショップとしての第一号店は一九八〇年原宿にオープンした。元・寿司店のオーナーのフランチャイズ店で、コーヒーは一杯一五〇円。わずか九坪の敷地の立ち飲み店であった。当時から、出店に際しては店舗面積よりも人通りの多さが重視されたという。喫茶店のビジネスにおいて、極めて高い顧客回転率を実現した嚆矢となったのも同社である。出勤前のビジネスパーソン、周辺の自営業者、昼食を求める顧客、学生、買い物帰りの主婦層、帰宅途中のビジネスパーソン、夕食後のコーヒーを求める顧客。ドトールの喫茶店事業は「一日一〇回転」あるいは「最高一二回転」とたとえられた。

顧客が意識していたかどうかはわからないが、容器には初期から陶器が用いられていた。破損すると利益が大きく削られてしまうほど、質にこだわったボーンチャイナ（陶器）の

表３：(株)ドトールコーヒーの会社概要

代表取締役社長	鳥羽　豊 (株)ドトールコーヒー	本社所在地	東京都渋谷区
2011年度末従業員数 (株)ドトール・日レスホールディングスより	カフェ事業461人 卸売事業452人 （臨時雇用者を含まず）	設立年	1962年
2011年度売上高 （カッコ内はドトール・日レスより。卸売事業の一部にはケーキ製造部門（D&Nコンフェクショナリー）を含む）	660.34億円 （カフェ事業289.64億円、卸売事業438.27億円）	2011年度経常利益	37.88億円
2011年度末店舗数	1,410店（うちフランチャイズ店1,085店）		
企業理念・ビジョン	一杯のおいしいコーヒーを通じて、 お客様にやすらぎと活力を提供する。 **ドトールコーヒーショップのブランド・メッセージ** 「がんばる人の、がんばらない時間。」等		
事業の特色	老若男女が気軽に立ち寄ることのできる 「インフラとしてのコーヒーショップ」		

カップ&ソーサーだった。それでもなお、手頃な価格で本格的なコーヒーを提供し、顧客がつかの間の休息をとることのできる店舗づくりに取り組んだ。現在一四〇〇店以上の店舗が全国にあり、その八割近くがフランチャイズ加盟店によって構成されている。また、店舗の平均的な規模は二五坪程度である。

以上のとおり、スターバックスとドトールコーヒーが日本の喫茶・カフェ業界における巨頭であることには疑いの余地がない。多くの人が知るとおり、両社の間には価格帯やブランド・イメージにおいて明確なちがいがある。日本とアメリカ。当然、出自も異なる。さらに多店舗展開の方針や消耗品の使用方法などにおいても両社は対照的であり、それぞれ、顧客や従業員に対して独特な価値を提供することを目指し、それを実現している。両社がいかに従業員のオーナーシップを高め、顧客価値を実現しているか。その仕組みについて検討してみよう。

Ⅱ スターバックスのオーナーシップ・バリュー モデル

この節では、スターバックスのオーナーシップ・バリュー モデルについて述べる。本節の概要は図3のモデルに要約されている。このモデルでは、店舗オペレーションに携わるパートナーをキーパーソンとして、そのオーナーシップを育成する論理を明らかにしている。スターバックスの店舗の環境は明るく、パートナーたちがそれぞれ協力的に作業をしている。スターバックスの商品価格は決して安くはない一方で、パートナーたちにとっては、価格に見合ったホスピタリティを提供するための大きなインセンティブとなっているのだ。

しかし、スターバックスのパートナーたちは馴れ合いによってコミュニケーション能力を高めたり、協調的な態度を示しているわけではない。彼・彼女たちには社会貢献や環境への配慮といった責任感を理念として共有することが望まれている。パートナーの教育や彼・彼女たちの置かれている環境——ヒエラルキー(階層)——の現実について検討を加えていく。

まずは、スターバックスがパートナーたちのオーナーシップを醸成することによってどのような顧客価値が創造されているのか、確認しよう。

◆スターバックスの顧客価値創造システム

スターバックスの顧客層は、とくに利用意向の顕著な二〇歳代から三〇歳代によって構成される。「ある一日の記録」は、店舗におけるオペレーションや顧客の様子を観察したものである。実際は四〇歳代の顧客も少なからず来店しているように見受けられる。

ある一日の記録　スターバックス

二〇一一年。暮れの近い平日の午後、スターバックスのカウンターにはオーダーを待つ七、八名の列ができている。ある街の主要駅にあるこの店舗には五〇ほどの席があり、そのほぼすべてがコーヒーやフラペチーノと呼ばれるコールド・ビバレッジ（ドリ

図3：スターバックスのオーナーシップ・バリュー モデル

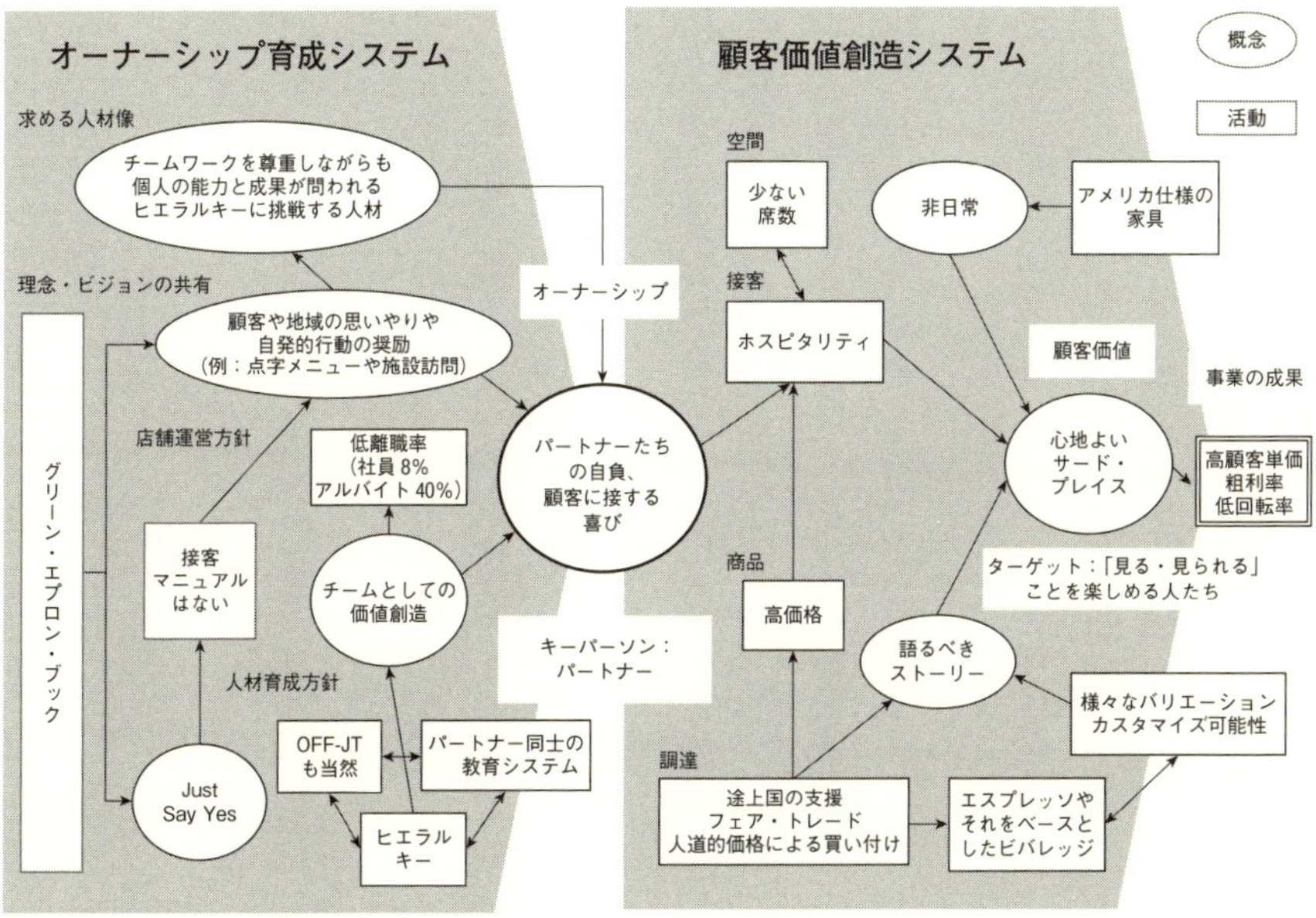

ンク）を楽しむ顧客によって埋められている。ＪＲと地下鉄との乗り換えルートの途中にある店舗には、ランチタイムを過ぎた一五時ごろにもかかわらず途切れなく入店する顧客がいる。二分として顧客が途切れることはないだろう。

パートナーと呼ばれる店舗スタッフが「こんにちは！」と笑顔で声をかける。オーダーを待つ顧客には、緑のエプロンをかけた女性が「メニューをご覧になりますか」と一人ひとりの顧客の顔を見て尋ねている。オーダーを待つ行列の中にいると、既に席に着いている顧客と頻繁に目が合う。壁ぎわには店内に向けてチェアが配置されている。二人で利用すると手狭になるほどの大きさの濃茶色の丸テーブルの一つ一つにペンダントライトが暖かい光を灯している。向かいの席は用意されていない。店内中央には四角い黒テーブルが一〇個ほど用意されていて二人連れの顧客によって占められている。入り口側は一面ガラス張りになっていて、外向きにカウンター・テーブルがある。すべてのスツールに、一人で来店していると思しき顧客が腰を下ろしている。

時間帯のせいもあるだろう、大半が二〇代から三〇代のようにみえる女性たちであり、数名いる男性客のなかにはトレンチ・コートを膝に乗せて店舗前のファサードを眺めている者や小さく薄いノートブックを開いている者がいる。ファサードにはガーデン・テーブルを思わせる丸テーブルが六個。穏やかな表情の夫婦が乳母車を挟み、それぞれ暖かいカップを両手で包み込んでいたり、皺のないスーツ姿の女性が大きなトートバックからたくさんの書類を出してテーブルの上に並べているような光景が見られる。

オーダーを待つ顧客たちは一様に店内を見渡したのち、カウンターでビバレッジを注文する。大半の顧客がドリップ・コーヒーよりもカプチーノやカフェラテなどの商品をオーダーし、四〇〇円から五〇〇円を支払っている。顧客はそのまま奥の受け取りカウンターへと移動し、第一ボタンを留めた白いシャツのパートナーから商品名とともに声をかけられる。概ねオーダーした順序どおりに商品が提供されるが、順番が前後する際にはパートナーが先客に笑顔で声をかけている。温かいビバレッジの入った紙カップにはスリーブと呼ばれる、再生紙でできた厚紙が巻かれて提供される。リッド（フタ）をして、飲み口をふさぐようにマドラーが刺される。多くの場合、フラペチーノにはホイップ・クリームがトッピングされる。パートナーは顧客にプラスチック製のフタが必要かどうかを尋ねている。

商品を受け取った顧客は足早に立ち去っていく。なにしろ店内には空席がないので、一通り店内を見渡した顧客は商品を持ち帰る意思決定をしてからオーダーしているようにも思われる。なかには、コンディメント・バーと呼ばれるセルフ・サービスのカウンターに立ち寄って、牛乳やシロップ、シナモンやココア・パウダーなどを使って味を調節したり、ペーパー・ナプキンを持っていく者もいる。

いくぶん繁盛店の事例ではあるものの、恐らく、こうした光景は全国のスターバックスで日常的に見られるものだろう。ランチタイムには当然満席になり、ビバレッジと簡単なフード類を持ち帰る顧客の列はさらに長いものになる。ランチタイムの客単価は一〇〇〇円近くにまで上ることもある。

【空間と商品】

スターバックスのコンセプトは「サード・プレイス」。職場と家庭にくわえ、スターバックスは顧客にとって居心地のよい第三の場所であろうとしている。スターバックスの店舗において顧客が体験することができるのは、パートナー（従業員）の明るい挨拶、コーヒーの香り、エスプレッソ・マシンを使ってビバレッジを淹れるバリスタのサービス、豆乳やフォームミルク、ホイップ、さまざまなフレーバーのシロップなどのカスタマイズ。カスタマイズによって、スターバックスのメニューには理論的に七万種のバリエーションがある。コーヒーの濃さ、温度やミルク、クリームの量にも希望を伝えることが可能である。とくに、ミルクやホイップ・クリームの入った商品やフラペチーノを好む顧客が多く、これらの商品はドリップ・コーヒーに比べてさまざまなフレーバー・シロップやジェリー（コーヒー・ゼリーをクラッシュ状にしたもの）などのトッピングをする自由がある。顧客はスターバックスを繰り返し利用するにしたがい、カスタマイズの上級者になる喜びを感じることもできる。

スターバックスの商品は、フード類も含めて、決して安いものではない。しかしながら、基本的に顧客は心ゆくまで店内に滞在することができる。ワイヤレスのインターネット・スポットも用意されている。日本のものよりも少し大きなサイズの家具はアメリカから取り寄せられていて、非日常的なくつろぎの空間がつくり出されている。しかしながら、空席があれば、の話である。くつろぎの空間の演出のため、席数は少なく、また壁に向けた座席の配置は稀である。一方で、商品を持ち帰る顧客が少なからずいることも興味深い。というのも、量も少なく原価も決して高くない商品に高い価格を支払っている顧客が、店内で「元を取る」行動をとらないことに対して「もったいなさ」を感じるパートナーもいる。「サード・プレイス」で時間を過ごす、ということ以外の価値も顧客は見出していると考える方が妥当だろう。スターバックスはどのように独特の価値を実現しているのだろうか。

スターバックスの独特の価値、といったとき、衆目を集めたのは店舗内禁煙の方針であろう。コーヒーを提供する店舗において店内禁煙を謳ったことについて、スターバックス参入時の日本市場からは当初懐疑的な視線が向けられたという。既存の喫茶店利用客を分析したコンサルタントはこの決定に対して否定的な見解を示したらしい。しかし米国の本社、あるいはシュルツはコーヒーの香りを損ねるという理由で譲らなかった。現地（日本）のパートナーを選ぶ際にも、本社の信念に沿った企業が選択された。結果として、喫煙者の多い喫茶店には疎遠だった顧客層がスターバックスを熱烈に支持した経緯がある。

もちろん、こうしたポリシーやコーヒーの香りにこだわるわけでもなく、流行に乗っただけの顧客やブランド・イメージだけに惹かれた顧客もいるだろう。しかしながら、同社のその後の規模拡大を鑑みると、これは顧客による熱烈な支持といわざるをえない。また、実際のところ、喫煙者も店外のテラス席では煙草を嗜むことができるし、混雑する店舗ではテイクアウト客がかなり多く存在することを鑑みると、スターバックスを頻繁に利用する喫煙者も少なくないだろう。ともあれ、非喫煙者や嫌煙者、衣服に煙草の香りがつくことを嫌う顧客層は、スターバックスが日本に登場するまで、喫茶店あるいはカフェで過ごす時間を心から楽しむことができなかったことは明らかである。

［調達］

また先ほど、スターバックスのブランド・イメージについて触れた。日本の顧客がどれだけ意識しているかは定かではないが、スターバックスにおいて使用されるコーヒーはアラビカ種であり、ロブスタ種などをブレンドした一般的なコーヒー豆とは異なる特徴を持っている。コーヒー豆は南米やアフリカの契約農場から調達し、フェア・トレード[(6)]を積極的に利用、流通業者による搾取に喘いでいた農家を保護するため、「人道的な」価格を農家に支払っている。アメリカではカップに再生紙が利用され始めた。食品容器に再生紙が用いられるのは画期的なことである。日本では現在のところ、カップは再生紙ではない紙カップだが、スリーブ[(7)]やペーパー・ナプキンなどに再生紙が用いられている。環境や生産者に配慮する同社の姿勢とコーヒーに対する専門性は、実質的あるいは潜在的に、顧客の体験するスターバックスにおける非日常を構成しているだろう。顧客の嗜好に直接影響することはないかもしれないけれども（たとえばフェア・トレードを通じて調達することが購買量を増す、という風には単純に考えられない）、こうした「語ることのできる」ストーリーの存在がスターバックスのブランド・イメージを下支えしている。

［ターゲット］

スターバックスのブランド・イメージを支えているものとして、その価格設定に触れないわけにはいかないだろう。

---

(6)　発展途上国の生産者の適正な労働条件を守り、適正な価格によって買い付けを持続的に行うこと。Schultz with Gordon (2011) と Apple 社辞書を参照。

(7)　「ある一日の記録」にあるとおり、熱い紙カップの上に巻く厚紙。

ドリップ・コーヒー以外のビバレッジは四〇〇円弱、フード類と合わせると、時に一〇〇〇円近くに上るという客単価は、当然それなりの価格の商品を購入し楽しむことができる、という顧客の充足感を満たしている。カスタマイズをする喜び、環境への意識、禁煙制やフード類の選別にみられるようなコーヒーの専門性へのこだわり、そして価格。こうした実践は万人に向けたものというよりもむしろ、受容する顧客層は限られているといえよう。

［接客と顧客価値］

商品の提供時間は遅いといってもよい。さまざまなバリエーションのなかから自分の好みを見つけるためにはオーダー方法も学ばなくてはならないし、場合によっては何度も失敗を経験する。店舗や時間によっては空席もない。価格も決して安くはない。パートナーたちは、慌てる様子もなく、ただ笑顔で歓迎の意を示してくれている。そして、顧客はこうした「スピード」を楽しんでいる自分自身を楽しむことができる。同じような楽しみを感じている他の顧客との間には「見る・見られる」関係がある。[(8)] 自分は今日、スターバックスにふさわしいファッションで、スターバックスを物理的にも精神的にも楽しむことができる顧客なのだ、ということを顧客自身が確認し、店内で、あるいはサイレンと呼ばれる女神のプリントされたバッグを持ち帰ることによって発信しているようにも思われるのである。

このように、スターバックスは比較的高価格の商品を揃え、職場でも家庭でもない「サード・プレイス」において顧客がゆっくりとした「スピード」を楽しむことができるように心配りがなされている。

一方、店舗のパートナーたちの間で囁かれているのは、「商品の利幅は価格の実に九〇％を超える」ということである。現実には売上総利益率（二〇一一年度末）が七三・六％であることがいくぶん誇張されて共有されていると推察さ

---

(8) 顧客間の「お互いに見る」・「お互いに見られる」関係が流行の伝播をもたらす、とする議論は南・ファッション・システム研究会（一九九九）にある。

れる。同社が法外な収益を上げていると結論づけるよりもむしろ、パートナーを奮い立たせ、ホスピタリティの溢れるサービスを提供する動機づけとしての効果にも目を向けることが必要である。パートナーたちの人間性、暖かさ、細やかな配慮なくしては、顧客もあえてスターバックスを選ばないだろう。それではつぎに、スターバックスのパートナーたちのオーナーシップを育成する仕組みについて確認しよう。

◆スターバックスのオーナーシップ育成システム

[理念・ビジョンの共有]

「Just say yes」（ただ「はい」と答えよ）。スターバックスのあるパートナーはいう。顧客の求めるサービスには柔軟に対応することが求められる。「ドーナツを七等分してほしい」、ある顧客の要望はその店舗内で語り草になっているという。パートナーたちは笑顔である。スターバックスの日本のパートナーたちのホスピタリティは時に太平洋を超えてシュルツの耳にも届けられる。盲目の顧客がメニューをわからずにいて、毎回同じ商品をオーダーすることに気づいたパートナーたちは自発的に図書館に通い点字のメニューをつくった。顧客の感動を呼んだこのエピソードは米国へと届けられ、シュルツ自らが日本のこの店舗を訪れたという。パートナーたちは地域貢献のイベントを自分たちで企画することもある。老人介護施設に出張したイベントの様子が貼り出されていた店舗もある。こうしたポスターもパートナーたちによる手作りである。また、米国本社の決裁が必要だが、日本発・パートナー発の新メニュー開発の例もある。スターバックスにおける仕事や業務を好きだと感じ、楽しいと感じなければ、心温まるこれらのエピソードは生まれなかっただろう。

〔店舗運営方針と人材育成方針〕

接客マニュアルはない。これは意外なことかもしれない。パートナーたちには臨機応変に顧客と接することが求められている。季節ごとのメニューや新メニューのマニュアルは用意されている。しかしこれらのマニュアルは自宅で予習し暗記するといった性質のものではない。マニュアルは原則的に持ち帰ることが禁じられている。アルバイトのパートナーたちも含め、営業時間が終わった後、自主的に学習しなければならない。

パートナーのトレーニングにはピア・コーチ制が採用されている。能力によって厳密なヒエラルキーがあり、アルバイトはＯＪＴ（On-the-Job Training、研修中という立場）、ショート、トール、ベンティ、というように、ビバレッジのサイズと同じ名前の階層があり、それぞれ給与も異なる。新人の研修期間は八〇時間である。また経験と能力を身につけたパートナーはピア・コーチ（同僚の指導員）となり、下位のパートナーの指導役にもなる。この階層は勤務歴によらず、能力にもとづくものである。下位のパートナーは上位のパートナーの勤務時間に合わせてシフトを調整し、営業時間後のトレーニングもコーチ役の都合によるところがある。チームでの職務に就くこと、そして残業とは必ずしもみなされない自発的なトレーニングの時間を持つことがパートナーたちに求められている。

アルバイトの職階でも、ＯＪＴと最上位のピア・コーチとの間には一・五倍ほどの給与差がある。顧客がスターバックスに魅力を感じるのと同じように、スターバックスに勤務したいと考える者たちは多い。そして一旦店舗内の人間関係が構築されると、チーム単位での業務が多く、離職を抑えるはたらきもある。自然に、パートナー同士のコミュニケーションなくしては仕事を覚えることができず、人間関係づくりに困難を感じる者はスターバックスに勤めることはできない。結果として、同社の離職率は社員八％、アルバイト四〇％と業界では低水準であるといわれる。

アメリカではパートタイムの従業員も保険に加入させるという画期的な決定をしたように、パートナーを重んじる文化がある。日本のあるパートナーの言によると、スターバックスの給与や福利厚生は手厚い（もちろん、勤務する者たちにとって給与はより高い方が望ましいのだけれども）。

前項の最後にふれたとおり、「価格の大半が利益であること」がパートナーたちのモチベーションを高める効果を持っている。価格に見合ったサービスを提供するためには、コーヒーのみならず、顧客それぞれの好みに応じたカスタマイズに対応することのできる知識が必要である。同時に、笑顔や溌剌さ、心配りなくしては顧客を満足させることはできないし、何より、職務を遂行するためにはパートナー同士が協力し合わなければならず、コミュニケーション・スキルの磨かれたパートナーたちがスターバックスを支えている。

〔求める人材像〕

スターバックスの従業員たちには、決して原価だけではない高額の商品と付加価値を提供している自負がある。また、従業員間、そして顧客との間のコミュニケーションを楽しむことのできる者だけがスターバックスのパートナーとなりえる。しかしながら、社内にはシビアなヒエラルキーがある。アルバイト間にも階層があるし、特別なバリスタの資格を持ったパートナーだけが黒いエプロンを着用することが許される（通常は緑のエプロン）。毎年催される「コーヒー・アンバサダー・カップ」は全国のパートナーたちのコンテストである。コンテストを勝ち抜いたパートナーは一年間、スターバックスの親善大使としてさまざまなイベントに参加する。ブラック・エプロンやアンバサダー・カップは極めて一部のパートナーたちに限られたことであるが、社内あるいは店内でスターバックスのヒエラルキーを上りつめる喜びも感じることができる。

こうした自己の研鑽と人間関係の構築によって、パートナーたちはスターバックスで働くことの喜びをチームで何かを達成することや自身の判断で顧客に価値を提供することに見出すのである。一見すると、パートナー間の人間関係に依存して協調的なチーム・オペレーション体制が築かれているように思えるが、自発的に創意工夫をしなければならないし、そうした姿勢がヒエラルキーの下で厳格に評価されていることに注目する必要がある。ヒエラルキーの下位に甘んじるような姿勢では、ヒエラルキーに挑戦しようとしているパートナーと協調することはできない。個人の能力や自発性を成果や評価に結びつけようと研鑽する人材同士でなければ、スターバックスのオペレーションに加わることはできない。顧客も商品だけを楽しむわけではない。敗者（自発的に動かない人間、挑戦しない人間）のいるスターバックスでは、顧客はスターバックスを利用している自分自身を楽しむことができるはずがない。すなわち、勝者（挑戦する人材）が勝者とともに、協調的に、顧客に対してホスピタリティを示さない限りには、独特の価値を創造し、提供することはできないのである。そしてその顧客もまた、物理的・精神的にスターバックスにふさわしい勝者なのである。

顧客を歓迎し、心を込めたサービスを提供する。こうした精神を従業員たちにしっかりと根づかせるため、スターバックスは「グリーン・エプロン・ブック」として理念（クレド）をまとめている。また、同社のミッション・ステートメントにおいても、パートナー、顧客、コミュニティ、環境、生産者たちと一体となり、ふれ合いを楽しむことが約束されている。そしてこれらの貢献に努める責任が明文化されている。

グリーン・エプロン・ブック

1. Be Welcoming: Offer everyone a sense of belonging
（歓迎する。すべての人につながりを感じてもらう）
2. Be Genuine: Connect, discover, respond
（本物に。つながり、見つけ出し、応える）
3. Be Knowledgeable: Love what you do. Share it with others.
（知識を。自分のなすことを愛し、それを人と共有する）
4. Be Considerate: Take care of yourself, each other, and the environment.
（思いやりを。自分自身のこと、お互いのこと、環境のことを）

5. Be Involved: In the store, in the company, and in the community.
（一体に。店舗と、会社と、コミュニティと）
出所：英語サイトより担当者が和訳。

このように、パートナー同士だけでなく、顧客やコミュニティとのつながりを築き、維持することを理念として共有が図られている。これらを責任として感じることができるのは、やはり、チームとしての協調に努めながら自己研鑽を怠らず、スターバックスの一員であることに自負を感じるような人材である。スターバックスという組織との強いつながりを感じている者、といいかえることもできるだろう。まさしく、スターバックスにオーナーシップを抱いている人材なのである。

以上のとおり、スターバックスは独特の顧客価値を創造するために欠かせないパートナーたちのオーナーシップを育成している。スターバックスのパートナーとしてふさわしい人材とは、社会貢献やコミュニティとの共生に責任を感じ、顧客にホスピタリティを提供することのできる人材。チームとしての協働に積極的でありながら、自発的に個人の成果を高めたり、周囲を触発する意志の強い人材である。そして顧客は、商品やサービスだけでなく、こうした同社の使命感や責任感によって裏打ちされた、語るべきストーリーのあるスターバックスとそれを利用する自分自身とに充足や満足を感じていると考える。

結果として、スターバックスの売上高や店舗数も増加を続けてきたけれども、同社のオペレーションやあるいは経営戦略、マーケティングは万人によって受け入れられてきたとは考えられない。むしろ同社が適切な顧客をターゲットとして選んだ結果だと考えられる。そしてスターバックスを選んだ顧客たちがいる。

一方で、老若男女が「自然に」足を踏み入れることのできる喫茶店やカフェを標榜しているのがドトールコーヒーである。同社が目指すのは「インフラ」。世の中になくてはならない存在、あって当たり前の存在である。ドトールコーヒーがどのように独特な顧客価値を創造しているか、次節にて検討を始める。

Ⅲ ドトールコーヒーのオーナーシップ・バリュー モデル

この節では、ドトールコーヒーがいかにキーパーソンのオーナーシップを育成し、どのようなターゲットに対してどのように独特な顧客価値を創造しているか検討を加える。ドトールコーヒーの店舗網の約八割を占めるフランチャイズ店のオーナーならびに店舗のスタッフたちをキーパーソンとして設定する。本節の内容であるドトールコーヒーのオーナーシップ・バリュー モデルは図4のとおり要約されている。

現在の喫茶店あるいはカフェ市場において双璧をなすのはスターバックスとドトールコーヒーであるが、日本中のあらゆる場所で気軽にコーヒーを楽しむことができるようにしたのは紛れもなくドトールコーヒーである。「文化」を創造したといってもよいかもしれない。コーヒー豆の卸売業としての出自があるため、小売・サービス業である喫茶店業の発展は同社にとって販路を拡大する意味合いもあった。パリのカフェに感銘を受けた創業者の鳥羽博道は、まさしくゼロから「日本の文化」を創造した。老若男女が気軽に立ち寄ることのできる店舗づくりへの情熱に共鳴したパートナーがいなければならなかった。そして情熱だけでなく、繁栄も共有できなければ、ドトールコーヒーは「文化」を創造することはできなかったであろう。ゆえに本節では、オーナーシップを育成するキーパーソンをフランチャイズ店のオーナーならびにその下でオペレーションに従事するスタッフたちとして設定する。同社のスタッフたちもまた、パートナーと呼称される。

◆ドトールコーヒーの顧客価値創造システム

【品質と顧客価値】

「がんばる人の、がんばらない時間。」ドトールコーヒーが意図するのは一杯のコーヒーを通じて得ることのできる安らぎの時間を顧客に提供することである。顧客の平均的な店舗滞在は一五分から三〇分である。コーヒーは一杯二〇〇円だが、その品質の維持には妥協がない。コーヒー豆は店舗で提供する時に一番おいしい状態になるように逆算して焙煎している。一度に挽いてよい量や保存方法、保存してよい期間なども管理されている。創業者にはレストランや喫茶店での勤務経験があり、ブラジルのコーヒー農園で働いていた経緯もある。ドトールコーヒーとしても、コーヒー豆の焙煎・卸売業の知識が豊かにあり、自社農園や独自の焙煎技術により高品質な商品を手頃な価格で提供することに成功している。価格に対して極めて高い価値を実現しているといえよう。店内飲食では使い捨ての容器ではなく、創業から一貫して陶器が用いられている。これもまた、本格的なコーヒーを提供するという同社の情熱によるものである。

図4：ドトールコーヒーのオーナーシップ・バリュー モデル

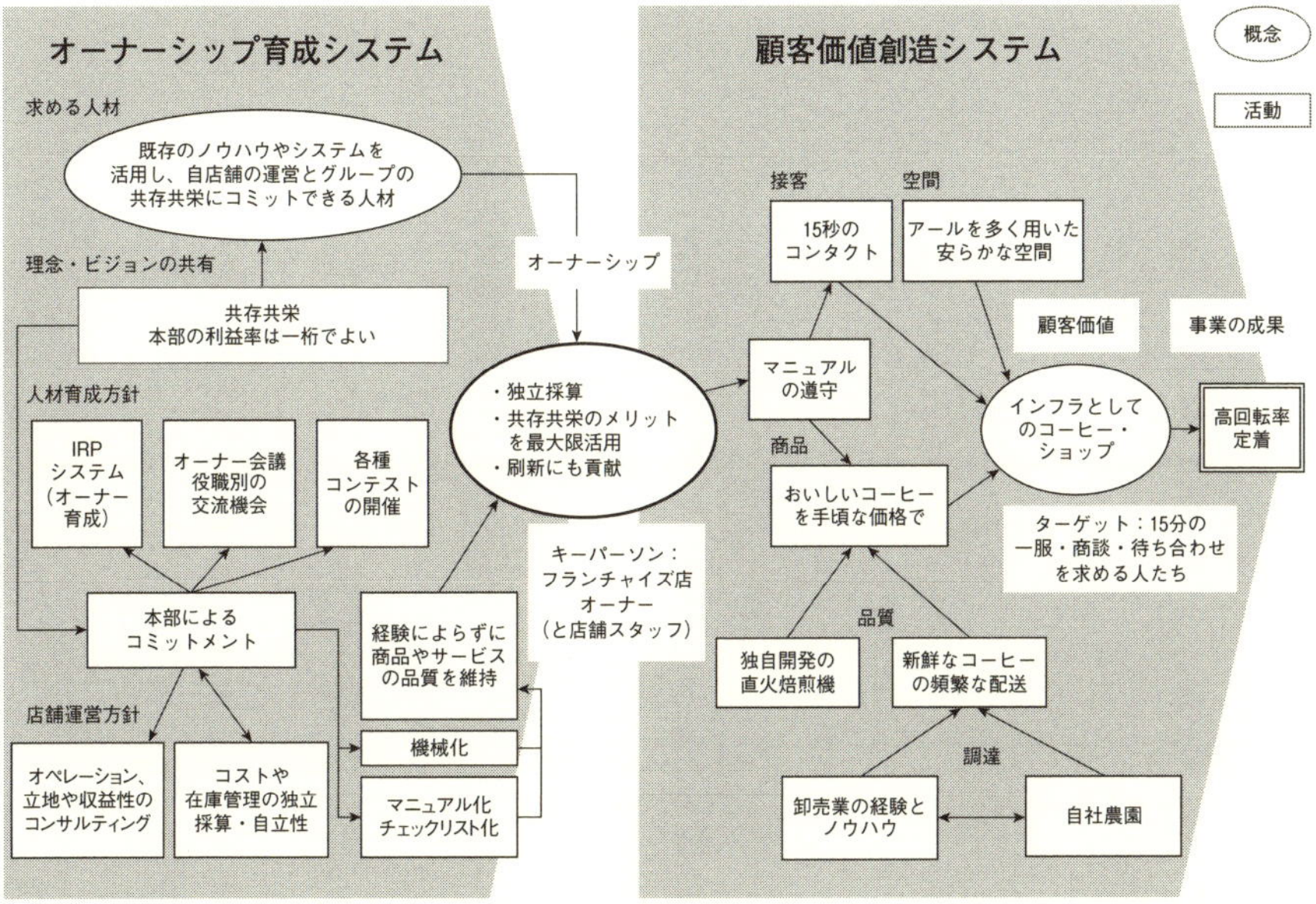

「安かろう、悪かろう」の品質では、日本の老若男女が気軽にコーヒーショップに立ち寄ることができる文化は創造できなかっただろうし、ましてや現在までにスターバックス以外の競合と水をあけることはできなかったであろう。二〇一一年度のＪＣＳＩ（日本版顧客満足度指数）では、カフェ業界においてカフェ・ベローチェに次いで顧客満足度は二位。[9] ドトールコーヒーはカフェ・ベローチェの六倍のシェアを持ち、店舗間で顧客満足度にバラツキが生じてもおかしくないにもかかわらず、全店舗で高い顧客満足を達成している。

たとえば顧客はドトールコーヒーに立ち寄ることによって、ビジネス・アワー内にほんの少しの休息を感じることができる。喫煙者は憩いの一服を楽しむ。ちょっとした商談に使うこともできるし、待ち合わせや空き時間を埋めるためにも気軽に使うことができる。年代を問わず利用意向の高いドトールコーヒーだが、「がんばる人の、がんばらない時間。」というコンセプトを同社自ら提示しているとおり、限られた時間を可能な限り落ち着いて過ごすことに重きを置いた顧客をターゲットとしている。こうした「ひととき」のために出費できる額によっても顧客は定義されている。同社は今後、より一層の女性客の取り込みを狙って禁煙スペースを増やす方針も定めているものの、[10] 顧客の七割が喫煙者で店舗の大半を喫煙スペースにしている店舗もある。

ドトールコーヒーは顧客にとって、「なくてはならない場所」、「あって当たり前の場所」であることを望んでいる。あるパートナーの言葉を借りるとドトールは「インフラ」の一つであるという。ビジネスパーソンの利用が見込まれない休日の様子もみてみたい。ある休日の「インフラ」の様子を記録してみた。

(9) 同社の展開するエクセルシオール・カフェとは別に調査。サービス産業生産性協議会のホームページ（http://www.service-js.jp/cms/page0810.php）二〇一二年三月一九日閲覧。
(10) 日本経済新聞、二〇一二年二月一二日。

ある一日の記録

再び二〇一一年一二月。祝日のその街には大勢の人たちが集まっている。JRの駅から国立大学へとつづく歩道にはイチョウと桜並木があり、冬の夜には華麗なライトアップが楽しめる。

この街のスターバックスもほぼ満席である。一人がけのソファが多く用意されていて一つとして空きがない。外のテラス席には、テーブルにラブラドールをつないで、身を縮めてカップを持つ男性がいる。ダウンジャケットを着て、口やあごに短い髭をたくわえた三〇代か四〇代の男性である。一五脚ほどのチェアがあるが、テラス席にいるのは彼だけである。

同じころ、コーヒーをオーダーするための列はドトールコーヒーショップのカウンターにもできていた。コーヒー・マシンの音や食洗機の蒸気が発する音がして活気がある。陶器のカップがソーサーに置かれるときに上がる澄んだ音も印象的である。畳を三枚ほどタテに並べたくらいの大きさのカウンター内には、青いストライプが特徴的な白地のシャツやブラウスを身につけたスタッフたちが三名（なお、二〇一二年四月、新しいデザインに変更されている）。皆が半袖である。限られたスペース内で全員が常に熱心にサービスをしており、レジとコーヒー・マシンとの間で何度も身体を反転させている。フード類の調理や仕上げを行うパートナーや返却された食器を片付けながら食洗機や運搬用のエレベータを操作しているパートナーたちと協力して仕事に励んでいる。

初老の男性客はコーヒーチケットを出して「ホット」と一言。パートナーの問いかけに対して、砂糖とミルクが不要であると小さな声で短く応えると、コーヒー・カップの載ったソーサーを片手で注意深く持ちながらまっすぐに店内奥の階段に向かっていった。

この店舗は三階建てであり、一階は禁煙で丸いテーブル席が五組ほど。二階が喫煙席、三階が禁煙席である。ブレンドコーヒーは一杯二〇〇円から。コーヒーチケットを使うと二〇〇〇円で一一杯のコーヒーを楽しむことができる。大学生と思しきグループは思い思いの商品を購入して階上へと進んでいく。一階のスペースではキャリーバックを傍に置き、茶色いサングラスをかけた四〇代か五〇代くらいの女性が一組おしゃべりに華を咲かせている。また、店内入ってすぐ右側にはグラインダーがあり、コーヒー豆の持ち帰り客に対して一〇種類ほどのブレンドを品揃えている。買い物帰りの女性がこのコーナーに立ち寄ると、パートナーはカウンターの外に出て応対する。グラインダーが動くと本格的なコーヒーショップの雰囲気が醸し出されるようにも感じられる。

【接客】

この「あって当たり前のインフラ」において、商品は極めてスピーディに提供される。「わずか一五秒のコンタクト」で満足される接客やサービスをしなければならない、とフランチャイズ店のオーナーは語る。ドリンク類は確かに数十秒でサーブできるものが多いのに対して、フード類の大半はオーダー後に調理が始められる。このような場合でもスピーディに商品を提供できなければ、冬期には先に出したホット・ドリンクが冷めてしまうと店舗内で問題意識が共有されている。スピーディなサービスを実現するために、たとえば食器の数をあえて多く準備せず、パートナーたちのスキルを磨くといったような工夫がされることもある。

同社は「顧客第一主義」を謳っている。たとえば、顧客の苦情はすべて社長へと直結する仕組みが構築されている。これは、苦情がメールを通じて本社へと届くようになった現在のみならず、創業者が社長職にあった当時からの伝統である。品質だけでなく清潔さやキャンペーンへの注力状況などについて、店舗のチェック項目は二三〇項目ほどあり、本部の従業員が評価をすることもあるし、第三者による検査も実施されている。

これらのチェック項目はもちろん開示されており、オペレーションの責任者であるオーナーたちにとっての力強い指針である。また、週に三回行われる定期配送以外にも、食材や消耗品などの発注や管理などは責任者の重要な役割である。コーヒーの保存などについても厳しいマニュアルがあり、不適切な作り置きや怠慢な方法での保存を行うとすぐに味に反映されてしまう、とあるオーナーはいう。本部には長年培った経験と独自の技術がある。コーヒーの品質について疑ってはいない。しかし、顧客との接点において鍵を握るオーナーや店舗オペレーションの担当者が手を抜くと、一店舗だけでなく、ドトールコーヒーショップ・チェーン全体の品質への信頼、ひいては顧客価値の毀損につながってしまう。店舗オペレーションを担当するパートナーたちのこうした危機意識もまたドトールコーヒー独自の顧客価値を支えているのである。

同社の顧客価値はパートナーたちによるスピーディな人的サービスだけでなく、先進的な機械や設備によっても構築されている。入店しやすい雰囲気を演出したり、たとえ短くとも安らかな時間を顧客が過ごせるよう、内装や什器には曲線（アール）が多用されている。

顧客の貴重な時間を無駄にしないよう、スピーディで効率的なサービスが可能なフル・オートマティックのコーヒー・マシンが導入されている。同社は創立当初からこうした機械の導入には積極的で、経験のない従業員でも品質のよい商品が提供できるように意図されていた。パン焼き機や食器洗浄機についても同様で、とくに食洗機については、設立当初の時点でも、わざわざスウェーデン製のものを取り寄せて、効率性や生産性の向上が追求されていたそうだ。

その結果として、パートナーの経験値によらず、迅速で無駄のないオペレーションが実現できるようになった。顧客がカウンターで商品をオーダーすると、パートナーはカウンターの背後にあるコーヒー・マシンを使って迅速に商品をサーブする。顧客はオーダーしたその場で商品を受け取ることができるし、フード類をオーダーしたとして、その受け取りのためにはほんの数歩移動すればよい。あるいはパートナーが席へと商品を届けてくれる。店舗内の様子を記録したとおり、カウンター内の必要最小限のスペースでパートナーたちは商品のサービスと調理、洗浄などの業務を行っている。使用後の食器類が返却カウンターに溜まってしまうようだと、顧客の満足は得られない。

ドトールコーヒーショップ・チェーンは多くのフランチャイズ店によって構成されている。一店舗の不適切なオペレーションは全体の不利益をもたらしかねない。したがって、顧客の苦情や要望だけでなく、店舗の改善提案のテクニックや他店舗における成功事例などが共有されることに重要な意味がある。こうした事例集やFAQ（よくある質問と解決）などはチェーン広報誌を通じて全店舗へと届けられている。カラー記事も多く、実例やパートナーの写真が満載のチェーン広報誌はビジュアルにおいても本格的な作りとなっている。これにより、顧客に良質な商品を良質なサービスを通じて届けるための情報共有がなされている。個々の経営責任を負うオーナーたち、さらには個々の店舗でサービスに従事するパートナーの一人ひとりをチェーン全体の利益や信頼の維持のために意識づける一定の役割を担っている。

チェーン全体の共存共栄のためには、個々のフランチャイズ店が個々の事情だけを優先することはできない。全国どの店舗でも同じ「インフラ」として存在するためには商品だけでなくあらゆる要素の品質の維持、情報の共有や公平な評価システム、標準的なサービス提供のための指針が必要である。本部による各店舗のサポートや店舗間・パートナー間の交流機会を設定するところに、フランチャイズ店のオーナーやパートナーたちのオーナーシップを育成する源泉があると考える。

◆ドトールコーヒーのオーナーシップ育成システム

ドトールコーヒーショップ・チェーン全体としての共存共栄のためには、店舗網の約八割を占めるフランチャイズ店に対する適切なサポートが極めて重要である。モラルを維持し品質や評判を貶めない、といったマイナス面の管理だけでなく、個々の店舗の創意工夫や成功事例をチェーン全体で共有するような、プラス面の引き出しを図らなければならないからである。

【店舗運営方針】

すでに例示したとおり、チェーン広報誌は顧客に提供する価値を高める効果だけでなく、パートナーたちにとっての、あるいは約八割を占めるフランチャイズ店のオーナーや経営者にとっての拠り処となる。困りごとの解決策を見つけることもできるし、他店舗の報告は自店のモチベーション・アップにも用いることができるだろう。店舗網の二割程度を担う直営店の存在意義は全店舗の見本となるような存在だということである。原宿の一号店は、元々あった寿司店の血縁者が「場所ありき」でドトールコーヒーのフランチャイズ店オーナーとなったものだが、店舗網の拡大とともに、現在は立地の計画も含めて本社が提案することが通例である。電鉄会社などの交通機関がオーナーとなるケースも多いが、通行客数の分析や収益予想、店舗規模の選択などに対して、本社はコンサルタントとしての役割をも担う。本社による高い関与は利益の分配方針にもみられる。本社の経常利益率は通常七〜八％だが、これを二桁台に乗せるという投資家的な思想はない。利益はフランチャイズ店と共有すべきものである、というのが同社の理念である。たとえば、不採算店を一時的に直営店とし、業績が軌道に乗り次第、再びフランチャイズ店とする、といった実践もこうした理念にもとづくといわれる。

フランチャイズ店との契約条件は緩いものではない。新規加盟時には、チェーン加盟金として一五〇万円、出店準備金として一五〇万円、チェーン保証金として一五〇万円、出店保証金として一五〇万円などと契約料が徴収される。ロイヤルティは売上高の二％で、その他設計管理料や研修費などが加算される。立地や規模にもよるが、個人として加盟するあるオーナーが新店舗をオープンさせる際には一億円ほどの出資が必要となった。セット商品の割引分やコーヒー豆を購入する顧客のポイント割引などもすべてオーナーの負担であり、食材や消耗品の管理のほか、店舗スタッフの雇用や昇給などの施策もオーナーが自律的に意思を決定する。ただしオーナーはすべてを自由に意思決定するわけでもないし、孤立無援なわけでもない。

［オーナーに対する人材育成方針］

オーナーの教育システムにも歴史がある。ＩＲＰ研修（Ideal, Revolution, Prosperity。理想、革命、繁栄）と呼ばれるフランチャイズ・オーナーの研修は最低でも四週間に渡る。店舗を統括するためのスキルがデスクワークだけでなく実体験を通じて学習される。一日に八時間の講義があり、オペレーション重視のトレーニングと期末には試験も課される。いかに収益を上げるか、ということではなく、いかに顧客に喜んでもらえるか、という問題意識がこうした研修機会を通じて徹底される。オーナー会議も地区ごとに四半期に一度、全店を対象として年ごとに機会が設けられ、白熱した議論が展開されることもある。さらに、フランチャイズ店のオーナーは将来を有望視するパートナーたちを本部の研修に参加させることができる。人選はオーナーが行う。モチベーションの高いパートナーたちを相互研鑽の場に派遣することはもちろん店舗の改善につながるが、当然パートナーのモチベーション向上やその維持はオーナーに課せられた重要な課題である。研修は日常的に実施されていて、本部とフランチャイズ店というタテの交流だけでなく、フランチャイズ店同士、パートナー同士の交流機会が多く準備されている。

本社による関与のみならず、フランチャイズ店には、仕事や業務以外のインセンティブが用意されている。同社ではさまざまなコンテストが実施されており、上述のチェーン広報誌やオーナーポータルサイトを通じて全店舗へと情報が提供される。パートやアルバイトのパートナーだけの接客コンテスト、重点商品の注文率ランキング、売店のディスプレイのみに特化したコンテストなどがあり、総合的なものとしてフランチャイズ店の優秀店舗コンテストが実施されている。売上高だけでなく、店舗運営・管理や接客、売店の注力商品の売上高などによって評価される。

[理念・ビジョンの共有]

年に一度開催されるこのコンテストの優勝店は四泊六日のハワイ旅行に招待される。ハワイでは自由な時間を過ごすことができるが、一日だけはドトールコーヒーの理念を体験するために使われる。ハワイ島コナ地区にあるコーヒー農園や焙煎施設へと招待されたパートナーたちは、コーヒーを自ら収穫し、焙煎、その味を楽しむという一日を過ごすことになる。当初この農園は顧客がコーヒーの植樹を行うことができるような体験型施設であったが、現在は同社の理念を優秀なパートナーたちと改めて共有しあうための場となっている。また、ハワイ行きの人選は表彰店のオーナーに任されている。フランチャイズ店のオーナーにとって、そしてその店舗ではたらくパートナーたちにとって、この栄冠を一度ではなく複数回受賞することが大きなモチベーションとなっている。「私もハワイに行きたい」、と。

〔パートナーたちの人材育成方針〕

つぎに、実際に店舗に立つパートナーたちに注目してみよう。先ほど述べたとおり、ドトールコーヒーは創立時から徹底的な機械化を図っており、経験の浅いパートナーであっても良質な商品が提供できる。新メニューについても、基本的に既存の機械・設備を活用することのできるものが導入される。追加的な機械の導入はパートナーの業務を非効率にさせる。

はじめて店舗に立つパートナーは、当初店内の清掃や片付けをしながら食洗機の担当（ラウンドと呼ばれる）を行う。同社のアルバイト間にも階層があり、数段階上位のパートナーは下位の教育係を務めることになるなど、分業化されている。パートナーの研修のため、たとえばサンドウィッチの調理方法について、全行程を一つひとつ写真入りで紹介するマニュアルが手渡されている。パートナーを手助けする店舗での経験を積むにしたがって、簡単なフード類の調理やレジ業務も任されるようになる。すべての業務内容を丁寧に説明するマニュアルが準備されており、従業員は標準的な手順をマスターすることにより、属人的な要因に依存せず、生産性や効率性を高めることができている。スピーディなサービスによる顧客価値実現の背後には、パートナーたちが拠り所とするこのような周到な準備がある。

また、パートナーの研修のみならず、店外清掃のチェックリスト、什器のチェックリスト、トイレのチェックリストなど、極めて詳細なチェックリストが準備されている。これらのチェックリストを用いて、店舗を巡回するスタッフは各店舗・各オーナーのコンサルティング業務を行うことができるし、各店舗のパートナーたちにとっても、店舗の問題点や解決方法を明確に知ることができる。こうしたノウハウは、コンサルタントとして本部が単独で養成したものだけではなく、チェーン全体を構成する個々のフランチャイズ店の経験――当然良いものも悪いものもあるだろう――が結集してはじめて生まれたものと考える方がよいだろう。もしこの拠り所が信頼の置けないものだとしたら、誰もマニュアルを徹底しようとはしないし、結果として折角の高品質なコーヒーは台無しになる。まず何より顧客は気軽に足を踏み入れなくなるだろう。

フランチャイズ店はじっさいに店舗を所有しているので、当事者としての意識は自然に高まる。もっとも迅速にもっとも品質のよいものを顧客に提供するためには何をどうすればよいか。システム化されたオペレーションという拠り所があることはオーナーやパートナーたちを安心させるものである。しかし、フランチャイズ店にとって、こうしたシステムやマニュアルは受動的に用いるだけのものではない。なぜなら、標準的なマニュアルやチェックリストが役に立たないのなら、そのことについて声を上げチェーン全体の問題意識としない限りには、決して経済的な成功を得ることはできないと予想されるからである。本部には当然その舵取りとしての役割が求められる。拠り所を守りながら、それをより強固なものとすべく、各フランチャイズ店は本部や他店、パートナーたちと交流する機会を持ち、本部もまた指針を徹底する頑なさと指針をフランチャイズ店の評価にさらす柔軟さとをもつことによって、フランチャイズ店のパートナーたちはまさに当事者としての意識を高い水準で維持しているのだと思われる。それは、オーナーシップと呼ぶべきものであろう。

このように、ドトールコーヒーの経営戦略はフランチャイズ店、そしてチェーン全体としての共存共栄が企図されていることによって特徴づけられる。本社は立地や店舗経営のコンサルタントとしての役割も果たしているし、標準的なトレーニング・マニュアルを準備したり、フランチャイズ店のオーナーやパートナーたちを動機づける仕組みを築き上げることによって、良質な商品を効率的な方法によって顧客に提供できる。「あって当たり前」の「インフラ」としてのコーヒーショップが成立しているのである。こうした実践を支えているのは本部だけではなく、個々のフランチャイズ店であり、その経験が全体として共有されたものである。

最後に、フランチャイズ店のオーナーから聞かされたもっとも素朴な声を挙げておこう。

オーナー会議ではいつも喧々諤々の議論をしていた。セットを販売するときの割引ぶんはすべてオーナーの負担。割引だけでなく付加価値を上げるようなことがやりたい。それでも、ドトールは味。やっぱり美味しい。創業者と直接会っていた頃もあった。色々な人がいても、それを（本部が）許容しているので、（フランチャイズ店の）オーナーはとても大切にされていると感じる。(11)

こうした言葉の裏づけは同社の理念にもあらわれている。ドトールコーヒーの社是には、第一に品質のよい商品の提供、第二に得意先、すなわちフランチャイズ店の繁栄、第三に人から感謝される存在となるための自己研鑽、第四に社会貢献が挙げられている。

Ⅳ 両社のオーナーシップ・バリュー モデルの比較

スターバックスとドトールコーヒーはともにヨーロッパのカフェにビジネスの着想をえたのだが、これまでにみたとおり、両社のオペレーションや店舗展開には著しい違いがある。直営とフランチャイズ、高価格とリーズナブルな価格、非日常の場とインフラとしての存在。この節では改めて両社のオーナーシップ・バリュー モデルを対比させてみたい。

(11) 話し言葉や順序は編集しているが、使用された語彙（単語）はオーナーのものである。

□：各社の際立った特徴

		スターバックス	ドトールコーヒー
求める人材像		チームワークを尊重しながらも個人の能力と成果が問われるヒエラルキーに挑戦する人材（キーパーソン：パートナー）	既存のノウハウやシステムを遵守・活用し、自店舗の運営とグループの共存共栄にコミットできる人材（キーパーソン：フランチャイズ店オーナー）
オーナーシップ育成システム	理念・社風	グリーン・エプロン・ブック 「Just Say Yes」の徹底	共存共栄 本部の利益率は一桁でよい
	採用・育成	・パートナー同士の教育システム ・OFF-JT	・IRP システム（オーナー育成） ・オーナー会議（役職別の交流機会） ・機械化・マニュアル化・チェックリスト化の徹底
	報酬・評価	ヒエラルキー	独立採算・自律性
オーナーシップ		パートナーたちの自負、顧客に接する喜び	独立採算、共存共栄のメリットを最大限活用、刷新にも貢献
顧客価値創造システム	接客	・ホスピタリティの高さ	・マニュアルを遵守した接客（15秒のコンタクト）
	商品	・エスプレッソやそれをベースとしたビバレッジ ・高価格だが、途上国の支援、フェア・トレードなど人道的価格による買い付け	・手頃な価格の美味しいコーヒー ・自社農園・独自開発の直火焙煎機での調達 ・新鮮なコーヒーの頻繁な配送
	空間	・少ない席数 ・アメリカ仕様の家具	・R を多く用いた安らかな空間
顧客価値		心地よいサード・プレイス スターバックスを利用する自分自身	インフラとしてのコーヒー・ショップ
ターゲット		「見る・見られる」ことを楽しめる人たち	15分の一服・商談・待ち合わせを求める人たち
事業の成果		高顧客単価、粗利率、低回転率	高回転率、定着

◆顧客価値の質の違い

スターバックスの顧客は非日常を演出された店内でゆっくりとした時間を過ごすことができる。心地よいサード・プレイス。これがスターバックスのコンセプトであり、顧客に提供される同社独自の価値であることは間違いない。当然のことながら回転率は低く、空席を見つけられないこともある。商品が提供されるまでに時間もかかり、価格も決して安くはない。また、少なからざる顧客は、サード・プレイスで時間を過ごすのではなく、スターバックスのビバレッジと軽食を持ち帰っている。そこで、スターバックスを利用する自分、あるいはその演出を楽しんでいる自分に満足できることも同社独特の価値として推察される。商品が提供されるまでの時間も、ソファに身を沈めている時間も、紙バッグから商品を取り出す時間も、他の顧客を見る機会はたくさんあるし、同時に彼・彼女たちから見られている意識も少なからずあるといえるだろう。

一方でドトールコーヒーの提供する価値は、高品質な商品とスピーディなサービスにある。極めて手頃な価格であるにもかかわらず、自社農園の利用や卸売業者としての経験、品質管理のための詳細なマニュアルによって高い価値が実現されている。顧客はほとんど自覚してはいないが、店舗設計や什器、食器にはさまざまな工夫が施され、店舗への入りやすさや利用しやすさを支えている。一服や商談やそのブレイク、待ち合わせのためにほんの短い時間しか滞在しない顧客にとって、ドトールコーヒーは敷居をまったく感じないで済むような当たり前の存在、つまりインフラとしての存在といわれる。

◆オーナーシップの質の違い

顧客に提供する価値も対照的であれば、従業員たちのオーナーシップを育成するロジックも対照的である。もちろん両社とも、貴重な戦力である従業員たちの離職を防ぐために従業員満足を高める仕組みを考えていないわけではないだろう。本章ではキーパーソンとしてスターバックスのパートナー、そしてドトールコーヒーのフランチャイズ店を設定した。ただ単純に彼・彼女たちを満足させれば顧客価値が実現できるとは考えられない。

たとえばスターバックスのパートナーには時間外のコミットメントが求められているし、厳格なヒエラルキーの下でパートナー同士の教育システムが実施されている。チームとしての助け合いは勧められているけれども、それは一人ひとりが楽をするためのものではない。自発的な行動が推奨されるということは、同僚の視線に遠慮せずルーティンを崩す勇気を持たなくてはならない（勇気を必要と感じるようではいけない）こともあるだろう。その上でパートナーたちの連帯を維持するためには、あくまでもヒエラルキーに挑戦する個人的な気概をもつ者たちを採用する必要があろう。個人的な気概をもつ者たち同士の連携が勧められるからこそ、彼・彼女たちが勝者としてのオーナーシップを感じるのである。

ドトールコーヒーのフランチャイズ店はじっさいに店舗を所有しているわけだから、店舗経営に対して強い思い入れがあるのは当然だ。マニュアルやチェックリストは拠るべき存在であると同時に徹底して遵守すべきものである。一部の店舗がそれを怠れば、ドトールコーヒーのインフラとしての存在が脅かされてしまう。フランチャイズ店はコストや店舗人材などの管理を独立して行っている。徹底すべきマニュアルに問題が生じれば、フランチャイズ店の独立採算に甚大な影響をおよぼしかねない。本部は定期的な意見交換の機会設定やコンテストの実施によって、フランチャイズ店の不安や心配を解消するような手段を準備している。フランチャイズ店も自店の経営のためには意見交換の場において発言することにメリットがある。共存共栄方針の強調、マニュアル遵守の徹底管理、さまざまな意見交換の場の設定がフランチャイズ店のオーナーを「大事にしている」と感じさせる本部による施策だと考えられるのである。

V　むすび

これまで、スターバックスとドトールコーヒーを題材として、両社のオーナーシップ育成システムと顧客価値の創造について検討した。それぞれがそれぞれにとって適切な従業員やパートナーを選別し、彼・彼女たちに合った人材育成方針を採用することによってオーナーシップを育成、その結果として独特な顧客価値をそれぞれのターゲット顧客に対して創造していることが本章でも確認できたことだろう。両社のオーナーシップ・バリュー　モデルでは、個々の活動やコンセプトが矛盾なく連関していることがみてとれる。

実務的な関心から二つの事例を再検討してみると、ときおり両社が矛盾の萌芽を抱えているように思われる。たとえば、新幹線のコンコースに出店しているスターバックス。確かに繁盛している。しかし、この店舗の顧客はスターバックスのスピード感を楽しんでいるようには思えない。新幹線のコンコース店に限らず、店舗数の拡大によって明らかにトレーニング不足と思われるパートナーが画一的な接客をしていることもある。コーヒー豆の説明ができるパートナーが一人しかいないようなこともある。こうした場合、ドトールコーヒーの人材育成方針が適切なようにも思えるが、オーナーシップ・バリュー　モデルに位置づけようとすると矛盾が生じてしまう。スターバックスに勤務する自負を持った従業員が適切に見出されなければならない。

静かに顧客満足が損ねられる事態が進行しているようにも想像される。ヒアリング調査からは、繁盛店の間近にオープンした店舗が閑散としているケースについても懸念が発せられた。繁盛店は繁盛店のままである。閑散とした店舗において顧客は「見る・見られる」関係を楽しめない。他にも、静かにスターバックスでの時間を楽しもうとする顧客が、フラペチーノと大きな声でのおしゃべりと勉強やゲームを目当てにする顧客を見て眉をひそめていることもある。ほんの一部かもしれないけれども、こうした事例をみると、目新しく、華やかな商品を常に導入しなければ、そしてそれは

「スターバックスにふさわしい振る舞いをする顧客」を満足させるものでなければ、カフェラテとフラペチーノとサイレンの遺産を損ねてしまうような懸念がある。開発を担当する本社としては、勝者にふさわしい挑戦なのかもしれないけれども。

ドトールコーヒーでは別業態店として展開しているエクセルシオールや、あるいは白を基調として女性や非喫煙者をターゲットとした新業態店「白いドトール」の可能性に注目がいく。ドトールコーヒー流の品質管理やトレーニングによって、こだわりのある商品が生まれ、優秀な従業員が育成されることだろう。しかし、これらの別業態店の顧客が一五分の安らぎを求めているとは限らない。ターゲット顧客が求めている価値を提供するためには、その価値を実現する独特なロジック、すなわち新たなオーナーシップ・バリュー モデルが必要と考えられる。

ほかにも、フランチャイズ店のなかには個人オーナーだけでなく、鉄道会社などの法人オーナーも少なからず含まれることについて見てみよう。たとえば、オーナーシップがなく、ドトールコーヒーの店舗経営が経済的・投資目的のみにもとづくオーナーがいるとする。今後、喫茶店・カフェ業界以外のプレイヤーとの競争や市場規模、シェアの変化によって利益が圧迫されたとき、共存共栄の方針に問題が生じるかもしれない。あるいは法人オーナーが店舗経営にコミットしない場合、本部の店舗・オペレーション管理やコンサルティング能力が直に問われることとなる。シビアな経営環境になったとき、共存共栄の方針を貫くことができるのは、真にオーナーシップを育んだフランチャイズ店との間に限られるのではなかろうか。

本章では、喫茶店・カフェ業界を代表する二社の事例研究を行った。各社の活動やコンセプトの連関を部分的に真似ようとして綻びが出ないだろうか、あるいは現在の店舗経営やオペレーションのなかに矛盾した実践がないだろうか——両社のオーナーシップ・バリュー モデルからは、こうした問題を解く手がかりを得ることができる。

第4章

スシローと銚子丸

Ⅰ　はじめに

◆回転寿司業界の市場動向

日本の外食産業は一九九七年の二九兆七〇二億円[1]をピークに長期下落傾向が続いている（二〇一〇年二三兆六四五〇億円）。それにもかかわらず、回転寿司市場は着実に成長を続けており、その市場規模は二〇〇二年度に約二四〇〇億円だったものが、[2]二〇一〇年度には四三五八億円にまで拡大した。[3]

その市場を牽引しているのは、一〇〇円回転寿司チェーン上位三社のスシロー、かっぱ寿司、無添くら寿司である。

スシローは、二〇一〇年度に業界トップのかっぱ寿司を抜き、[4]現

(1)　財団法人食の安全・安心財団「外食産業市場規模推移」http://anan-zaidan.or.jp/data/index.html（二〇一二年一月六日閲覧）

(2)　「不況知らず！回転寿司「三國志」―カッパ、スシロー、くらコーポ……なぜ、この3社だけが急成長？（特集　外食―30兆円産業の新潮流）」『週刊ダイヤモンド二〇一〇年五月二二日号』ダイヤモンド社、四二頁。

(3)　「二一年道開く中堅企業（4）銚子丸社長堀地速男氏（この人が語る）」日本経済新聞、地方経済面・千葉、二〇一一年一月八日。

図１：外食産業市場と100円回転寿司チェーン上位３社の売上高推移

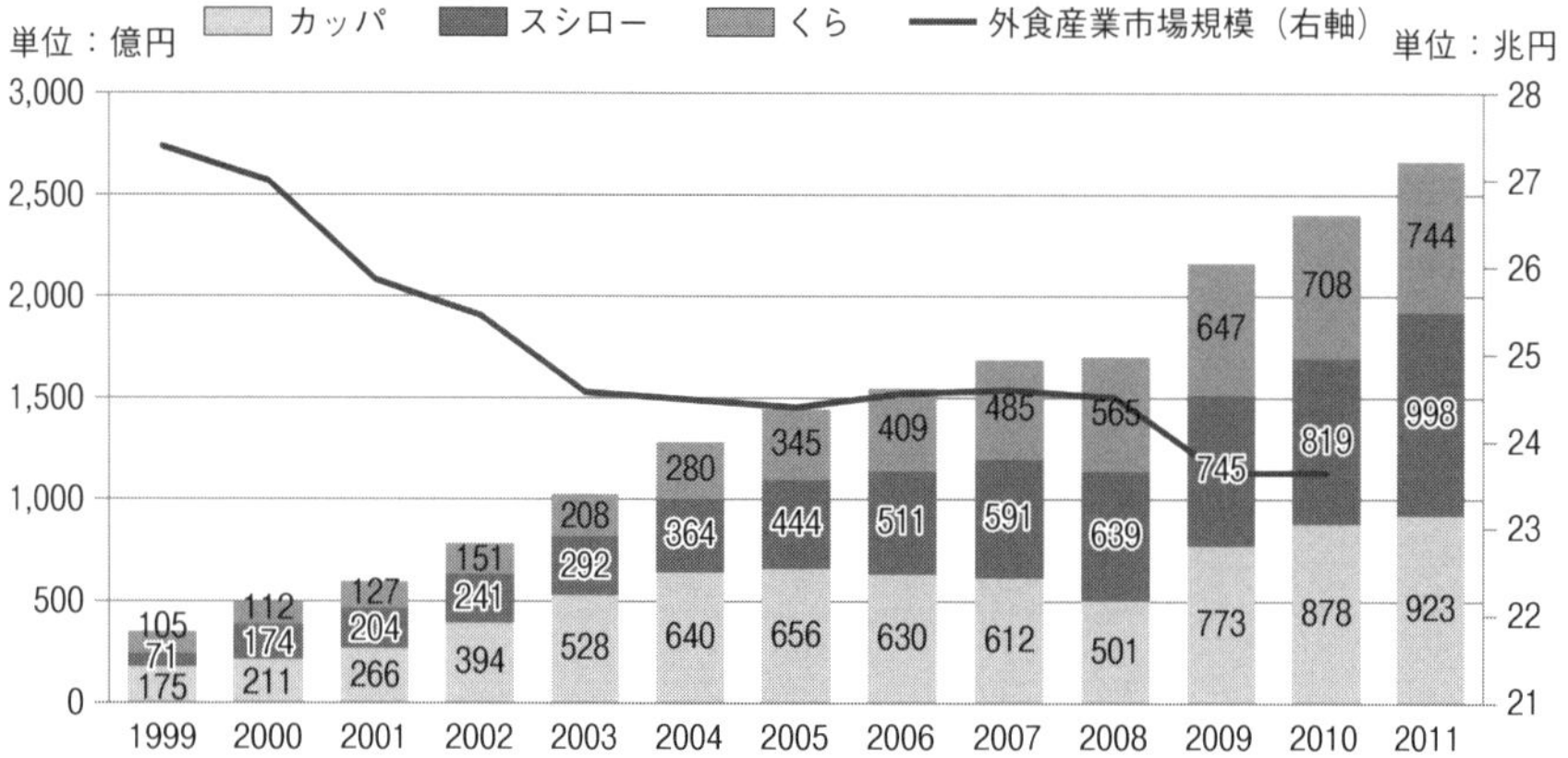

出所：各社有価証券報告書ならびに財団法人　食の安全・安心財団〈http://anan-zaidan.or.jp/data/index.html（2012年２月21日閲覧）〉より作成

在は九九八億円あまりを売り上げる最大の一〇〇円回転寿司チェーンである。マルハニチロホールディングスによる「回転寿司に関する消費者実態調査」（二〇一〇年八月）によれば、消費者が「回転寿司店を選ぶ際に重視する点」は、一位「値段が安い」、二位「ネタの種類が豊富」、三位「ネタが新鮮」であるとされるが、「安くておいしい回転寿司」という顧客価値を提供した結果が業績となってあらわれているといえよう。

また、スシローの成功は「売上げ」という量的側面ばかりではなく、「顧客満足」という質的側面でも達成されており、サービス産業生産性協議会が実施した顧客満足度調査（JCSI）において、二〇〇九年度と二〇一一年度に飲食業界レストランチェーン部門第一位となった。[(5)] 同調査によれば、スシローは二〇一〇年度に比べて顧客満足度が五点以上も上昇しているという。

ところで、「回転寿司＝一〇〇円」というイメージがあるが、日本にある約四〇〇〇店の回転寿司店のうち一〇〇円寿司は半分ほどでしかない。もう一つの勢力は高価格帯（一〇〇円から五〇〇円程度）の寿司を提供する「グルメ回転寿司」と呼ばれるカテゴリーだ。このグルメ回転寿司チェーンのなかで唯一上場しているのが、「銚子丸」である。

本章では、不振が続く外食産業の中で成長を続ける回転寿司業界をとりあげて、オーナーシップと顧客価値の創造について考えてみることにしよう。

(4)　日本経済新聞、二〇一一年四月一二日二面。
(5)　このほか外食産業記者会による「外食アワード二〇一一（外食事業者部門）」も受賞している。http://www.g-kishakai.net/release09.html（二〇一二年二月二七日閲覧）

表1：100円回転寿司チェーン上位3社比較

	決算期	売上高	店舗数	売上／店舗＊1
スシロー	2011年9月	998億円	319	2840万円
かっぱ寿司	2011年2月	923億円	379	1850万円
無添くら寿司	2011年10月	744億円	285	2386万円

出所：各社有価証券報告書より作成　＊1は2011年5月期調査、米川［2011］，134頁

◆スシローの概要[(6)]

スシローは、二〇〇八年投資ファンド・ユニゾン・キャピタルとの資本提携により設立された会社であるが、その原点は大阪阿倍野の立ち寿司[(7)]「鯛すし」にさかのぼる。創業者・清水義雄氏は二十代で独立し一九七五年に「鯛すし」を創業。

(6) 本章におけるスシローの事例の情報源は以下のとおりである。財務情報や基本的な企業情報は有価証券報告書や同社サイト。参考文献は永田（二〇一〇）、扶桑社ムック（二〇一〇）、米川（二〇一一）。インタビュー記事は、瀬戸（二〇一一）、豊崎・西頭（二〇一一）、野地（二〇一一）、扶桑社ムック（二〇一〇）。回転寿司の各種システムに関しては、河野・坂爪（二〇〇五）、瀬戸（二〇一一）、永田（二〇一〇）。食材ロス率はスシローへのヒアリング調査と「珠玉の戦略ストーリー10選 賢者の盲点を突くキラーパス―あきんどスシロー／山崎製パン／AZスーパーセンター（ストーリーで戦略を作ろう）―（組織編）」『週刊東洋経済2011年6302号』東洋経済新報社、45―49頁。各種会議に関しては扶桑社ムック（二〇一〇）。CS／ES管理部や従業員満足、離職率などについては、株式会社あきんどスシローへのヒアリング調査、二〇一二年一月三一日。また同日に店舗観察を行った。

(7) カウンターで食べる寿司。「鮨」とは「砂糖と塩の入った酢で味つけした米の飯に、魚介類などをのせたり、混ぜ合わせた料理。（中略）もともと「鮨」は中国では塩辛の意であったが、スシの意の「鮓」と混同され、両字とも古くからスシの漢字として用いられている。『寿司』は当て字である。」（山口佳紀編『語源辞典』講談社）本章の引用文献の原文には「鮨」「寿司」「すし」が混在しているが、原則としてスシローの記述には「すし」、銚子丸には「寿司」という表記を用いている。

表2：スシローの会社概要

名称	株式会社あきんどスシロー
代表者	代表取締役社長　豊崎賢一
企業理念	「うまいすしを、腹一杯。うまいすしで、心も一杯。」
設立	2008年8月
本社	大阪府吹田市
売上高	998億円（店舗当り平均月商：2,840万円＊1）
店舗数	331＊2
従業員数	正社員1005名（パート、アルバイト約29,000名＊3）
平均勤続年数	3.9年＊4
平均年齢	29.5歳＊4
平均年収	477万円＊4

出所：有価証券報告書（2011年9月末）、同社サイト〈http://www.akindo-sushiro.co.jp/（2012年2月14日閲覧）〉等より作成　＊1 2011年5月期調査（米川［2011］，134頁）　＊2 2012年6月末現在　＊3 2012年1月31日現在　＊4 2010年9月末現在

一九八四年に回転寿司一号店「すし太郎（当時）」を大阪府豊中市に出店して現在の礎を築く。その後、二〇〇九年六月に豊崎賢一氏が社長に就任し、現在の大躍進へとつながっている。

◆銚子丸の概要(8)

一方、銚子丸は、玩具や飲食店の経営を目的とする株式会社オールを前身として、一九七七年一一月堀地速男氏によって設立された。二年後の一九七九年に持ち帰り寿司店のフランチャイズ・チェーンを展開し、一九八七年に「回転寿司ＡＢＣ」浦安店をオープン。一九九八年一〇月市川市に「すし銚子丸」第一号店を開店した。二〇〇七年にＪＡＳＤＡＱに上場している。

表3：銚子丸の会社概要

名称	株式会社銚子丸
代表者	代表取締役社長　堀地速男
経営理念	「真心を提供し、お客様の感謝と喜びをいただく」
設立	1977年11月
本部	千葉県千葉市美浜区
売上高	174億円（店舗当り平均月商：2,280万円＊1）
店舗数	76店舗
従業員数	483名（年間平均臨時雇用者数934名）
平均勤続年数	4.0年
平均年齢	38.1歳
平均年収	460万円

出所：有価証券報告書（2011年5月期）、同社サイト〈http://www.choushimaru.co.jp/（2012年2月14日閲覧）〉より作成　＊1　米川（2011），157頁

(8)　本章における銚子丸の事例の情報源は以下のとおりである。財務情報や基本的な企業情報は有価証券報告書や同社サイト。参考文献は堀地（二〇一一）、三菱ＵＦＪリサーチ＆コンサルティング（二〇一〇）。原価率は米川（二〇一一）。ベンチマーキングについてはＵＦＪリサーチ＆コンサルティング（二〇一〇）。インタビュー記事は、三菱ＵＦＪリサーチ＆コンサルティング（二〇一〇）。店舗観察は二〇一一年六月二二日、二〇一二年二月二四日、三月二七日に行った。

Ⅱ スシローのオーナーシップ・バリュー モデル

◆スシローの顧客価値創造システム

[顧客価値]

年間のべ一億人、実数二〇〇〇万人。スシローは日本の六人に一人を顧客に持つ計算になる。ヤング・ファミリー層がターゲットだが、駅前店舗で狙うのはサラリーマン客だ。また高齢者にもファンは多い。前出の「回転寿司を選ぶ際に重視する点」からも分かるように、顧客は第一に価格を重視している。「一〇〇円均一」という土俵の上で勝負をする一〇〇円回転寿司チェーンのなかで、スシローをライバルと分けるのは、なんといってもネタのよさだ。豊崎社長のいう「売上げの半分をお客様にお返しする」ことが、原価率約五〇％という数字に表れている。このような顧客価値の提供を可能にするのは、スシローの徹底した品質管理とコスト管理のシステムである。

[品質・コスト管理①：「回転すし総合管理システム」]

スシローのネタへのこだわりは元すし職人である豊崎社長が「仕入部長」を兼任していたことからもわかるだろう。豊崎社長は自らネタのさばき方を指導する研修用ＤＶＤまで作成していた。しかし、最大の顧客価値である「安くておいしい回転寿司」を提供するためには、徹底したコスト削減を可能にする店舗内でのオペレーション戦略とサポートシステムの存在が不可欠なのである。

店舗内オペレーションをサポートするために、二〇〇二年に導入され二〇〇五年に米国で特許を取得したのが「回転すし総合管理システム」である。回転寿司チェーンでいち早くＩＴ化に取り組んだのは無添くら寿司で、一九九六年の

「自動皿カウント・水回収システム」を皮切りに、「QRコード時間制管理システム」（一九九七年）、「自動廃棄システム」（一九九九年）と次々に新システムを考案した。この「自動廃棄システム」が「一定時間」回った（裏側にICチップをつけた）皿を自動的に廃棄するシステムなのに対して、スシローの「回転すし総合管理システム」は「移動距離」で管理する。マグロならレーンを三五〇メートル以上移動した皿を自動的に廃棄するのである。たとえば、「マグロ」と書かれたICチップつきの札を先頭の皿に乗せ、その後ろにマグロのすしの皿を流せば、レーン上にあるセンサーを通ったときに「マグロのすしだ」と識別し、次のセンサーのところでは何皿売れたか分かるというわけだ。また廃棄したすしの種類や数量も、ICチップを使って記録が残る仕組みになっている。

このシステムによって、単品管理とリアルタイムでの売れ筋状況の把握ができるようになったので、投入商品の量と種類をコントロールできるようになった。客の属性（大人と子供の人数）を来店時に入力し、さらにそれを滞在時間毎（来店直後、三〇分経過、帰宅間際等）に

図2：スシローのオーナーシップ・バリュー モデル

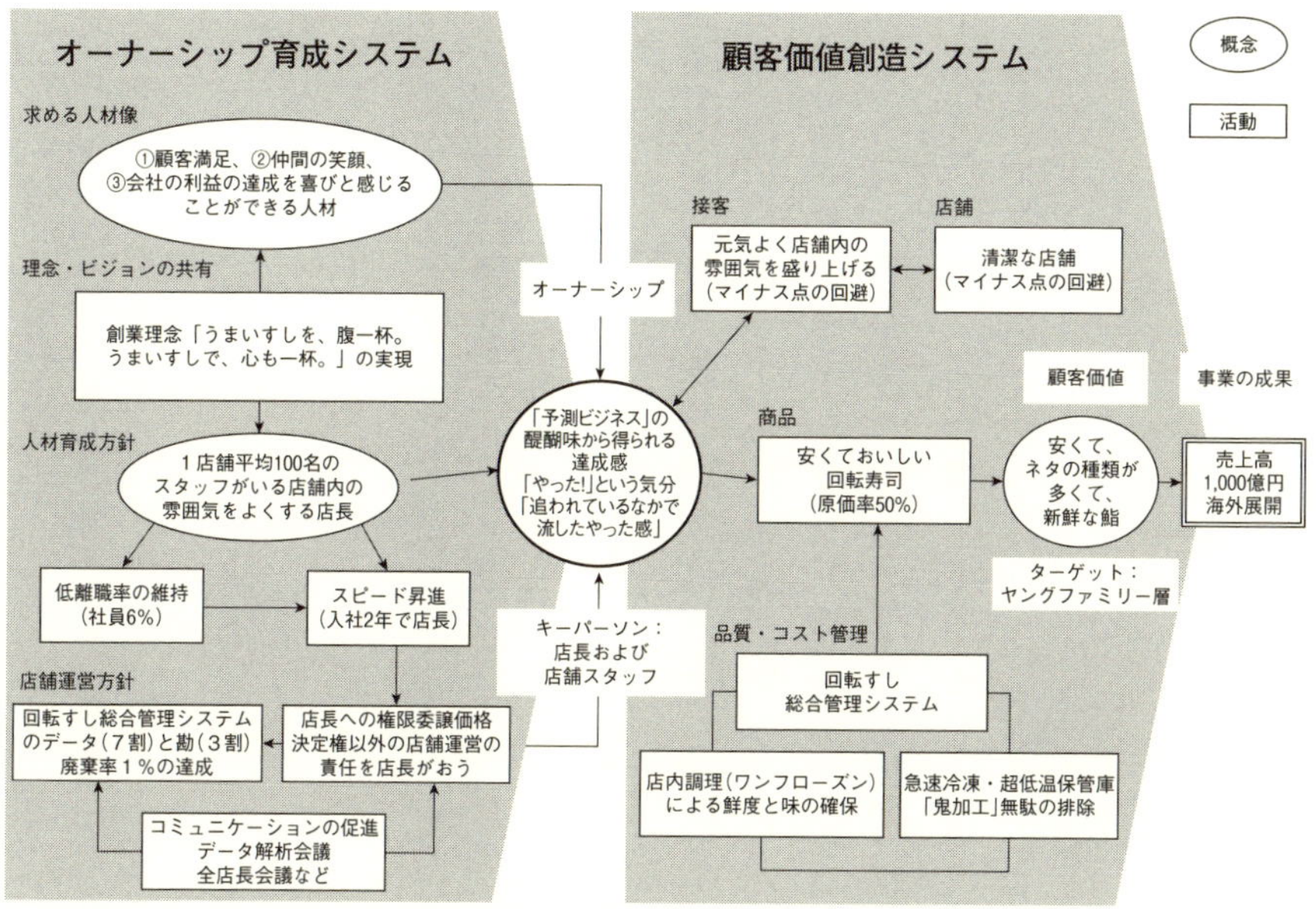

分類して、どのすしをどれくらい流せばいいのかをデータをもとにコンピュータ制御するわけだ。需要予測の精度が向上した結果として、スシローの食材ロス率は原価の一％（レーンに流れている寿司の三％）で、競合のかっぱ寿司（二％弱）、無添くら寿司（六％）を下回る。[9]

【品質・コスト管理②：店内調理】

スシローのライバル二社の原価率は、無添くら寿司四六・五％、かっぱ寿司四三・二％。[10]「うまいすしを、腹一杯。うまいすしで、心も一杯。」を実現するためには、原価率ベースで考えるとスシローにとっては不利な数字だ。コストを吸収するためには値上げかネタの質を落とすしかないと思われるが、試行錯誤の末にスシローがたどり着いたのが「セントラルキッチン」の排除＝「店内調理」という逆転の発想である。

「セントラルキッチン」とは食材の調達・加工を集中的に行う工場のことで、一括購入や人員の効率的な配置によりコスト削減が可能なため、外食チェーンの効率化にとっては常識とされている。しかし、そのセントラルキッチンで行う調理と店内調理の最大の違いは、マグロやハマチ、鯛といった魚の鮮度に顕著にあらわれるという。セントラルキッチンで加工した場合、加工前と加工後に、二回魚を凍らせて二回溶かす作業を行う必要があるので、切り身の断面が酸化し、「ドリップ（旨み・栄養分）」が逃げて味が落ちてしまう。そこで、スシローは創業の理念（「うまいすしを、腹一杯。うまいすしで、心も一杯。」）に立ち返りワンフローズン（冷凍・解凍一回）での店内調理へと回帰したのである。[11]

もう一つ、スシローのネタのよさを支えるのは株式会社極洋に代表される納入業者たちだ。同社の急速冷凍と氷点下

---

(9) 週刊東洋経済（二〇一一）、四六頁。
(10) 米川（二〇一一）、一四六頁。
(11) 東洋経済（二〇一一）、四六頁。

六〇度の超低温保管庫によって、マグロの鮮度が維持されてネタのよさが保たれる。さらに、特殊な無駄のない冷凍マグロの加工技術も原価率五〇％を支えている。同社によれば、水産業界では考えられないほどの細かさで、「ここまでやるのは、スシローのみ」だという。

◆スシローのオーナーシップ育成システム

【人材育成方針：店長】

「うまいすしを、腹一杯。うまいすしで、心も一杯。」を企業理念として成長し続けるためには、従業員なかんずく各店舗の店長が鍵となる。たとえば、次項で述べるデータ解析に残される「アナログ三割」の部分は店長の判断だ。また、ネタの品質維持（高原価率）のために、人件費を抑えながら、どのようにすしを作るのかといった具体的な段取りや方法も各店舗に委ねられている。人件費の増加につながる高離職率を抑制するためには、店舗従業員の大半を占めるパート・アルバイトの定着率を高めるような職場環境を作らなければならない。その責任を負うのも店長である。つまり、「いかに効率よく運営できるかは、店長次第」（谷口義裕営業企画部長）[12]というわけだ。

(12) 瀬戸（二〇一一）、六五頁。

図３：ワンフローズンの流れ

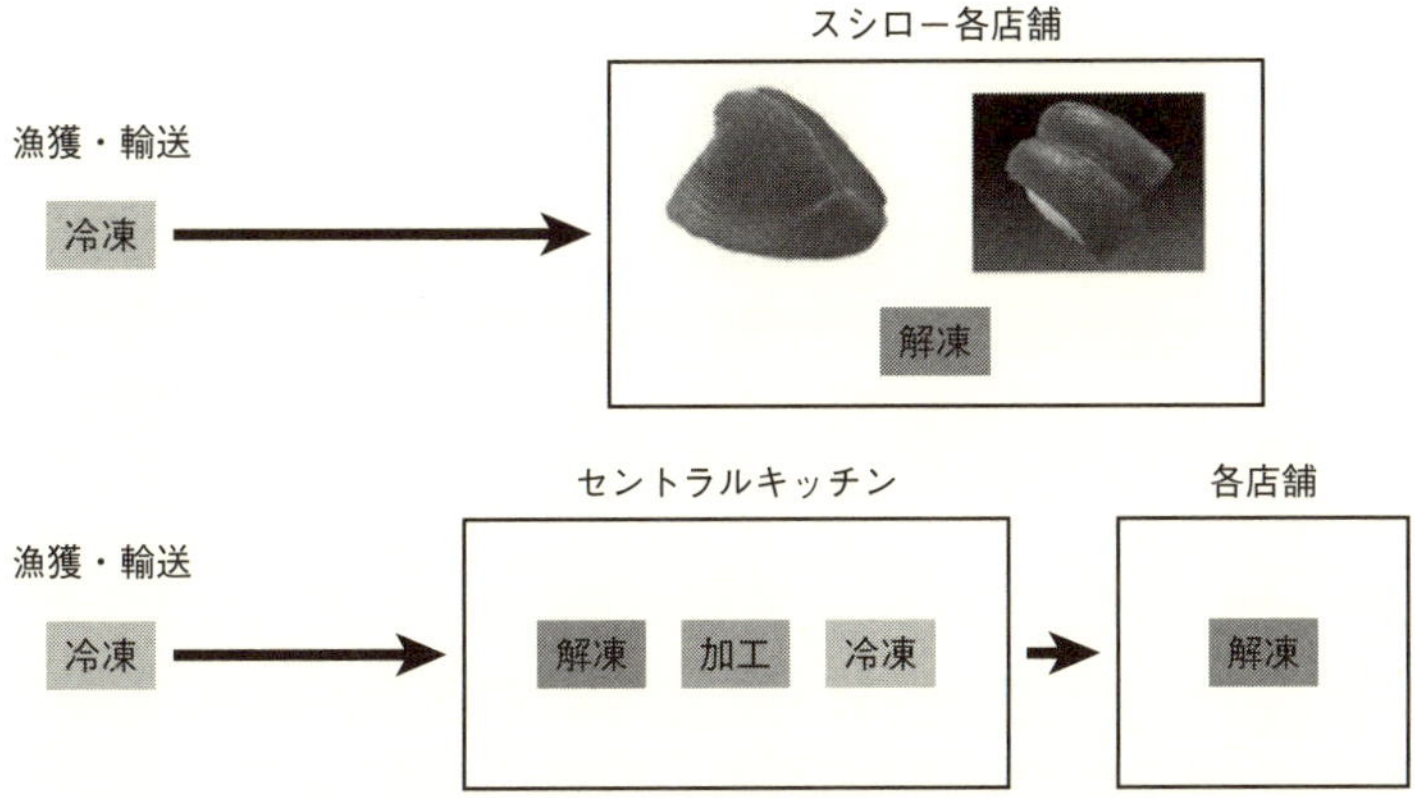

画像出所：スシロー社サイト〈http://www.akindo-sushiro.co.jp/contents/kodawari.php www.akindo-sushiro.co.jp/menu/item.php（2012年４月20日閲覧）〉

スシローでは店長への昇格の条件として筆記試験を実施している。内容は衛生管理や労務管理、金銭管理など、店舗の運営に必要な知識が幅広く問われるものである。それに合格しエリアマネジャーと管理職の推薦を受けて昇格に至る仕組みだ。早ければ入社一年目で店長という可能性もある。昔は上司の推薦だけで昇進させていたが、正式な手続きを踏んだ上での昇進だとうれしさが違うようだ。店長は非常に多忙なため業務をこなしきれない場合もでてくるので、店長から降格する場合もある。

店長経験者によれば、店長に喜んでもらいたいからという理由で必死になって働くスタッフもいるという。つまり、店長への忠誠心の高さは、店長を支える支援体制が整っていることの証左であり、その結果として業績がよい店舗ということになる。店長はまさにスシローにとってのキーパーソンなのだ。

[求める人材像：店長]

回転すし総合管理システム導入当初は、経験や勘で感覚的に判断していた面も多かったため、データを十分に活用し切れていなかったが、今では七（データ）：三（感覚）でデータを重視しているという。なぜ三割「感覚」を残すのか。その理由として豊崎社長は人的資源の重要性をあげている。回転すし総合管理システムは自動車のナビゲーションと同じだというが、レーンに流す商品は最終的には店長の判断に委ねられており、人材育成の側面から考えて、デジタル七割：アナログ三割というバランスでやっていくことが重要ということだ。

実際に、スシロー全店で売上げトップの第一京浜店（神奈川県川崎市）の店長（二〇一一年八月時点）である小池雄大（二八歳・店長歴五年）の発言は、このバランスの大切さを物語っている。「単品管理までできるシステムは、レーンのコントロールにも仕入れにも非常に役に立ちますが、それに頼るだけでは駄目だと思うんです。効率だけを追求するなら、ネタの種類を絞ればいい。でも私はお客様の立場に立って、なるべくバラエティーを増やしたい。ですから、週に三回ある食材の発注では、いろいろなものを満遍なく仕入れます。お客様の手が伸びるレーンにするには、時にはバラエティー豊かに、そして時には、大量のサンプル札も組み合わせて、思い切ってたくさんのネタを一気に流したりすることも大事。そこを見極め、自ら決めるのが店長の仕事です。そうして、こちらの予測と仕掛けがズバリ当たって、出す皿を次々と手に取ってもらえた時は、本当に『やった！』という気分になる。[13]」

豊崎社長が重視するデータは「客単価」「廃棄率」「回転率」に加えて「勝率」もある。「勝率」とは、客の消費量とレーン上のすしの供給量のバランスを意味するが、勝ちすぎ＝廃棄ロス、負け＝供給不足と呼び、「すしとお客様のパワー（消費量）は、すしがちょっと勝っているくらいがちょうどいいんです」と述べている。「すしがちょっと勝っているくらい」の判断は各店舗に委ねられるが、いかにシステムが充実しても、現場でのオペレーション戦略が整っていなければ、持続的な成長はのぞめない。豊崎社長は「（顧客の）体験価値向上にはタッチパネルなどの設備投資も必要ですが、一番はやはり人です。全店長にコーチングの研修を受けさせるなどしながら、今後も店の従業員が主体的に動けるように環境作りを進めていきます。」と述べている。

【求める人材像：店舗スタッフ】

前出の小池店長によると、「うちの店でも現在一二〇人ほどが働いています。正社員は私を入れて四人。平均六〇人ほどで店を回しています。なぜ従業員が多いのかと言えば、まず店の規模が大きいから。うちの店の客席数は一九六。スシローの平均で一五〇席くらいあります。また、スシローはセントラルキッチンがありません。魚を切るのも、サイドメニューの調理も店内でやる。だから、どうしても人手が要ります。すしネタは八〇種以上もあるから、ピークの時間帯に次々と魚を切っ

⒀　野地（二〇一二）、一〇一頁。

表４：平均的な店舗の人員構成

店舗社員数	２～３名：店長、副店長、社員
店舗スタッフ（アルバイト・パート）数	80名から120名のスタッフ（平均100名） ＊全体で約31,000人（高校生から70代まで）

出所：インタビューより作成

て、シャリの上に乗せるのに五人のスタッフが要る。軍艦巻きを作るのに五人。サイドメニューの茶碗蒸し、てんぷら、うどんを作るのに、また数人。他にシャリを炊く人、デザート担当、洗い物係…。もちろん、店内が広いからホールにも相当数のスタッフが要る。採用も大変で、年間に三〇〇人と面接する。文字通り毎日、面接をしています。[14]」平均的なスシローの店舗における人員構成は表4に示されている。

店舗スタッフのうち毎年半数が入れ替わるというが、在籍年数の長いスシローの店舗スタッフへのインタビューを再構成すると次のようなストーリーになる。彼らはどこにやりがいを見出しているのだろうか。

「追われてないよ」：アルバイト　三田裕介（大学二年生・仮名）

僕は地元のスシローでアルバイトをしています。仕事はキッチンにて製造・品出しをする（「流す」）仕事です。時給は平日八五〇円・土日九〇〇円。とくに時給が高いわけではないし、昼ごはんも社員割引もない上に、自腹で夕食をとることもあります。店内調理もありますし、お店は売上げがいいので、すごく忙しいです。高校生のときからはじめて、かれこれ二年以上続けている計算になりますね。辞めようかと思ったこともありましたが、先輩達と仲が良いので就活が始まるまで続けるつもりです。

二年目ともなれば、厨房内の仕事を一通りこなす自信はあります。アルバイト先として友達に推薦するか…「しんどいけど」と断った上で、それでもよければどうぞというと思います。僕自身も高校の友人の誘いで始めました。数年前にタッチパネルが導入されてから忙しさに拍車がかかりました。注文率が以前の二〇％から四〇％になったそうですから、忙しいわけですね。なぜ、しんどいのにアルバイトを続けるかって…「追われている中で流しきっ

(14)　野地（二〇一二）、九九頁。

た感」が気持ちいいからかな。そういえば、続けている人はみな同じことをいっているかもしれない。「どうしたら『追われず』に流せるか」を常に考えているって。追われずにレーンにすしを流せたときには、ものすごく達成感がある。一種のゲーム感覚ですね。

スシローのスタッフは辞める人はすぐに辞めてしまうが、勤務年数が長い人は長い。「しんどいのになぜ続けるのか」という問いに対して、「どうしたら追われずに（レーンに）流せるか」を常に考えており、「追われているなかで流しきった感」が「気持ちよい」と勤続年数が長い人たちは口を揃えているという。「追われる」というのは、スシロー社内の共通言語であるというが、三田君が示している「ゲーム感覚」から得られる達成感は、前出の小池店長の発言とも符合する。「そうして、こちらの予測と仕掛けがズバリ当たって、出す皿を次々と手に取ってもらえた時は、本当に『やった！』という気分になる。」

回転寿司は「予測ビジネス」と呼ばれ、そのために大手はシステム投資を行ってきた。店長・アルバイト学生のコメントから推測できるのは、現場で「予測ビジネス」が成功したときに得られる達成感がモチベーションの一つになっているということだ。また「先輩達と仲が良い」ことも重要なポイントで、雰囲気の良い職場であることも求められるのであろう。自らが「ゲーム感覚」を楽しめて、同じような価値観を共有できる人によって職場が構成されていると、スタッフのオーナーシップは自ずと高くなると思われる。このようなオーナーシップをもった店舗スタッフによって、「安くておいしい回転寿司」という顧客価値が創造され、好循環が生み出されているものと考えられる。

【評価制度：CS／ES管理部】

「お客様を笑顔にするためには、社長・役員・本部は、現場の「応援団」的な役割でいることが重要。」（豊崎社長）

というスシローの組織は「逆ピラミッド型」で表されている。

スシローは二〇一一年一〇月に「CS／ES管理部」を立ち上げた（図4中央）。管理部部長を含め五人の部員でCS（顧客満足）とES（従業員満足）を評価する部署である。スシローは社内の風通しのよい会社であるとされるが、売上高一〇〇〇億円、店舗数三〇〇になると現場がみえにくくなってくるという。社内の情報を吸い上げる経路としては、店長→課長→部長という流れに加えて、品質管理部が二ヶ月に一回担当エリアを巡回している。それでも、現場の実情の把握が困難になってきたので、豊崎社長とユニゾン出身の加藤智治専務執行役員の発案で、CSとESを評価するための部署として設立されたのである。

CSとESを総合的に評価しようとする部署は珍しいが、スシローではESの達成によってCSも充足できると考えている。スシローの顧客にとってCSの源泉はすしであることはいうまでもないが、店内清掃や接客でマイナスにならないようにすることが重要だ。ESが高い店舗はCSも高いことがデータからも明らかになっており、スタッフが元気で活気があると店の雰囲気が盛り上がり、CSも高まるというわけだ。

外食産業は他産業より離職率が高い（二割、三割とも）といわれるものの、スシローの社員の離職率は六％と非常に低い。評価基準としては、①顧客満足：クレーム件数の少なさ・感動の声、②仲間の笑顔：退職率の低さ・定着率のよさ（在籍期間の長さ）、③会社の利益：店舗の業績・収益性という三つの柱がある。人事考課はどこの企業でも難しい面があるが、評価をすることによる社内の軋轢などはないそうだ。三〇〇店舗もあれば多様性があるので一律には評価していないし、評価には成功事例の共有という意味合いもある。

【理念・ビジョンの共有】

前項のCS／ES管理部設立の経緯にもあるように、店舗数が拡大するにつれ本部と現場の意思の疎通がとれなくなるのはよくある話だ。問題は、そのギャップを埋めるために、どのような対策をとるかであろう。

スシローでは投資ファンド・ユニゾン・キャピタルとの資本業務提携（二〇〇七年八月）を契機として、さまざまな経営改革を推進した。加藤専務が提案したのが「全店長会議」である。豊崎社長も二〇〇八年三月の第一回会議を経験してからは、メッセージを直接伝えていくことの大切さを痛感したという。現在では、半期ごとに全店長会議を開催し、それに加えてエリアごとの店長会議を毎月開催している。さらに、二〇〇九年八月からは「プロジェクト・ダーウィン」という会議を毎週月曜日に開いている。そこは店舗オペレーション状況のデータを解析して議論する場である。この他に前週の売上げがあがってくる月曜日の翌日である火曜日に開催される「スーパー・チューズデイ」と呼ばれる課長・店長間の議論の場もある。

また、最近は年が若い店長が増えたことをうけて、創業理念を徹底させるための「すし塾」と呼ばれるセミナーもある。店長の再教育の場なのだが、ある日の「すし塾」のテーマは「シャリ」。シャリに使う米や酢について、豊崎社長が熱弁をふるうのだ。大阪阿倍野の「鯛すし」から始まったスシローの遺伝子を伝える大切な場所と考えられている。

図４：スシローの組織図

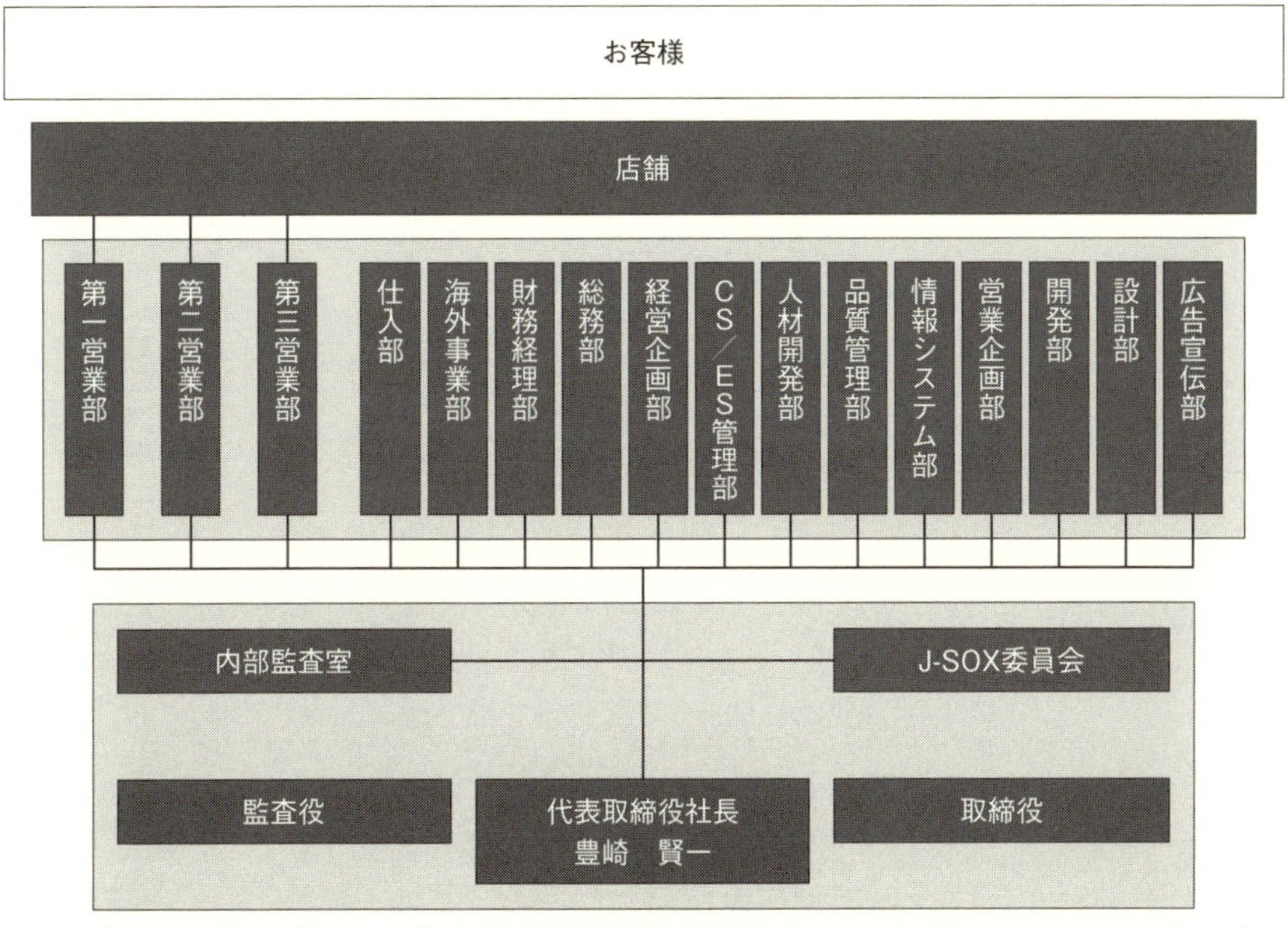

画像出所：スシロー社サイト〈http://www.akindo-sushiro.co.jp/company/chart.php（2012年２月27日閲覧）〉

〔報奨制度〕

前出の全店長会議は、経営陣が半年間の営業実績を振り返り、今後の経営方針を伝達する場であるが、同時に表彰の場でもある。三〇〇名以上いる店長のなかから、予算達成率上位二〇名が発表され、ボーナスにインセンティブが加算される。さらに、各種イベントで奮闘した上位三店舗には報奨金が渡される。ただし、この報奨金は店舗スタッフに還元されることを条件としている。これまでに、全店舗一位の店長の家族がこっそり表彰式に招待され、サプライズの花束贈呈に店長が号泣するという場面もあったそうだ。

もう一つ離職率を抑制しモチベーションを高めるための施策として導入されたのが「スシローマイル」だ。加藤専務によれば「毎日が勝負の外食産業にあって、現場の社員のモチベーションを維持するには、年二回の賞与ではサイクルが長すぎます。できれば『毎月、毎日の営業結果を賞与に反映させたい』というのが、導入の目的です。」具体的には、月次利益達成度によって各店舗をSからCの四段階で評価して、クラス別に「マイル」を付与する。そして六ヶ月間の「マイル」の累積結果を金額に換算してボーナスとして支給するという仕組みである。

「顧客満足度№1」になったことにより、自分たちが一番だと認められたという達成感とともに、期待値が大きくなることにより、さらなるレベルアップが求められることになる。その期待にこたえ続ければ、勝者が勝者を呼ぶ循環が生まれ、オペレーション面がさらに強固になっていくと思われる。

Ⅲ 銚子丸のオーナーシップ・バリュー モデル

◆銚子丸の顧客価値創造システム

［顧客価値］

グルメ回転寿司チェーンに共通するのは地元密着型という点だ。銚子丸の場合、首都圏を中心に七九店舗（二〇一二年二月四日現在）を運営しており、地元のファミリー層がターゲットといえるだろう。ファミリー層といっても、一〇〇円回転寿司チェーンとは異なり、江戸前寿司（立ち寿司）にいくような舌の肥えたグルメなファミリー層が中心的な顧客であると考えられる。「安くておいしい江戸前寿司のような回転寿司」を求める人々だ。さらに、マグロの解体ショーに代表される店内パフォーマンスも顧客価値の創造に寄与しているものと思われる。

［店舗と接客］

堀地社長は「魚を売るのは三でいい。あとの七は理念を売れ」と述べているが、これは何を意味しているのだろうか。銚子丸の採用募集サイトによれば、「顧客満足の三割が寿司、七割が接客サービス」であると書かれている。つまり、銚子丸の理念である「真心を提供し、お客様の感謝と喜びをいただく」ためには、商品ばかりではなく接客サービスにも重きをおいていることが推測される。実際に「おかみさん」と呼ばれるホール担当の女性従業員制度を導入した際には、「プロが選ぶ日本のホテル・旅館一〇〇選」で三一年連続総合第一位の評価（二〇一一年現在）を得ている石川県・和倉温泉の「加賀屋」の「おもてなしの心」を学んでいると堀地ヒロ子銚子丸会長は述べている。

ところで、「銚子丸一座の劇団員」というのは芝居好きの堀地社長の発案だというが、銚子丸では、店舗で働くスタッフを銚子丸一座の「劇団員」と称して（ディズニーランドの「キャスト」を援用）、店舗内の雰囲気を盛り上げる体制を整えている。つまり、劇団員は店舗という舞台で入場料（飲食代）を払ってくれる観客（来店客）を精一杯もてなすということである。たとえば、「おかみさん」が、店内を回って客に声をかけたりするという。一〇〇円回転寿司チェーンではみられない光景だろう。

　また、銚子丸の仕組みとして重要な役割を果たすのが店内パフォーマンスである。マグロの解体ショーはその目玉の一つだ。客が来店すると、従業員全員でかけ声をかける。このかけ声も店舗ごとに違い、そのため店舗によって雰囲気が違うらしい。前出の堀地ヒロ子会長はその著書の中で、店舗の従業員の大切さを繰り返し述べているが、いかによいスタッフを集め、スタッフ教育を充実させていくかは、銚子丸の生命線であるといっても過言ではない。

　銚子丸でアルバイトをしている大学生へのインタビューからは、ネタの質量ばかりではなく、接客やパフォーマンスも顧客満足につながっているのではないかとのコメントが得られた。ホール担当の彼女らは、固定客や常連さんと呼ばれる顧客とは会話もあれば名前も覚えている。そのう

図５：銚子丸のオーナーシップ・バリュー モデル

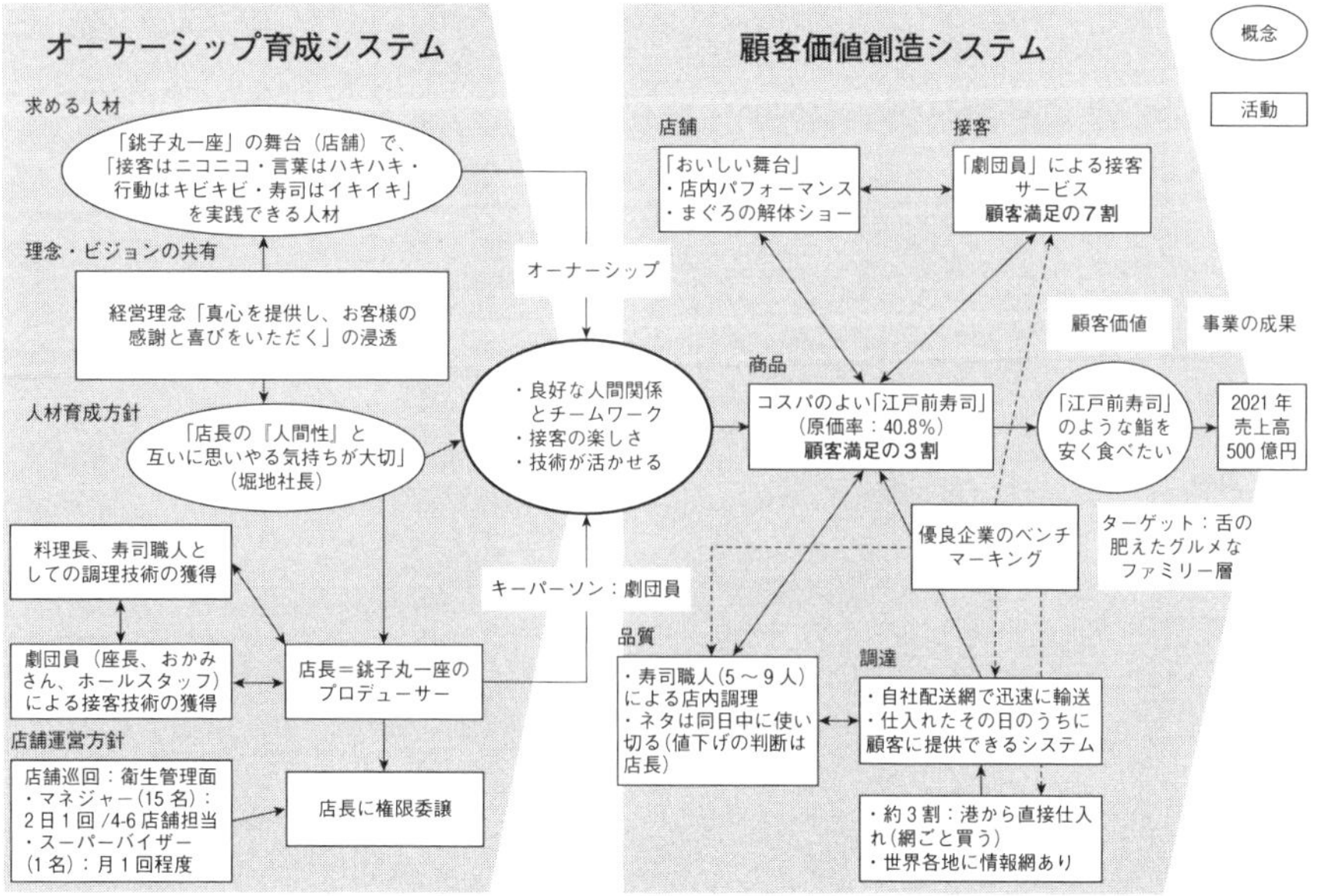

ちの一店舗では驚くべきことに、年間約一〇〇万円も支出するとびきりの得意客がいるというスタッフの発言もある。銚子丸の平均客単価が約一七〇〇円とすれば、年五八八回も来る計算だ。

【品質管理と調達システム：直送仕入れと店内調理】

堀地速男社長の発案で、漁港からの直接店舗配送をいち早く実現したのは銚子丸である。銚子丸は新鮮な旬の食材を丸ごと仕入れ、自社配送網で迅速に輸送。鮮魚を重視する銚子丸では、その日仕入れた魚はその日のうちに使い切るのが基本なので、魚を本部でとりまとめて各店へと配送する。仕入れる魚は日によって異なるため、同じ「すし銚子丸」でも店舗によってネタが違うことになる。さらに、ネタは各店舗で店内調理をするため、職人がどうしても必要になる。銚子丸では一店舗に五から九人の寿司職人が常駐するというが、当然、人件費はかさむ。直送比率を三割にまで高めて食材原価率（四〇・八％）を抑えることによって、そのコストを吸収しているのである。

図６：銚子丸「劇団」

出所：堀地（2011），143頁

【優良企業のベンチマーキング】

スシローの豊崎社長と異なり、銚子丸の堀地社長は寿司職人でも料理人でもない。銚子丸の前身は玩具や飲食店の経営を目的とする株式会社オール。その後、持ち帰り寿司、回転寿司の経営に着手した人物だ。堀地社長によれば、経営上の転機となったのはジェームズ・C・コリンズ『ビジョナリー・カンパニー』に出会ってからだという。この本をきっかけに理念を追求する経営スタイルを取り始める。それに続き、積極的に優良企業のベンチマーキングをして経営システムを改革してきたが、それを要約したものが表5に示されている。

◆銚子丸のオーナーシップ育成システム

【求める人材像】

堀地社長は銚子丸の投資家向けメッセージの中で「二〇二一年売上げ五〇〇億円」を目標に掲げているが、その実現のための最重要課題は「司となる人財育成」「組織の再構築」であるとしている。これまでの「早期店長育成研修プログラム」や「職階別評価制度」に加えて、業務拡大の任に堪えうる人材育成を目指すということだ。同社の採用サイトによれば表6のような「人財」が求められている。

スシローにおいてと同様に銚子丸でも店舗運営の要としての店長の存在は大きいものと思われる。その日のうちにネタを使い切るためには、売れ残りの値

表5：銚子丸による優良企業のベンチマーキング

企業名	ベストプラクティス	銚子丸での実践
トヨタ自動車	ジャストイン・システム	旬の食材をジャストインタイムで店舗に輸送する仕組み
ユニクロ	中間業者を通さず生産者と工場・店舗が直結する仕組み	水揚げした鮮魚を漁港や卸売市場から直接買いつける買参権を得ることで、大幅なコストダウンを実現
イトーヨーカ堂	品質管理の方法	
セブン・イレブン	ドミナント戦略	千葉県を中心として首都圏に出店
オリエンタルランド	「キャスト」という呼称	「劇団員」という呼称の導入

出所：三菱UFJリサーチ&コンサルティング（2010），29頁

下げをすることもあり、その判断はもちろん店長だ。また、パフォーマンス、食べ比べ（同じネタを別の味付け（塩、醤油）で食べること）、駅弁（ネタの残りをまな板にのせて食べてもらう）も店長が判断する。

表6によると「プロデューサー」としての役割が求められるとされるが、劇団員を束ねるといっても、銚子丸の場合には、ホールのスタッフだけではなく、「寿司職人」という技術を持つプロをも巻き込んで店舗を盛り上げていかなければならない。堀地ヒロ子会長も店舗運営では、店長の「人間性」と互いに思いやる気持ちが大切であると述べるように、職場環境の充実も店長次第である。

銚子丸は現在七九店舗あるが、一五人のマネジャーで担当しており、二日に一回の頻度で店舗を訪問する。店長から昇進してマネジャーになるコースだが、おおむね四～六店舗を担当していると思われる。滞在時間は決まっているわけではない。マネジャーによってはキッチンに入ったり、ホールに出たりして仕事をする人もいる。スーパーバイザーは月に一度来店するが、衛生面・ネタについてのチェックはあるものの、接客については何もいわない。現場の責任者としての店長に権限を委譲しているということだろう。

銚子丸で働く寿司職人は各店舗で五から九人といわれているが、飲食店コンサルタント大久保一彦氏によれば、経営不振で立ち寿司

表6：銚子丸が求める「人財」

店長	銚子丸の店長は、座長や料理長、寿司職人を束ねながら、店舗内のすべての人・もの・金をトータルで仕切る、いわば「銚子丸一座」のプロデューサーです。トップピークには自ら寿司を握りますし、入社して日の浅い職人の育成にもリーダーシップを発揮していきます。劇団員たちが銚子丸の理念をしっかりと実践できているかに気を配りながら、お客様により愛される店づくりに取り組んでいきます。
寿司職人	まず理念の理解など意識面の教育を行い、その後、教育店舗において技術面の研修を行ったうえで、お客様の前で魚をさばき、江戸前寿司を握れる職人となれるように育成します。店舗配属後は職人としての経験を積みながら、料理長、座長、店長を目指していただきます。寿司を握った経験をおもちの方を歓迎しています。
業務内容	銚子丸では、店舗を舞台にたとえています。1店舗あたりの劇団員は6～10人で、とにかくお客様を精一杯もてなす役です。店をプロデュースするのが店長で、それを支える責任者が料理長と座長。料理長は調理場の責任者として寿司の品質管理にあたり、座長は、マイク片手に、ホールと調理場の間にあるレール内で店内を絶えず見渡しながら、盛り上げ責任者としての役割を果たします。

出所：銚子丸採用ページ〈http://hp.rhp.jp/~choushimaru/（2012年3月10日閲覧）〉

の店をたたんで、回転寿司に働きに出ている四〇～五〇歳代の寿司職人が少なくないという。ところが、こうした職人を採用する場合でも、一般の回転寿司ではアルバイトだと時給九〇〇円で一日四時間程度しかシフトに入れないことが多い。これ以上長くなると、社会保険に加入して、店も保険料を負担しなければならないからだ。日給にするとわずか三六〇〇円である。これでは、職務満足もオーナーシップも高まりようがない。大久保氏は銚子丸を取材した際の経験を次のように述べている。「私の目には『銚子丸』の社員が実にイキイキと働いているように見えた。『銚子丸』広報の大貫実さんによると、ときどき大卒の社員が入るが、離職率は低いとのことだ。「技術を身につける喜びがやる気につながっているようです」と大貫さんは言う。[15]」

興味深い点は、寿司職人の「歓迎するスキル」に「すばやく美しく寿司が握れるなど、一流の技術だけに固執される方、接客サービスの大切さを軽視される方には残念ながらご遠慮願っています。」と明記されている点である。「寿司三割、接客七割」が基本戦略であることから、寿司職人としての腕よりも劇団員の一員として働けるかどうかが重要な点であることがわかる。

[良好な職場環境と評価制度]

千葉と東京の銚子丸の繁盛店でアルバイトをしている大学生へのインタビューを再構成すると次のようになる。

⒂　大久保一彦（二〇〇八）、「お客から見えないところを大切にしなさい」『日経レストラン二〇〇八年一一月号』日本経済新聞社、75頁。

「人間関係が良好です」：アルバイト　磯田美佳（大学二年生・仮名）

地元の銚子丸でアルバイトをしています。ホール担当。繁盛店なので忙しいです。汗だくになるのが快感なんですが、女を捨てないとやってられません（笑）。時給は土日一〇〇〇円。忙しさからすれば高いとも安いとも思いませんね。まかないはご飯とあら汁が無料です。

パフォーマンスは店内のスタッフ全員で盛り上げます。他店に手伝いにいったときにはかけ声のかけ方やタイミングも違うのでとまどいましたけど、どこの店舗でもお客さんも一緒に盛り上がって喜んでくれています。常連さんも結構いますよ。そういう人たちは名前も覚えていますし会話もあります。

アルバイトを辞めようと思ったこと…あります。最初はあまりに忙しくて何がなんだか分からなかった。でも慣れてくれば楽しいです。アルバイト同士の仲が良くて、集まってオフのときに一緒に食事をすることも多いし、店長や社員さんが気を遣ってくれるから、なんとなく大事にされている気がします。職場の雰囲気はいいんじゃないかな。友達にアルバイトをすすめたことはないけれど、気が利いて、接客好き、かつチームワークを大切にするというか、人と仲良くできる人じゃないと続かないかな。私は就活まで続けるつもりです。

銚子丸のスタッフへの報奨制度としては、「キラキラ賞」と「劇団賞」というものがある。「キラキラ賞」は、とくに頑張っている人をアルバイトや社員が推薦するもので、数店に一人の割合で年一回表彰される。ほとんどが社員である。また、正月やゴールディンウィークなどの繁忙期には、「劇団賞」として現金二〇〇〇円が支給されるという。

Ⅳ 両社のオーナーシップ・バリュー モデルの比較

◆顧客価値の質の違い

スシローの顧客は「安くておいしい回転寿司」を求め、そこに満足を感じている。接客に対する期待というより、バリュー・フォー・マネーが顧客価値の源泉だろう。しかし、低価格戦略だったかっぱ寿司が「九〇円」路線から撤退したことが示すように、価格面での競争には限界がある。そこで、つぎに店舗の清潔さや接客などが重要視されるようになる。一方、銚子丸の客は、「江戸前寿司（立ち寿司）」にはない気軽さと「江戸前寿司」に近い職人技による味や接客、独自の店内パフォーマンスに満足していると思われる。

顧客が支払う対価に対して当然受けとれると期待されるサービスを本質サービス、対価に対して当然ではないが、あるにこしたことはないサービスを表層サービスという。(16) 本質サービスでは、最低許容水準サービスの充実度がマイナスにならないことが重要だ。本質サービスは不満足（マイナス満足）に、表層サービスが満足上昇（プラス満足）に深く関わっているといわれている。

一〇〇円回転寿司チェーンでの「空間」や「接客」が意味することは、グルメ系回転寿司の「プラス満足の促進」とは異なり「マイナス点の回避」がポイントだ。つまり、スシローは「マイナス要因の回避」、銚子丸は「プラス満足の促進」が「空間」や「接客」に求められるポイントであると考えられる。たとえば、前者が元気よく活気がある「清潔な店舗」であるのに対して、後者は店舗一丸となってのパフォーマンスによる「おいしい舞台」ということになる。

(16) 嶋口（一九九四）。

表７：スシローと銚子丸のオーナーシップ・バリュー モデル

□：各社の際立った特徴

		スシロー	銚子丸
求める人材像		①顧客満足、②仲間の笑顔、③会社の利益の達成を喜びと感じる人材（キーパーソン：店長および店舗スタッフ）	「接客はニコニコ・言葉はハキハキ・行動はキビキビ・寿司はイキイキ」を実践できる人材（キーパーソン：劇団員）
オーナーシップ育成システム	理念・社風	うまいすしを、腹一杯。うまいすしで、心も一杯。	真心を提供し、お客様の感謝と喜びをいただく
	採用・育成	・回転すし総合管理システムの活用 ・データ解析会議、全店長会議	□ ・料理長、寿司職人としての調理技術の獲得 ・劇団員（座長、おかみさん、ホールスタッフ）による接客技術の獲得
	報酬・評価	・スピード昇進（入社２年で店長） ・店長への権限委譲（価格決定権以外の店舗運営の責任を店長が負う） ・スシローマイル	・店長に権限委譲 ・「キラキラ賞」「劇団賞」
オーナーシップ		・「予測ビジネス」の醍醐味が味わえる ・「やった！」という気分 ・「追われているなかで流しきった感」	・良好な人間関係とチームワーク ・接客の楽しさ ・技術が活かせる
顧客価値創造システム	接客	・元気よく店舗内の雰囲気を盛り上げる	□ ・「劇団員」による接客サービス（顧客満足の７割）
	商品	□ ・安くておいしい回転寿司（原価率50%） ・店内調理（ワンフローズン）による鮮度・味確保 ・急速冷凍・超低温保管庫・無駄の排除	・コスパのよい「江戸前寿司」（原価率：40.8%） ・鮮度の良いネタ（自社配送網で仕入れ日中に提供。同日中に使い切る）
	空間	・清潔な店舗	・「おいしい舞台」 ・店内パフォーマンス ・まぐろの解体ショー
顧客価値		安くて、ネタの種類が多くて、新鮮な鮨	「江戸前寿司」のような寿司を安く食べたい
ターゲット		ヤングファミリー層	舌の肥えたグルメなファミリー層
事業の成果		高い効率性、低廃棄率	高い顧客単価

◆オーナーシップの質の違い

スシローのCS／ES管理部部長によれば、「顧客満足ナンバーワン」の店で働いていることは従業員のモチベーションに影響を与えているそうだ。ナンバーワン店長の「本当に『やった！』という気分になる」、アルバイト学生の「追われているなかで流しきった感」が「気持ちよい」という発言から、スシローのオペレーションが可能にする「予測ビジネス」の醍醐味を味わっている様子がみてとれる。スピード感のあるそのような職場環境を楽しめる人物にとってスシローは働きがいのある職場であり、勤続年数が長いスタッフはそこに価値を見出している人々であると推測される。

一方、銚子丸では、タッチパネルが店内にあるわけではないので、「予測ビジネス」の醍醐味が従業員のモチベーションになっているわけではない。気軽な「江戸前寿司」として、職人は技術、スタッフは接客、さらに全員揃ってのパフォーマンスの盛り上げに重きをおいており、チームが一丸となって働けるような職場環境を充実させた「劇場」運営が、従業員にとってのオーナーシップの源泉になっているものと考えられる。

V むすび

スシローと銚子丸。本章では、一〇〇円回転寿司とグルメ系回転寿司のトップにたち、回転寿司業界を牽引する両社のオーナーシップ・バリュー モデルについて検討してきた。

回転寿司に顧客が求めるものは、「安くておいしい回転寿司」である。「安くておいしい一〇〇円回転寿司」を提供するスシローでは、タッチパネルなどのシステム投資と、予測ビジネスとしての回転寿司のオペレーションにやりがいを感じてくれるスタッフの存在が不可欠だ。一方、「安くておいしい江戸前寿司のようなグルメ回転寿司」を顧客が求める銚子丸では、「江戸前寿司」を提供できる職人が必要であり、多様な人材が働く「劇場」運営ができる体制を整える必要がある。

一〇〇円回転寿司もグルメ系も「接客」の重要性が強調されるが、前者では「マイナス点の回避」、後者では店舗内でのパフォーマンスによる「プラス満足の促進」が、顧客価値の創造に寄与する。その結果として、満足度が高い顧客が生みだされるものと考えられる。

また、顧客価値を実現するためには、オーナーシップの高い従業員が必要だ。両社共に忙しい職場であることは間違いないが、スシローでは予測ビジネスとしての回転寿司のオペレーションを楽しめる人材が求められている。一方、銚子丸では、店舗一丸となってのパフォーマンスに象徴されるように、「劇団員」としての接客サービスに取り組めるスタッフでなければつとまらない。

本書を通じて繰り返し指摘されることではあるが、企業ごとに成功要因があり、「顧客満足」や「オーナーシップ」といっても、規定要因には違いがあることが分かる。しかし、成功している企業に共通することは、提供するサービスに適合するターゲットの選択と顧客価値を創造するシステム、そしてそれを可能にするオーナーシップ育成システムに一貫性があるということだろう。

第

5

章

プルデンシャル生命保険とライフネット生命保険

I はじめに

◆生命保険業界の市場動向

日本経済の長期にわたる低迷は、個人向け生命保険業界にも及んでいる。二〇〇二年度から二〇一〇年度における業界全体の個人保険(1)における保有契約件数は約一〇%増えているものの、保有契約高は約三〇%減少している。(図1)また、一件当たりの保有契約金額も二〇〇二年度から約三〇%減少しており、生命保険業界全体が薄利多売に陥っている状況が読み取れる(図2)。

この業界全体の縮小傾向の中、持続的に成長している企業が二社ある。一社は、独自の保険販売員制度で有名なプルデンシャル生命保険、もう一社はネット専業の生命保険会社として二〇〇八年に起業したライフネット生命保険である。

二〇〇二年度から二〇一〇年度にかけてプルデンシャル生命保険の保有契約件数は約一三〇%増、保有契約高も約六〇%の増加を見せている(図3)。

(1) 個人が被保険者の契約。定期保険・終身保険・養老保険などを含む。

図1：個人保険の保有契約件数・保有契約高推移（2002〜2010年度）

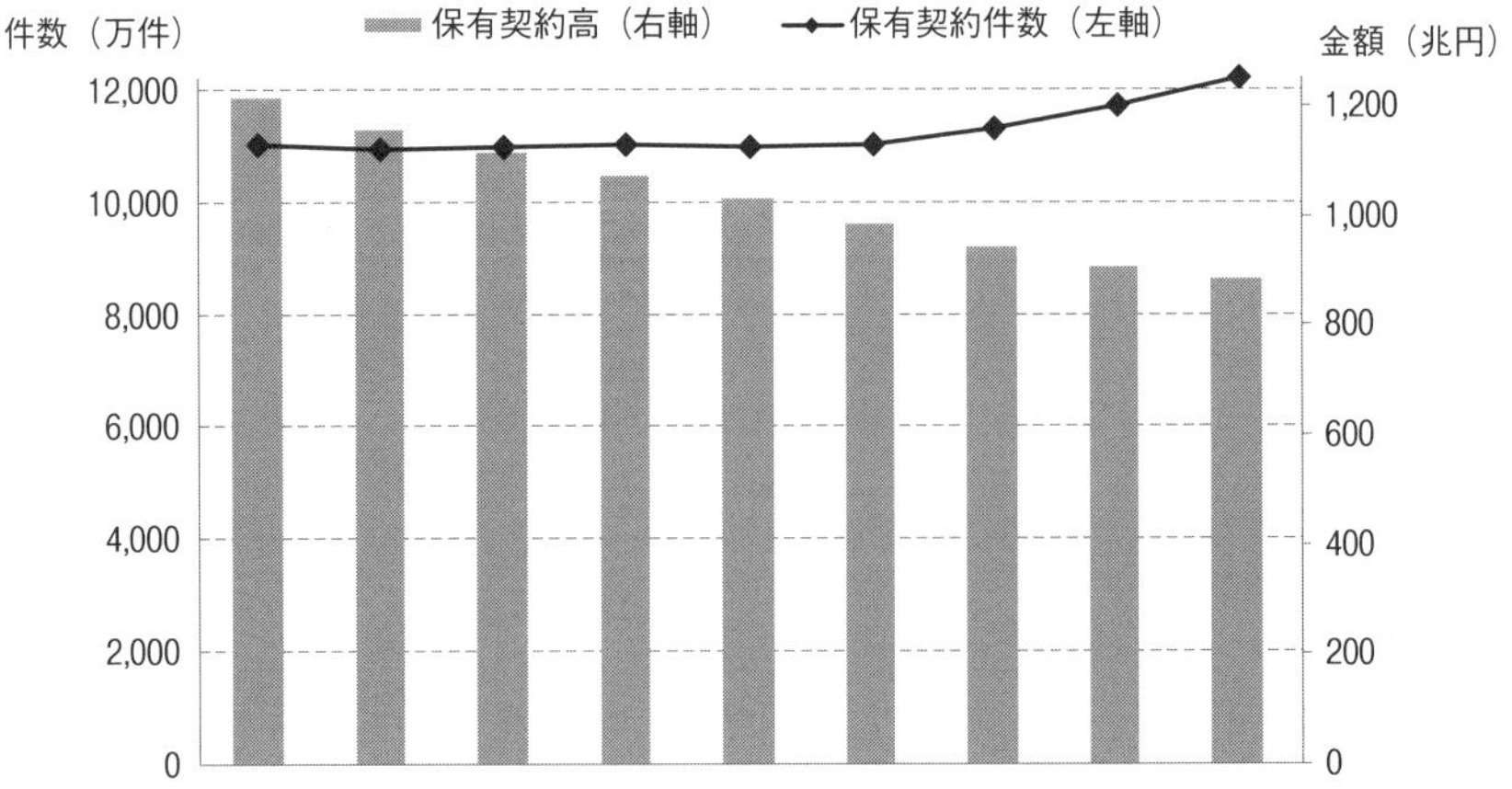

出所：生命保険協会統計資料「生命保険業界事業概況」〈www.seiho.or.jp/(2011年12月20日閲覧)〉より作成

図２：個人保険の１契約当たりの保有契約高推移（2002〜2010年度）

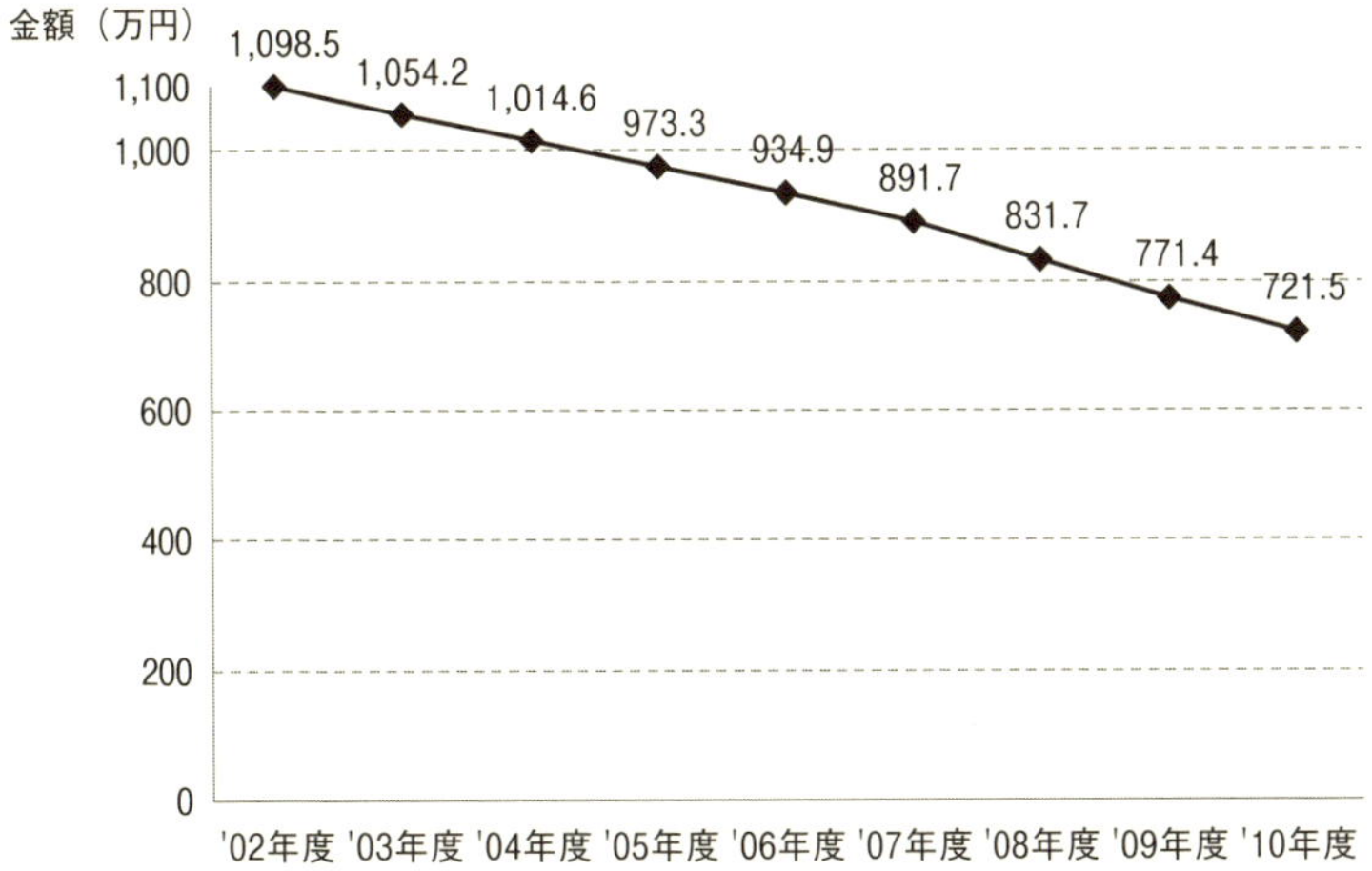

出所：生命保険協会統計資料「生命保険業界事業概況」〈www.seiho.or.jp/（2011年12月20日閲覧）〉より作成

図３：プルデンシャル生命保険の保有契約件数・保有契約高推移（2002〜2010年度）

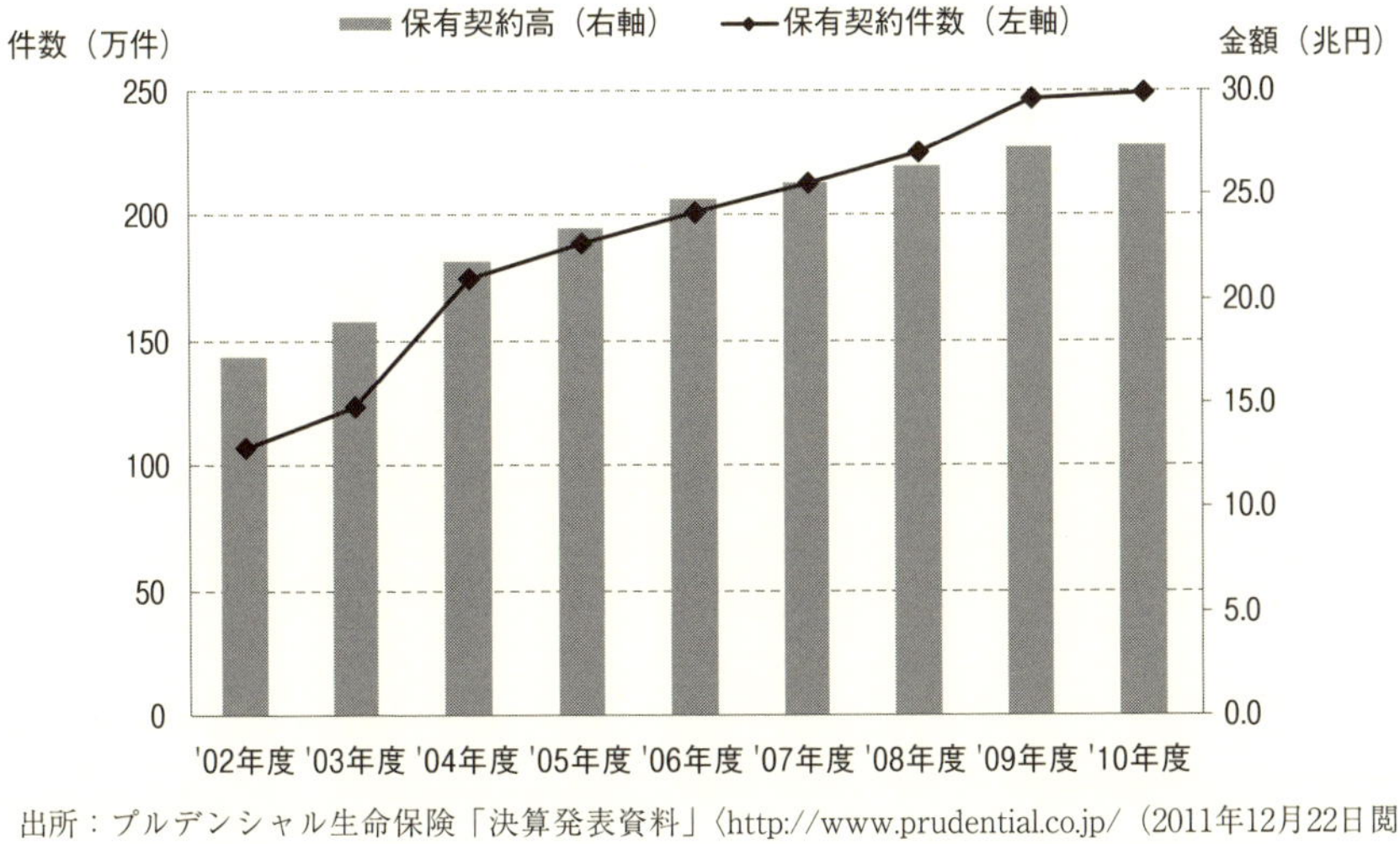

出所：プルデンシャル生命保険「決算発表資料」〈http://www.prudential.co.jp/（2011年12月22日閲覧）〉より作成

同じく、ライフネット生命保険も二〇〇八年から開業三年で目覚ましい成長を見せている。二〇〇八年度から二〇一〇年度にかけて、保有契約件数は実に約一一三〇％増、保有契約高も約八五〇％の増加を見せている（図４）。

◆プルデンシャル生命保険の概要

プルデンシャル生命保険は、米国プルデンシャル生命保険の社員であった坂口陽史が一九八七年に創業した生命保険会社である。米国本社のプルデンシャル・ファイナンシャルは、一八七五年に米国でジョン・Ｆ・ドライデンが創業した世界最大級の金融機関である。日本法人の開業後、保有契約高を順調に伸ばし、またリビングニーズ特約など日本初となる保険商品の開発にも取り組んできている。表１に見られるように日本市場においては後発ながら、創業二五年で従業員四〇〇〇人規模、基礎利益では業界一〇位に位置する中堅規模の会社に成長している。

日本のプルデンシャル生命保険は米国本社と同様「社会の絆である人間愛と家族愛の不朽の原理を実現すること」を理念として掲げている。さらに日本独自のビジョンとして、「我々は、日本の生命保険の在り方に変革をもたらし、日本の生命保険市場にお

図４：ライフネット生命保険の保有契約件数・保有契約高推移（2008～2010年度）

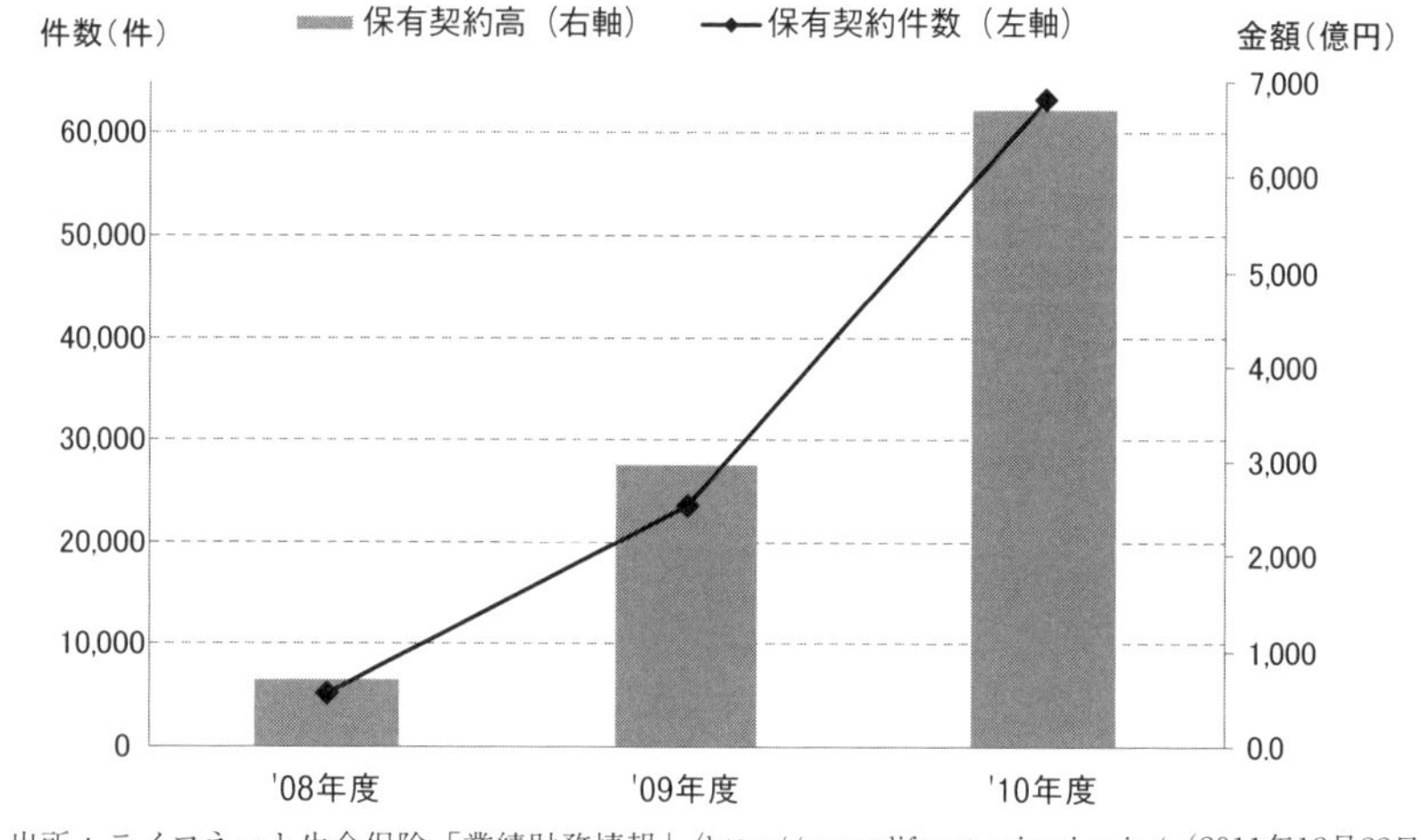

出所：ライフネット生命保険「業績財務情報」〈http://www.lifenet-seimei.co.jp/（2011年12月22日閲覧）〉より作成

いて顧客から最も信頼される会社になります。」とあるが、どのような変革をもたらすのであろうか。

日本の生命保険市場参入に向けた調査では、契約数は既に飽和状態であり参入余地が少ないように見られた。ただし、保険契約者の満足度調査では、顧客は保障内容の理解が低く、かつ契約後は契約者に対するサービスもないことから満足度が低い状態であることが示されていた。このような日本の生命保険市場の状況を踏まえ、生命保険の仕組みをしっかりと説明し、個々の顧客のニーズを踏まえてオーダーメイドの生命保険を販売することで市場に変革をもたらすことを目指しているのである。

こうしたビジョンを実現する上で鍵となるのが、同社独自の「ライフプランナー制度」である。ライフプランナーとは、同社が認定している独自の保険販売員であり、顧客への生命保険の仕組みの説明、

(2)　保険料等収入とは、一年間の保険料の合計額。一般企業の売上高に相当。

(3)　基礎利益とは、経常利益から売却損益等を除いた本業の収益。一般企業の営業利益に相当。

表１：プルデンシャル生命保険の会社概要

代表取締役社長	ジョン・ハンラハン	本社所在地	東京都 千代田区永田町
2010年度末 従業員規模	4,386人	創業年	1987年10月
2010年度 保険料等収入	5,152億円 （業界16位）	2010年度 基礎利益	498億円 （業界10位）
企業理念・ ビジョン	【企業理念】 社会の絆である人間愛と家族愛の不朽の原理を実現すること 【日本のプルデンシャル生命保険のビジョン】 我々は、日本の生命保険のあり方に変革をもたらし、日本の生命保険市場において顧客から最も信頼される会社になります。		
事業の特色	顧客一人ひとりのニーズに合わせてカスタマイズする 「ライフプランナー」という独自の保険販売員が顧客を訪問し、販売・保全を行う		

出所：プルデンシャル生命保険「企業概要」「企業沿革」「業績」〈http://www.prudential.co.jp/（2012年３月18日閲覧）〉より作成　※保険料等収入(2)基礎利益(3)の定義は文末脚注参照

ニーズに応じたオーダーメイドの保険商品、保険金支払いまでの生涯にわたる長期間のサービス提供を特徴としている。ライフプランナー制度は日本のプルデンシャル生命保険が一九八七年に初めて導入したビジネスモデルであり、現在では、韓国、台湾、イタリア、ポーランド、ブラジル、メキシコ、アルゼンチンなど世界各国で導入されている。

◆ライフネット生命保険の概要

一方、ライフネット生命保険は、二〇〇八年に業界最大手の日本生命保険に四〇年近く在職した出口治明が立ち上げたネット専業の生命保険会社である。営業開始から三年しか経ておらず、経営の成否の判断はまだ早いが、「『かぞくへの保険（定期死亡保険）』」は、『週刊ダイヤモンド』の二〇一〇年三月二〇日号特集企画で「プロが選んだ自分が入りたい保険ランキング」死亡保障部門で、発売初年度から二年連続で第一位に選ばれた。このように既に業界で一定の評価も得ている。

表2のように、その創業の理念は、「保険料を半分にして、安心して子どもを産み育てることができる社会を作りたい」とあり、本業を通じて理想的な社会を目指す志の高さが伺える。同社は保険料を半額にするために、保険販売員を用いないネット専業という新たなビジネスモデルを構築した。また、多額な宣伝投資なども抑え、保険料を下げるための仕組みを模索している。また、ライフネット生命保険は、企業としては珍しく「マニフェスト」を掲げている。このマニフェストは「『生命保険はむずしい』そう言われる時代は、もう、終わりにしたい」とあり、日本の生命保険が分かりづらく顧客が理解しづらい状況を改善しようという意思を示している。マニフェストの構成は「第一章　私たちの行動指針」「第二章　生命保険を、もっと、わかりやすく」「第三章　生命保険料を安くする」「第四章　生命保険を、もっと、手軽で便利に」の四章から成り、各章では具体的な行動指針が記述されている。いわゆる経営理念のように短い抽象的な表現に比べ、マニフェストとして具体的に行動すべき事項も含め記述することで、企業理念を社員の活動に落とし込

むことを意図している。

同社のマニフェストは、商品やウェブサイトにおいても具現化されている。まず、保険商品は「特約」（保障内容を充実させるための主契約に付加する契約内容）の無いシンプルな保険商品に特化している。また、唯一の販売チャネルであるウェブサイトも分かり易さを重視しており、年齢や保障内容を入力すると、画面上で月額保険料がすぐに分かり、顧客が生命保険の内容を自分で調べて納得して契約できる仕組みを整えている。また、保険会社として初めて付加保険料（保険料に占める保険会社の利益幅）の割合を開示した。付加保険料の開示は生命保険業界にとってタブーといえ、同社の保険料が安く分かり易い保険商品を目指す経営姿勢を端的に表すエピソードと言えるだろう。

表2：ライフネット生命保険の会社概要

代表取締役社長	出口治明	本社所在地	東京都 千代田区麹町
2010年度末 従業員規模	65人	創業年	2008年３月
2010年度 保険料等収入	17.6億円 （業界47位）	2010年度 基礎利益	▲5.74億円 （業界47位）
創業理念・ マニフェスト	【創業理念】 保険料を半分にして、安心して子どもを産み育てることができる社会を作りたい 【マニフェスト】 「生命保険はむずかしい」そう言われる時代は、もう、終わりにしたい		
事業の特色	「特約」の無い保険商品をインターネット上のみで販売。 ネット専業として営業することで、他社よりも安価な価格で保険商品を提供している		

出所：ライフネット生命保険「会社概要」「業績・財務情報」「会社沿革」〈http://www.lifenet-seimei.co.jp/（2012年３月18日閲覧）〉より作成

II プルデンシャル生命保険のオーナーシップ・バリュー モデル

プルデンシャル生命保険について、同社のライフプランナーが顧客価値を創造する仕組みと、またその顧客価値を生み出すためのライフプランナーのオーナーシップを育成する仕組みについて、下記のオーナーシップ・バリュー モデルに沿って分析する。

◆プルデンシャル生命保険の顧客価値創造システム

【ターゲット】

創業当時の日本の生命保険市場に対する調査結果に基づいて、既に契約数は飽和状態にあるが顧客は生命保険の仕組みや保障内容を理解しておらず、商品知識をもった保険のプロの説明とともに、個々の顧客のニーズに応える保険を提供すれば参入余地は大きいと判断していた。つまり、既存の日本の生命保険会社がセールスレディを活用し、「人間関係のつながりを重視して契約する層」をターゲットとしていた一方、「保険のプロに相談して選びたい層」をターゲットとすることで、市場を獲得していった。

【顧客価値】

同社のウェブサイトには、契約者とライフプランナーのエピソードが多数掲載されている。そのエピソードからは、多くの顧客が「オーダーメイドの保険」と「一生涯のパートナー」を価値として感じているようだ。

プルデンシャル生命保険に対する顧客の評価

1. 夫婦がお互いに何かあっても二人の子供の養育と教育のための資金を確保できる生命保険を提案してもらいました。また、日本の低金利の状況を考えて外貨建ての生命保険を使った老後のプランも出してくれたのです。ライフプランナーの上神田さんは私たち夫婦の置かれている現状をきちんと把握して、その上でアドバイスと提案をしてくれたのですが、それが実に新鮮で感動できたので、結果的にお願いしました。

2. （ご主人が亡くなられた奥さんのエピソード）主人が息を引きとった当時は子供たちも小さく、二人を育てる事で必死でした。担当ライフプランナーの村上さんには、私と息子の保険もお願いしており、本当に頼れる担当者です。幸い息子は結婚して子供も生まれ、私もおばあちゃんになりました。娘は大学生で、就職活動の真っ最中です。

出所：プルデンシャル生命保険「お客様の声」〈http://www.prudential.co.jp/〉（二〇一二年三月一八日閲覧）より作成

図5：プルデンシャル生命保険のオーナーシップ・バリュー モデル

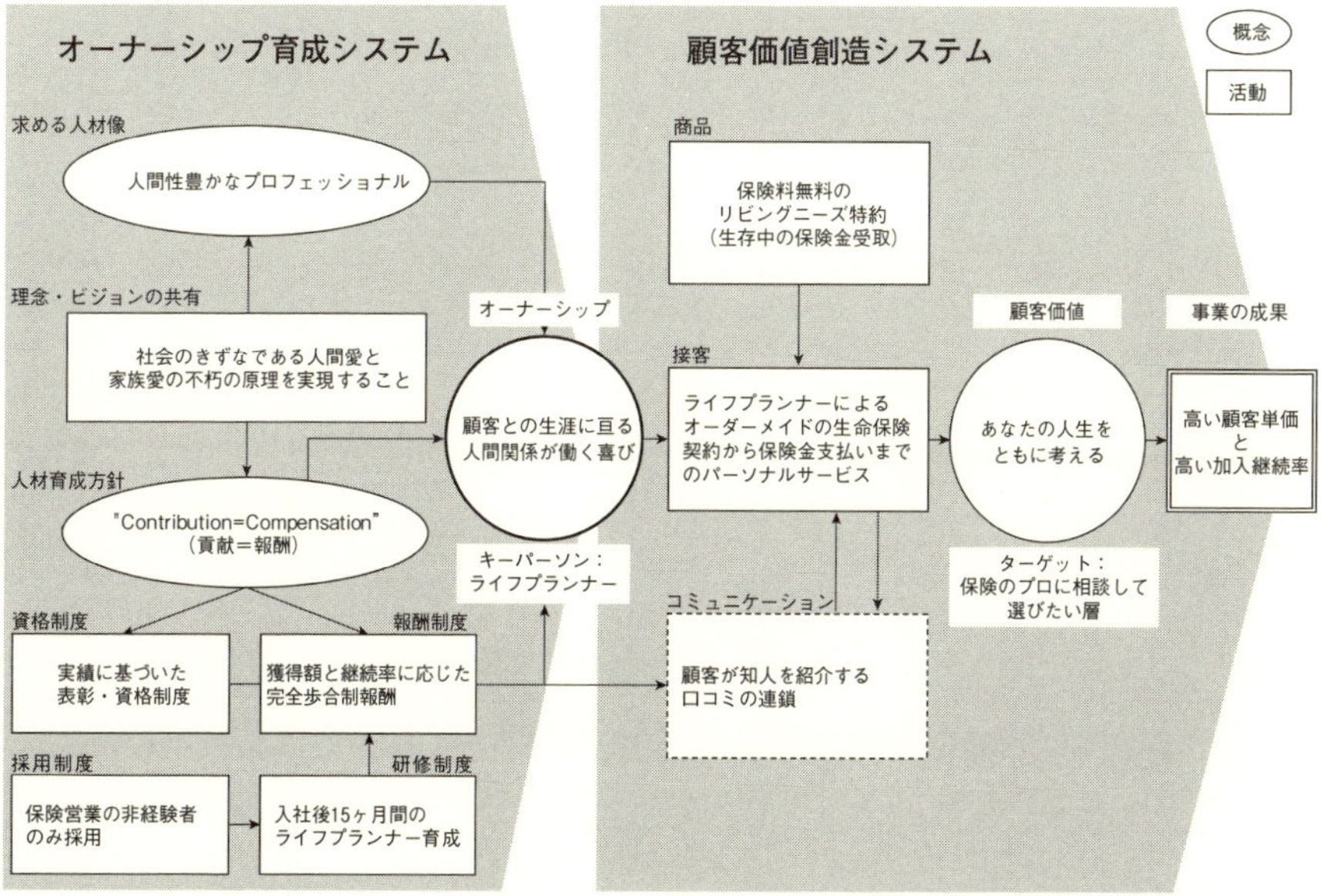

個々の顧客の人生設計・家族状況を踏まえた、ひとりひとりへのオーダーメイドの保険を提供するだけではなく、契約後も生涯のパートナーとしてその家族の人生に関わっていく姿勢がエピソードから伺える。ここから同社のライフプランナーは個々の顧客に「あなたの人生をともに考える」という価値を提供しているということができるだろう。この価値は、ひとりひとりの人生の目標・現在の世帯・経済の状況を把握した上で、将来にわたって希望する人生を送るためのプランを提示するだけでなく、人生の最期においては家族のケアも含めて対応する存在となることで、顧客からの継続的な満足を得ていると言える。では、ライフプランナーはどのような活動を行っているのであろうか。

[接客]

ライフプランナーの特徴は、①保険のプロが顧客のニーズをヒアリングしながら、オーダーメイドの生命保険を提供し、②契約から保険金支払いまで生涯にわたるパーソナルサービスを提供する、という二点に集約される。まず、オーダーメイドの生命保険とはどのようなものであろうか。個々の家庭によって病気や事故に対する考え方や必要保障額・支払える保険料などは異なる。顧客の立場に立てばパッケージ化された生命保険ではなく、顧客それぞれのニーズに即したオーダーメイドの生命保険を提供していくことが求められる。それには、収入や資産状況、毎月の生活資金、これから必要となる教育・結婚・住宅・老後などの各資金、さらに今後の人生設計に対する希望までもヒアリングしたうえで、万が一に必要となる資金を保障できる生命保険を設計することが求められる。

ただし、このような緻密なプロセスを踏んで保険契約したとしても、それで終わりではない。契約以降に契約者本人や家族が病気や事故に見舞われることもあるし、収入や家族構成などの変化もありえる。そうした環境変化に応じて保障内容を見直し、また顧客の生活面で何かトラブルが生じれば、自分の家族の如く相談にのり、誠意をもって対応することもライフプランナーの責務になっている。実際、ライフプランナーがガン告知を受けた家族に保険金を支払うまでの間、精神面のケアも含めて対応し続けたという実例など、多くの書籍等で紹介されている。

【コミュニケーション】

また同社のコミュニケーションは、ライフプランナー重視という点で独自性がある。通常、保険会社が行っているようなマス広告やウェブ広告といったコミュニケーション活動を殆ど行わず、ライフプランナー個々人の顧客の口コミによるコミュニケーションを徹底している。同社には「顧客のなる木＝Client Tree」という概念がある。信頼関係を構築できた顧客は、自分の家族・友人にもそのライフプランナーを善意から紹介し、顧客から顧客がつながっていくという口コミの連鎖を指している。ライフプランナーが顧客を増やそうとすれば、自分を他のお客様に紹介してくれるよう、目の前の顧客からの信頼を得るために全力を尽くすのである。

【商品】

また、商品自体も徹底した顧客中心主義を貫いている。リビングニーズ特約というプルデンシャル生命保険が日本で初めて販売した商品がある。リビングニーズ特約の特徴は、通常は被保険者が死亡したときに支払われるべき死亡保険金を、存命中に給付するという点にある。重度の病気で余命がわずかしかないと診断された顧客に、治療中の治療費や入院費などのまとまったお金を提供し、人生の最後を悔いなく迎えることをサポートすることを目的としている。また、一般的に特約を付加すると保険料も上乗せになるが、リビングニーズ特約は保険料無料の純粋なサービスとして提供されている。

プルデンシャル生命保険のライフプランナーは、なぜここまで徹底した顧客中心のサービスを提供できるのだろうか。そのオーナーシップ育成システムを分析する。

◆プルデンシャル生命保険のオーナーシップ育成システム

【理念・ビジョンの共有】

そもそも従業員はどのような理念・ビジョンに惹かれて集まっているのであろうか。プルデンシャル生命保険は「社会の絆である人間愛と家族愛の不朽の原理を実現すること。」という理念・ビジョンを掲げている。元々米国本社は、家族の埋葬費をねん出することすら困難であったアメリカの貧困層を救うべく、週三セントから加入可能な安価な労働者保険をアメリカで初めて販売したことで、アメリカでの支持と信頼を得たのが成功のきっかけであった。この人々の人間愛・家族愛を保険を通じて支援するという理念を徹底した創業者のジョン・F・ドライデンは、「生命保険業を営む者は、愛の伝道師たれ」という言葉を残しており、現在に至るまでその精神は引き継がれているという。

この理念・ビジョンを学ぶために、新人ライフプランナーが必ず読む教本として「ウェルカム・トゥ・ザ・プルデンシャル」がある。プルデンシャル・アメリカの誕生から、日本の生命保険の実状、プルデンシャルの日本への進出、プルデンシャル・ジャパンの経営戦略、プルデンシャル・ファミリー、二一世紀に挑戦するプルデンシャルなど文脈に沿って共有することで、より理念・ビジョンへの共感を醸成している。

【人材育成方針】

一方、この理念・ビジョンを実現するための人材育成方針は、「Contribution = Compensation（貢献 = 報酬）」として規定されている。ここでいう「貢献」とは一般的な多くの保険契約を獲得するだけでなく理念・ビジョンを反映し、その顧客の生涯にわたって保険を通じたサポートをする（継続加入を促進する）ことを指す。その貢献がそのライフプランナーの報酬につながり、ひいては会社全体に貢献するのである。逆を言えばライフプランナーの貢献が少なければ、その分報酬も減少するということを意味する。各自の努力がそのまま報酬として評価されるという点で、ライフプランナー個々人は事業家であると言えるだろう。貢献＝報酬という人材育成方針を掲げることで、ライフプランナーに厳しく自己を律して常に貢献することを求めているのである。

〔求める人材像〕

プルデンシャル生命保険では、どのようなライフプランナーがもっとも貢献しているのであろうか。同社の「キヨ・サカグチ・ゴールデンハート・メモリアル・アワード」（もっとも評価の高いライフプランナーの表彰）の一〇の評価基準に、あるべきライフプランナー像が集約されている。

キヨ・サカグチ・ゴールデンハート・メモリアル・アワードの評価基準

1. 常にお客様のことを第一に考えていること
2. 正直且つプロとしての自覚を持って行動し、倫理基準を守り、高潔であること
3. ビジネスのすべての局面で質を追究していること
4. ニードセールス[4]を徹底していること
5. お客様の利益をもっとも重視していること
6. 期待を上回るサービスを提供しようと努力していること
7. 単に生命保険を販売するだけでなく、お客様との信頼関係を築いていること

(4)　ニードセールスとは、プルデンシャル生命保険の基本的な営業姿勢を示す言葉。お客様が潜在的に持っているニーズ（生活に必要な保障内容）を把握し、その必要性に合わせた生命保険を販売することを意味する。

8. ライフプランナーが提供するサービスの重要性と価値を理解していること
9. 他のライフプランナーが成功するための手助けをしていること
10. ボランティア活動を通じて社会に貢献していること

出所：原年廣（二〇〇八）『魔法を信じた経営者　プルデンシャル生命・坂口陽史の献身と挑戦』ダイヤモンド社、二七七―二七八頁

ここから伺えるプルデンシャル生命保険のライフプランナーのあるべき姿は、保険販売員として一般的に思い浮かびがちな成果に応じた報酬を得るビジネスマンという側面以上に、顧客との生涯にわたる関係自体に満足を感じる「高い人間性を備えたプロフェッショナル」であると言えるだろう。

［採用制度］

生涯にわたってパーソナルサービスを提供し顧客満足を高めるには、ライフプランナーが辞めずに顧客に接し続けることが絶対条件になる。そこで同社では、採用時点からライフプランナーを厳選している。離職しない人材を獲得するための工夫として、転職することが一般化している生命保険営業の経験者を採用しない方針を掲げている。また、一般的な公募をせずに営業所長や支社長が自らの足で人材を探し、慎重に面接を重ねて適性を判断する方法を取っている。さらに、応募者自身が転職の決意を固めるために、Career Information Program（ＣＩＰ）と呼ばれる三回のセッションを設けている。セッションでは、ライフプランナーの仕事、生命保険の必要性、ライフプランナーとの対話、教育・評価制度など、詳細に説明し、応募者にプルデンシャル生命保険の考えを徹底して伝え、その魅力に惹かれた応募者のみが面談に進む。このプロセスの合格者は全応募者の大よそ三～四％と狭き門である。ＣＩＰと支社長・営業所長との面接は、応募者の転職の意志を確固たるものにしつつ、ライフプランナーとしての適性を判断し、かつ今後所属する支社の営業所長・支社長と信頼関係を築く場にもなり、離職しないライフプランナーの採用につながっているのである。

【研修制度】

入社後は、各支社で三段階のトレーニングを受ける。入社後一ヶ月をかけて、First Month Training Programとして、ライフプランナーとしての基本姿勢や生命保険営業に必要な基礎知識・技術、コンプライアンスを習得する。続いてInitial Training Programという二〜三ヶ月の実践トレーニングを通じて、ライフプランナーの活動習慣を習得する。そして、入社後一五ヶ月までには、実践を交えながら自立を目指すBasic Training Programを受ける。一般的な企業で実施が困難な一五カ月をかけた徹底した教育によって、スキルだけでなく、事業家としての姿勢・習慣も含めてライフプランナーを育てているのである。

【報酬制度】

ライフプランナーへの報酬は個人の営業成績に連動したフルコミッション制である。徹底して実績に見合った報酬を提供することで、ライフプランナーは高い目標を掲げ仕事にまい進できるのである。同社での実績とは、契約件数と保険契約の継続率から成る。通常、実績として契約件数の多さよりも契約額の大きさが重視されがちであるが、契約件数も重視することでライフプランナーの成長と自立を促せるという考えがある。一人でも多くの顧客に会うようにすればセールス活動が習慣化され、ライフプランナー自身の啓発向上につながり、ひいてはライフプランナーの顧客基盤拡大＝収入の安定、つまりはライフプランナーの定着率につながるという考えが背景にある。

一方、継続率はライフプランナーのセールスの質の高さを表す指標として重視されている。顧客のニーズをしっかりと把握してオーダーメイドの提案を行えば、顧客は納得して契約するため、必然的に長期にわたって継続されることになる。継続率をコミッションに反映することで、やはりライフプランナーの収入安定、定着率に貢献するという考えである。

フルコミッション制とすることで、ライフプランナーに顧客志向の努力を促し、その見返りとして安定した収入を確立することがひいてはライフプランナーの定着率を高めるのである。

【資格制度】

また、自己実現につながる生き方をするうえでは金銭的な目標だけでなく、精神的な目標も必要である。同社には年間の販売成績優秀者を表彰する社長杯コンテストがある。年間の売上げ・契約件数・継続率を基準として絶対基準で表彰するため、優秀者は何人いても表彰される仕組みとなっている。他人との競争ではなく、目標達成に向けた自分との戦いを促す仕組みだと言える。

また、ライフプランナーは年間の契約件数・継続率などの基準をクリアすれば認定を得て、社内資格を得ることができる。最高位のエグゼクティブ・ライフプランナーになると支社内に専用の個室をもつこともできるなど待遇も向上していく仕組みが導入されている。

こうした従業員のオーナーシップを育成するシステム全体が、ライフプランナーが顧客価値を創造するためのサポートとなり、オーナーシップ・バリュー　モデルを構成している。プルデンシャル生命保険では、ライフプランナーに提供する「顧客との生涯にわたる人間関係が働く喜び」が、「オーダーメイドの生命保険と生涯を通じたパーソナルサービス」という高いレベルの接客を提供できていることが分かる。

ライフプランナーが接客を通じて顧客との信頼関係を構築することで、さらに口コミを通じて顧客が増えるという連鎖が実現される。顧客基盤が増えていけば収入が安定し、顧客価値の追究にまい進できるというさらに良い循環が構築されるのである。こうした循環システムを創ることで、ライフプランナーが自らの満足のためにオーナーの如く努力をし、その対価をさらに得ていき、会社も成長を続けているのではないだろうか。

郵 便 は が き

料金受取人払郵便

本郷支店承認

4801

差出有効期間
平成25年10月
31日まで

1 1 3-8 7 9 0

3 3 5

(受取人)
東京都文京区本郷
3丁目38番1号

株式会社 同 友 館
営業部・愛読者係 行

購入申込書

(書名)	定価 ¥	
(書名)	定価 ¥	
(書名)	定価 ¥	

※このハガキで書籍を注文できます。代引手数料200円が別途必要になります
ご指定の場所に送本いたします。なお、ご不明な点は小社にお問い合わせ
さい。同友館 TEL 03−3813−3966 FAX 03−3818−2774
http://www.doyukan.co.jp/

送付先住所 (〒)

T E L.

Eメールアドレス

氏《フリ》名《ガナ》 ㊞

アンケート記入のお願い

フリガナ	
御氏名	（　　　才）
自宅住所（〒　　　　　）	

Eメールアドレス

このカードの
入っていた書名

お買上げになった書店名

お買上げになった動機
- 新聞広告を見て
- 雑誌広告を見て
- 店頭で見て。人から聞いて
- その他

今後とりあげてほしいテーマ

本書についてのご意見・ご感想

■お客様にご記入いただいた個人情報は、より良い出版物を作るための参考にさせていただきます。
■ご記入いただいた個人情報は，ご注文いただいた書籍の配送，図書目録・新刊案内などをお送りする資料にさせていただき，その目的以外での利用はいたしません。
■また、お寄せいただいた個人情報は厳重に保管し、お客様の許可なく第三者に開示することはありません。

同友館からのお知らせについて不要の場合は右の□に×をしてください。	不要 □

Ⅲ ライフネット生命保険のオーナーシップ・バリュー モデル

プルデンシャル生命保険と異なり、ライフネット生命保険のように保険販売員を顧客接点として活用しない場合、どのように従業員のオーナーシップを高め、顧客価値を創造しているのであろうか。図６のオーナーシップ・バリュー モデルに沿って分析する。

◆ライフネット生命保険の顧客価値創造システム

【ターゲット】

日本の生命保険市場では死亡保障、医療保障、貯蓄・年金機能などの要素が多様化したことで、かえって内容が分かりづらくなり、顧客が商品を深く理解しないまま購入しているという問題意識をライフネット生命保険はもっていた。加えて、まだ所得が多くはない若い世代にとって日本の生命保険料が総じて高いのではないか、また保険販売員のオススメではなく、自分で情報収集をし、価格と内容の両面から自分で合理的な判断をしたい顧客が存在するのではないかという思いもあった。そこでライフネット生命保険では「自分で情報収集・比較検討して意思決定したい層」にターゲットを絞り、価格や商品・サービスをそのニーズに合わせて特化している。

【顧客価値】

ターゲット顧客に向けた商品やサービスを提供するにあたり、ライフネット生命保険は、その顧客価値を「正直にわかりやすく安くて、便利に」という言葉に集約している。これは、ターゲット層のニーズである①分かりやすさ、②低価格、③便利さに即している。また、「正直に」は三つの提供価値を提供するライフネット生命保険の行動指針が表されている。マニフェストの「第一章　私たちの行動指針」には「私たちは、自分たちの友人や家族に自信をもってすすめられる商品しか作らない、売らない。」「顔の見える会社にする。経営情報も、商品情報も、職場も、すべてウェブサイトで公開する。」といった言葉が並び、正直な経営に基づいて提供価値を実現しようという意志が伺える。このような価値を提供するために、同社はどのような活動をしているのであろうか。

【商品】

同社の顧客価値は、生命保険業界の常識を打ち破る商品が基軸となっている。マニフェストで下記のように「分かりやすさ」「安さ」を提供する商品の工夫が明記されている。

図６：ライフネット生命保険のオーナーシップ・バリュー モデル

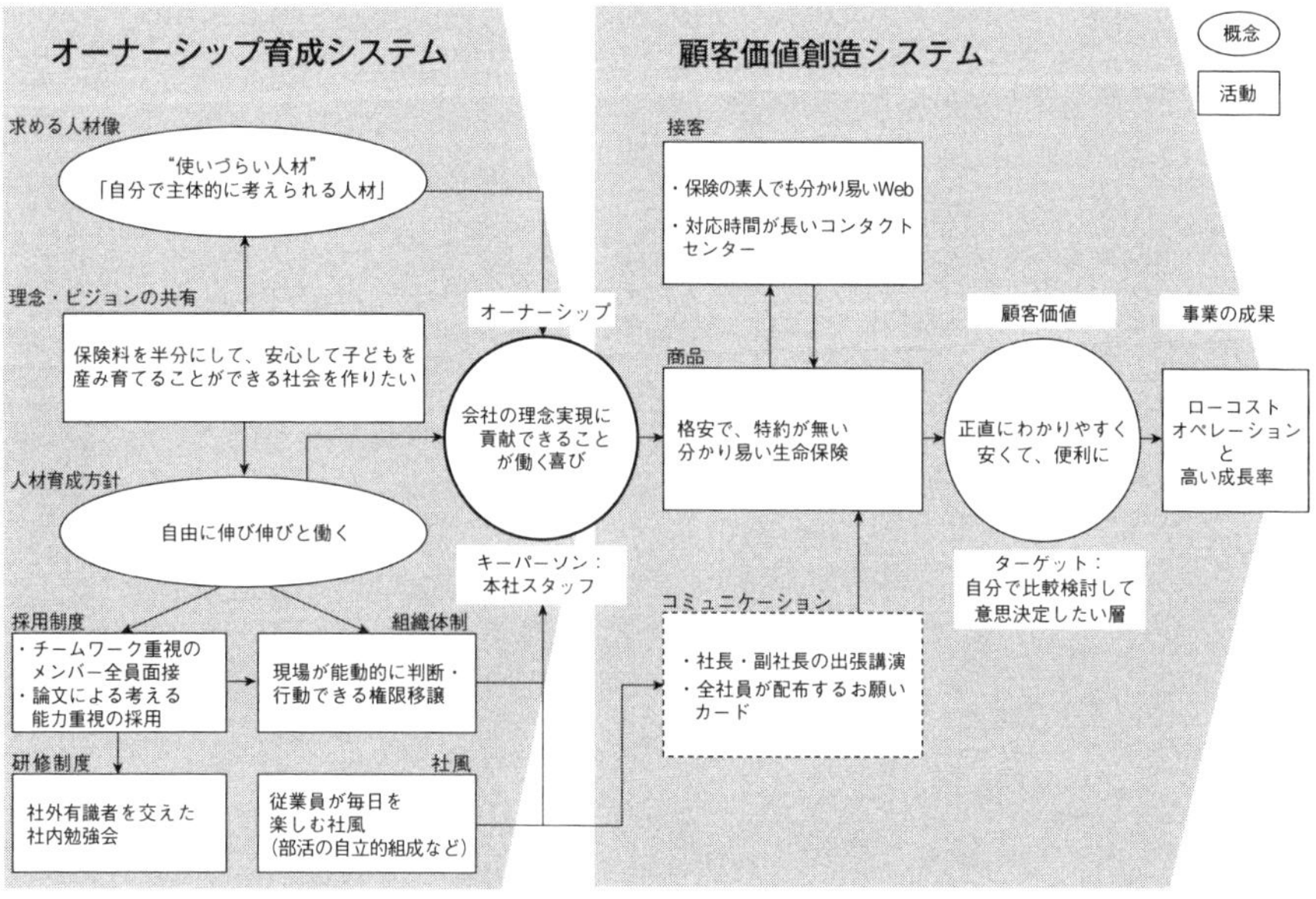

ライフネット生命保険のマニフェスト：「分かりやすさ」「安さ」該当箇所

・初めてのひとが、私たちのウェブサイトを見れば理解できるような、簡単な商品構成とする。たとえば、最初は、複雑な仕組みの「特約」を捨て、「単品」のみにした。
・保障金額を、過剰に高く設定しない。適正な金額とする。したがって、毎月の保険料そのものが割安となる。
・私たちのシミュレーションモデルは、残された家族が働く前提で作られている。（中略）そのために、いざという場合の保険金額も、従来の水準よりも低く設定されている。
・事務コストを抑える。そのために、紙の使用量を極力制限する。インターネット経由で、契約内容を確かめられるようにする。

出所：ライフネット生命保険「ライフネット生命保険のマニフェスト」〈http://www.lifenet-seimei.co.jp/（二〇一一年三月二一日閲覧）〉より作成

つまり、必要十分な保障内容に絞り、保険販売員を活用せずネット専業とすることで運営コストを低減し「保険料が格安で特約のない分かり易い生命保険」を創っているのである。

また、「分かりやすさ」「安さ」といった価値とは異なるが、顧客が本当に必要とする保険商品の開発も行っている。同社では「働く人の保険」という、病気やケガなどで寝たきり状態になってしまった時の収入の確保に備えるためのいわゆる就業不能保険を業界初で開発した。欧米では一般化している保険だが、日本では発生率データが未整備であることやモラルリスクなどの備えが必要なため、他社は提供していなかった。「あったらいいな、と皆が思うが、何らかの理由で既存の生命保険が実現できないこと」をやるという同社の姿勢があって初めて成立したライフネット生命保険らしい商品と言える。

【接客】

また、保険販売員や店舗がないため、同社の限られた顧客接点であるウェブサイトやコンタクトセンターは「分かりやすさ」「便利さ」にこだわっている。

ライフネット生命保険のマニフェスト：「分かりやすさ」「便利さ」該当箇所

・私たちのウェブサイトは、生命保険購入のためのみに機能するものではなく、「生命保険がわかる」ウェブサイトとする。

・私たちの生命保険の商品は、インターネットで、二四時間×週七日、いつでもどこでも、申し込める。

・印鑑は使わなくてもよくした。法令上必要な書類はお客さまに郵送し、内容確認の上、サインして返送していただく。したがって、銀行振替申込書以外、押印は不要となる。

出所：ライフネット生命保険「ライフネット生命保険のマニフェスト」〈http://www.lifenet-seimei.co.jp/（二〇一一年三月二一日閲覧）〉より作成

同社のウェブサイトは、優れた保険販売員が提供している役割や機能を代替できることを目指して構築されている。生命保険の仕組みの説明、ライフプランに沿った必要保障額の算出、実際に加入した顧客の生の声をライフステージごとに豊富に紹介するなどの情報提供ができるコンテンツが揃っている。とくに、保険料の比較ボタンは特徴があり、自分で見積もったライフネット生命保険の保険料をほぼ同じ条件の他社商品と比較することもできる。他社サイトへリンクしているため同社のウェブサイトに戻ってこないリスクがあるにも関わらずこうした機能を提供していることは、一重にマニフェストに忠実だからであろう。

また、コンタクトセンターはウェブサイトを補完する位置づけとして重視されている。

ライフネット生命保険のマニフェスト：「コンタクトセンター」該当箇所

・すべて、「納得いくまで」、「腑に落ちるまで」説明できる体制をととのえていく。わからないことは、いつでも、コンタクトセンターへ。またウェブサイト上に、音声や動画などを使用して、わかりやすく、退屈させないで説明できる工夫も、十分にしていく。

出所：ライフネット生命保険「ライフネット生命保険のマニフェスト」〈http://www.lifenet-seimei.co.jp/〉（二〇一一年三月二一日閲覧）より作成

実際、同社のコンタクトセンターは対応時間を、平日九時～二二時、土曜九時～一八時（祝祭日除く）と他社よりも遅い時間まで対応することで、ウェブサイトだけでは納得できない顧客をフォローしている。

［コミュニケーション］

これらの商品・サービスの三つの提供価値「分かりやすさ」「安さ」「便利さ」を伝えるコミュニケーションについては、マニフェストで触れていないものの、同社ならではのPR戦略を行っている。一つは、出口社長・岩瀬副社長自らが出張して行うセミナーや講演会。どんな少人数の会合でも出口社長もしくは岩瀬副社長が講演に行き、年間目標は二人で二〇〇回としている。このセミナーは、単なる自社セールスではなく、生命保険の仕組み・金融の仕組みを解説しながら日本の抱える課題について共有し、その上でライフネット生命保険の創業の経緯と理念を共有する、という構成になっている。ライフネット生命保険に加入して欲しいという売り込みは無い点が特徴である。年間に会える人数は限られているものの、こうした地道な「ファン創り」が同社の特徴と言えるかもしれない。

また、「ファン創り」を促進するべく全役職員が会う人ごとに「ライフネット生命保険をよろしく。私たちのウェブサイトをぜひ見てください」といい続けるための「お願いカード」もつくっている。全社員が口コミを持続し続けるということで徐々に経営理念への共感が広がっていくことを狙っていることが伺える。

ライフネット生命保険のこうした顧客価値創造システムの優位性は、創業者である出口社長・岩瀬副社長のリーダーシップのみによって生まれているのであろうか。そうした個人の力量による点ももちろんあるだろうが、同社の模倣困難な優位性はその従業員のオーナーシップを向上させ自立的な活動を促進する点にあると考える。

◆ライフネット生命保険のオーナーシップ育成システム

[理念・ビジョンの共有]

ライフネット生命保険は「保険料を半分にして、安心して子どもを産み育てることができる社会を作りたい」という理念・ビジョンを掲げる戦後初の独立系生命保険ベンチャー企業である。その理念からは「保険料を半分にする」という最後発でありながら業界に変革をもたらし、さらには社会の変革も目指す意思が読み取れる。

ライフネット生命保険は、経営理念に共感した人が自らの意思で入社してきたケースが多いと言う。とくに、設立準備会社であった「ライフネット企画」のウェブサイトや「ネット生保立ち上げ秘話」というメールマガジン、また営業後においてもブログやTwitterでのライフネット生命保険の日々の活動やそこに込められた経営理念に触れて、「手伝いたい」と意気に感じた人が自らの意思で応募してきたという。現在では、毎年採用サイトで動画を使った社長・副社長からの理念に基づいた経営の説明など理念の説明には重点を置いている。

【人材育成方針】

経営理念の実現に向けて、どのように人材を育成しているのであろうか。人材に対して下記のような考えが述べられている。

出口社長インタビュー「ライフネット生命保険株式会社　企業インタビュー」該当箇所

・どんなに優れた能力を持つ人材であっても、今いるメンバーが「その候補者と一緒に働きたいと思うか」、そして、候補者にとっても「そのチームのメンバーと毎日顔をつき合わせて楽しく働けるか」が一番の問題です。
・社員が自主的に伸び伸びと働くことが、ライフネット生命のこれからの発展のカギを握っていると考える。
・私たちの会社は、学歴フリー、年齢フリー、国籍フリーで人材を採用する。そして子育てを重視する会社にしていく。働くひとがすべての束縛からフリーであることが、ヒューマンな生命保険サービスにつながると確信する。

出所：ELITE Network ウェブサイト、「ライフネット生命保険株式会社　企業インタビュー」〈http://www.elite-network.co.jp/x/feature/view33_1.html.（二〇一二年一月一二日閲覧）〉より作成

端的に言えば、「自由に伸び伸びと働く」ことを促進することが同社にとっての人材育成方針だと言えるのではないか。同社はベンチャーであることから、還暦を越えた出口社長と外資系コンサルタント出身の岩瀬副社長というように、多種多様な人材が集まっている。多様なバックグラウンドの人材が理念に惹かれて集まっている中、彼らの異質性を活かし、自由な働き方を促進することこそが、理念の実現につながると考えているようである。

ただ、多種多様なバックグラウンドの人材とはいえ、何かしらの共通点があるはずである。同社はどのような人材を求めているのであろうか。

【求める人材像】

ライフネット生命保険は、Great Place to Work Institute Japan が表彰する〝日本における二〇一一年版「働きがいのある会社」ランキング〟(5)の従業員五〇人～二四九人カテゴリで、三位に選ばれている。開業三年のベンチャー企業でありながら、すでにこのように「働きがいのある会社」として評価を得ているが、同社にはどのような従業員が集まっているのであろうか。出口社長は一貫して「使いづらい人材」を募集すると言っている。

出口社長インタビュー「人材のバリアフリー化で100年続く会社を実現する」該当箇所

・従来は大企業が言われたことのみをこなす人材を「使いやすい人材」として、重用してきていると思います。これでは自ら考え、自らの意見が言える人材は育ってはこない。（中略）わたしどもの場合、自分で考える力を重視しており、そうした人材は、これまでの社会では「使いにくい人材」として敬遠されてきたかもしれませんが、ベンチャー企業にとっては自ら考える能力を持った人ほど「使いやすい人材」なのです。

出所：C-Class ウェブサイト、「今月の C-Calss 人材のバリアフリー化で１００年続く会社を実現する」〈http://c-class.jp/monthly/focus.html（二〇一二年一月一二日閲覧）〉より作成

同社では「使いづらい」とは「自分の頭ですべての物事を考えること」と同義であると考えられており、異質なメン

(5)「働きがいのある会社」とは、「従業員が会社や経営者、管理者を信頼し、自分の仕事に誇りをもち、一緒に働いている人たちと連帯感をもてる会社」と定義。「経営層への信頼」「仕事や会社への誇り」、「会社内の連帯感」に関連する従業員アンケートおよび企業文化や社内制度に関する参加企業アンケートをもとに調査が行われている。

バー各自が自分の頭で思考することで、ライフネット生命保険の理念・ビジョンを実現しようとしているのではないか。

こうした「使いづらい人材」に対して、同社ではどのようにオーナーシップを持たせているのであろうか。

【採用制度】

ライフネット生命保険は、採用に関してもユニークな方法がある。同社は自分の頭で考える「使いづらい人材」を選別するべく、新卒採用においては考えるプロセスそのものを問う、形式も枚数も自由な「重い課題」という論文の書類選考を行っている。論文形式のため決まった正解はなく、事実に基づいて分かりやすく本質的なロジックを構築することが求められるという。たとえば、二〇一三年の新卒向けの課題は「二〇一〇年末時点で、大学生におけるライフネット生命保険の認知度は約二〇％と推定されます。この認知度を三年間で五〇％に高めるためのライフネット生命保険らしいプロモーションを考えてください。」といったものだ。過去の実績でおおよそ応募者達は数十枚の論文を提出しており、応募者の考え方のプロセスが分かる課題となっている。

また、新卒採用・中途採用問わずできるだけ現場の人間と面接をすることを重視している。中途採用では即戦力を求めるものの、能力だけでなく候補者と配属先のチームの全員と面談を行う点が同社の特徴だろう。新卒採用においても同様であり、個人面談に進んだすべての応募者が、人事や配属予定部の部長やメンバー、担当役員および社長、副社長に必ず面接している。社員となればチームとして協力して仕事をするため、「その候補者と一緒に働きたいと思うか」を重視した結果生まれた仕組みだと言う。

【研修制度】

ライフネット生命保険には、「オープンアーキテクチャー経営」という出口社長が提唱している概念がある。これは、ライフネット生命保険を応援する外部の有識者・専門家のアドバイスを受けながら、各領域について意思決定する経営の概念である。

たとえば生命保険のシステムのありようについてはシステム委員会を、ウェブサイトの設計方針やプロモーション戦略などについてはマーケティング委員会を立ち上げ、会社設立までは毎月一回程度招集し、議論を交わしていた。委員会の参加メンバーはいずれも各分野のプロフェッショナルであるが、ライフネット生命の企業理念に共感して、手弁当で議論に参加したらしい。

このオープンアーキテクチャー経営の概念は従業員にも適用されており、社員の多様な働き方を活かせるような仕組みを創るべく、現在では外部から講師を招いて社内勉強会を行っている。さまざまな分野で活躍する専門家から現場スタッフが刺激を受けることで、多様な考え方や各専門分野の知識を吸収し、社員の成長につなげる仕組みである。

【組織体制】

組織体制では、ベンチャー企業らしく現場の裁量の大きさが伺える。メンバーの裁量の大きさについて、出口社長は下記のようにインタビューで応えている。

出口社長インタビュー「人材のバリアフリー化で100年続く会社を実現する」該当箇所

・わたしたちは常にマニフェストをベースに自ら考えて行動するようにしています。そうすると、マニフェストを実現するための改善提案は、上からとやかく言わなくても一人ひとりから上がってくるんですね。

出所：C-Class ウェブサイト、「今月の C-Calss 人材のバリアフリー化で１００年続く会社を実現する」〈http://c-class.jp/monthly/focus.html（二〇一二年一月一二日閲覧）〉より作成

挙げられた提案は、基本的には通ることが多く、「やらないことを決める」ことが出口社長の役割になっている点が岩瀬副社長の下記インタビューから伺える。

岩瀬副社長インタビュー「ベンチャーだからこそ優秀な人材を採用すべき」該当箇所

・ちなみに出口はもう一つ担当していることがあります。それは「やらないことを決める」ことです。社員は皆いろいろなことをやりたがるので、やらないことを決めることこそが実は非常に難しいのです。たとえば、ネット以外の方法で申込みを受け付けない、と決めたこともその一つです。

出所：ELITE Network ウェブサイト、「ライフネット生命保険株式会社　企業インタビュー」〈http://www.elite-network.co.jp/x/feature/view33_1.html.（二〇一二年一月一二日閲覧）〉より作成

ベンチャー企業でありながら、経営者より各社員が能動的に提案・行動できる組織体制を実際に創り上げている点は、模倣困難な特徴であると言える。

【社風】

また、出口社長は「毎朝、会社に行きたい」と社員が思える環境を整えることこそが経営者の仕事であると考え下記のようにインタビューで語っている。

出口社長インタビュー「ライフネット生命保険株式会社　企業インタビュー」該当箇所

・重要なのは、社員が楽しくなるような雰囲気を作ることですね。私を含めた経営陣が、心の底から「ライフネットを楽しい会社にしよう！」と思っていることが一番大事なことで、テクニックではありません。恋愛にも言えることですが、本当に心から思っていないと、相手に気持ちは伝わりませんよね。だから、具体的な施策がある訳ではなく、みんなが「楽しい会社にしよう」「どうしたら楽しくなるのか」という気持ちを持ち続けることに尽きると思います。その気持ちこそが、会社を強くする力なのです。

出所：C-Class ウェブサイト、「今月の C-Calss 人材のバリアフリー化で１００年続く会社を実現する」〈http://c-class.jp/monthly/focus.html（二〇一二年一月一二日閲覧）〉より作成

具体的な施策は無いというものの結果は出ているようであり、同社では会社からの指示や補助金は出していないもののランニング部、水泳部、自転車部など八つの運動クラブが自主的に組成されたという。現在、それぞれの部活の有志メンバーが就業時間後や週末に集まって活動しており、こうした活動によって、部門を超えて従業員が楽しむ雰囲気がさらに醸成されるという良いサイクルができていることが伺える。

こうした従業員のオーナーシップを高めるシステム全体（とくに裁量が多い組織体制と楽しむ社風）が、顧客価値創造へとつながるオーナーシップ・バリュー　モデルとして構築されている。

従業員のオーナーシップを高めることにはどのような効果があるのだろうか。出口社長は、その効果を下記のように語っている。

出口社長インタビュー「人材のバリアフリー化で１００年続く会社を実現する」該当箇所

・掲げたマニフェスト「正直に経営し、わかりやすく安くて便利な商品・サービスを提供する」を社員全員が考えて実践していくことが必要です。上から言われるのではなく自らの意思で動くことが重要なのです。自分の頭で考えて行動するのであれば脳が活性化されますし、行動そのものが楽しくてしょうがなくなると思います。

出所：C-Class ウェブサイト、「今月の C-Calss 人材のバリアフリー化で１００年続く会社を実現する」〈http://c-class.jp/monthly/focus.html〈閲覧：二〇一二年一月一二日〉〉より作成

だからこそ、ウェブサイトの改善や新たな生命保険商品の探求が自立的になされ、結果として顧客満足度が向上し、その顧客からの期待に応えるべくさらに従業員が自立的に努力する仕組みが構築できているといえるのではないか。

Ⅳ 両社のオーナーシップ・バリュー　モデルの比較

ここまでのプルデンシャル生命保険とライフネット生命保険のオーナーシップ・バリュー　モデルの特徴は表３のようにまとめられる。両社ともにオーナーシップの育成を顧客価値につなげるためのシステムを構築しているものの、両社には違いがあることが伺える。顧客価値とオーナーシップ、それぞれの質の違いに着目して両社の比較を行っていく。

表3：プルデンシャル生命保険とライフネット生命保険の仕組の比較

□：各社の際立った特徴

		プルデンシャル生命保険	ライフネット生命保険
求める人材像		人間性豊かな プロフェッショナル	“使いづらい人材” （自分で主体的に考えられる人材）
オーナーシップ育成システム	理念・社風	社会のきずなである人間愛と家族愛の不朽の原理を実現すること	保険料を半分にして、安心して子どもを産み育てることができる社会を作りたい
	採用・育成	・生命保険営業非経験者のみ採用 ・入社後15ヶ月間のライフプランナー育成	・チームワーク重視のメンバー全員面接 ・論文による考える能力重視の採用
	報酬・評価	・獲得額と継続率に応じた完全歩合制報酬 ・実績に対する表彰・資格制度	・現場が能動的に判断・行動できる権限移譲
オーナーシップ		顧客との生涯に亘る人間関係が働く喜び	会社の理念実現に貢献できることが働く喜び
顧客価値創造システム	接客	・オーダーメイドの生命保険と契約から保険金支払いまでのパーソナルサービス	・保険の素人でも分かり易いWeb 対応時間が長いコンタクトセンター
	商品	・保険料無料のリビングニーズ特約 （生存中の保険金受取）	・格安で、特約が無い分かり易い生命保険
	空間	（特徴的な活動はない）	（特徴的な活動はない）
顧客価値		あなたの人生をともに考える	正直にわかりやすく安くて、便利に
ターゲット		保険のプロに相談して選びたい層	自分で比較検討して意思決定したい層
事業の成果		高い顧客単価と 高い加入継続率	ローコストオペレーションと 高い成長率

◆顧客価値の質の違い

プルデンシャル生命保険の顧客が同社の保険を評価している内容は、商品自体の価値というよりも同社の顧客を実際に訪問しているライフプランナーの接客である。他社との比較においても同社は価格や保障内容では差別化を行っておらず、ライフプランナーの徹底したパーソナルサービスとオーダーメイドの保険によって利益を生み出している。

一方、ライフネット生命保険は、商品とウェブサイトを通じた情報提供が評価されている。商品自体が必要な保障内容に特化し、シンプルで分かりやすく価格も安いこと。またウェブサイトを活用し、自分自身で商品を比較検討・判断できるなど、顧客自身が考え・判断することにより契約が増加しており、結果として利益につながっている。

両社ともにそれぞれの仕組で顧客価値を創造しているが、プルデンシャル生命保険がライフプランナーのコンシェルジュサービスであるとするならば、ライフネット生命保険はセルフサービスと言えるのではないか。また、プルデンシャル生命保険は、個々のライフプランナーの接客の質によって利益が左右されうるが、ライフネット生命保険は、商品やウェブサイトなど従業員の能力に左右されない仕組みに利益の源泉があるという違いがある。この質の違いは価値提供の違いに起因するのではなく、本質的には従業員のオーナーシップの質の違いに起因するのではないか。つぎにオーナーシップ育成モデルの違いを分析する。

◆オーナーシップの質の違い

両社の従業員はともに職業としての適性を厳しく精査され、さらに企業理念に共感した人が揃っている。では両社はどこに違いがあるのであろうか。

プルデンシャル生命保険の従業員は、契約件数・継続率といった実績に連動した完全歩合制の報酬制度や資格制度を基軸として、研修制度などライフプランナーとしての自立を促す仕組みを確立しているからこそパーソナルサービス提供に向けた努力ができるのではないだろうか。ライフプランナーという独立したプロフェッショナルとして努力すればするほど、金銭的にも精神的にも報酬を得られ、その満足を得るがための努力が顧客価値の創出・利益の増加につながっている。

一方、ライフネット生命保険の従業員では様相が異なるようだ。報酬制度や資格制度には特筆すべき点は見られず、現場が能動的に判断・行動できる権限委譲が実現されている組織体制や従業員が毎日を楽しむ社風に重点があるようである。権限委譲がなされ、自分の頭で考えて行動するからこそ業務自体が楽しく、また伸び伸びと働ける楽しい社風だからこそ、ウェブサイトの改善や商品の研究が自立的になされ、顧客価値の創出、ひいては利益の向上につながっているのではないか。

プルデンシャル生命保険の従業員が個人事業家であるならば、ライフネット生命保険の従業員は、チームワーカーであると言えそうである。今回分析したケースでは、従業員が何にオーナーシップを感じるかは、報酬制度や社風など会社によって異なり、その違いが結果としては顧客価値の質の違いにつながっていると言えそうである。

V むすび

プルデンシャル生命保険は二五年連続で成長を達成しており、ライフネット生命保険は戦後初の独立系ネット専業生命保険ベンチャーという前代未聞のスタートを切り、短期間ではあるが高い成長率を誇っている。両社、とくにプルデンシャル生命保険は二五年間の長きに渡って、成長を続けてきたからには持続可能かつ模倣困難な優位性があることは疑いようがないだろう。採用制度や研修制度の違いなど個々の活動は模倣可能であるが、両社ともに企業理念を実践・

実現するためにすべての活動が統合的に構築されている。

ただし、プルデンシャル生命保険は、成長は続いているものの未だ生命保険業界では中堅規模に甘んじているとも言える。更なる事業規模の拡大を追究するのであれば、特にオーナーシップ育成システムにおいて、ライフプランナーという人材の効率的な採用・育成という要素を更に強化する必要が指摘できる。

一方、ライフネット生命保険は、創業から三年というベンチャー企業ゆえに高い成長率を誇っているが、時間の経過とともにベンチャー企業としての側面が薄れ、人員が拡大した際に、現状のオーナーシップ・バリュー モデルを維持・強化できるかがポイントになるであろう。とくに同社の確立された顧客価値創造システムが生活者に価値を提供し続けるためには継続して「使いづらい人材」を惹きつける働く喜びを提供し続けることが重要となるであろう。

更なる成長に向けた強化のポイントがあるものの、本章で分析した二社のようにマーケティング業務と人材マネジメント業務を横断してオーナーシップ・バリュー モデルを構築することで、持続的な成長を達成できると言えるのではないだろうか。

第6章

ファーストリテイリングとユナイテッドアローズ

I はじめに

◆衣料業界の市場動向

日本の個人消費の低迷、百貨店の業績不振、消費者の価値観の変化など、さまざまな要因が絡み合っているが、ファッション業界は苦しい局面に置かれている。その状況を理解する興味深いデータがある。二〇一〇年一〇月二二日の繊研新聞で、ここ一〇年間の市場の変化のデータが掲載されている。

この数値から見えてくる市場の流れは、「服が売れなくなった」、「服を買わなくなった」と言われる傾向である。確かに、アパレル市場規模は、金額ベースで年々縮小が続いている（一〇年間で、一二兆円から七兆円へと市場規模は金額ベースで七五％に激減）。しかし、実体としては、ユニクロ、しまむら、ＺＡＲＡ、Ｈ＆Ｍ等のファストファッションと言われる低

図１：日本の衣料消費市場規模と販路別シェア

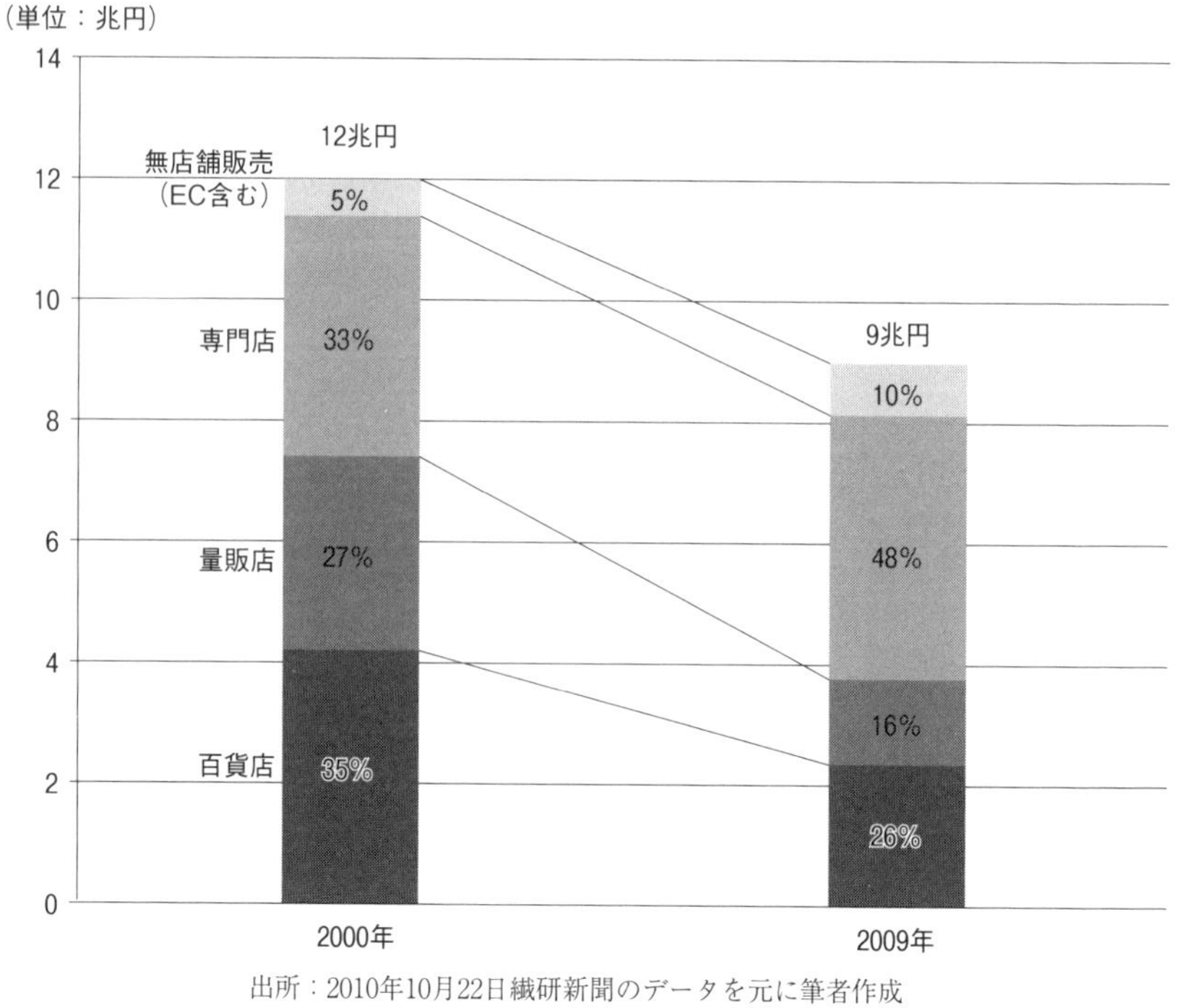

出所：2010年10月22日繊研新聞のデータを元に筆者作成

価格型の業態が増え、専門店の売上高および市場シェアは堅調に伸長している。これまで過半数を占めていた百貨店やスーパー等の量販店が軒並み低迷し、カテゴリーキラーと呼ばれる専門店に顧客を奪われているのである。

その結果、市場規模は数量ベースでは一〇年前よりも、増加している（供給量は輸入品の増加で九％増加）が、単価は三三八四円から二二九九円と、三二％も低下している。

さらに、図３の購買側の支出の推移を総務省の家計消費支出から見てみると、被服にかける費用は二〇〇〇年比で七一％と、ほぼ衣料品単価の落ち込みと同じ数値となっている。若干短絡的だが、毎年増加する通信費や医療費の穴埋めを、被服代の低価格

(1)　二〇一〇年一〇月二二日繊研新聞掲載ＦＢ（ファッションビジネス）プロフェッショナルへの道、『明日のために』でのデータ参照。平均単価は小売売上高を国内供給量で割り戻して算出した。ただし在庫処分は勘案されていないので、実際にはもう少し高い可能性が高い。

図２：国内への衣料供給量（流通量）と平均価格(1)

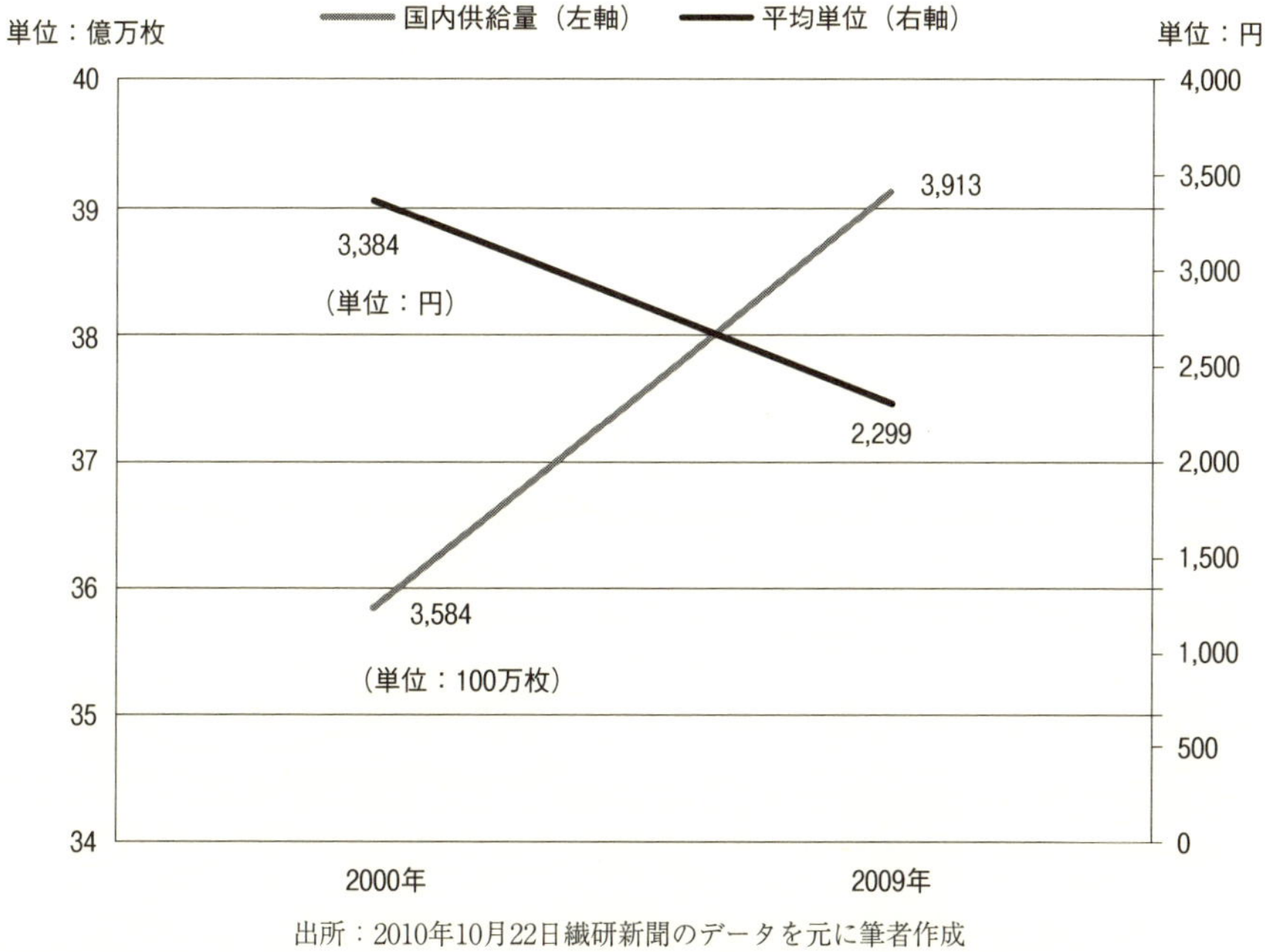

出所：2010年10月22日繊研新聞のデータを元に筆者作成

品購買で補っていると推測できる。

こうした市場の趨勢を象徴する存在が、ＳＰＡ(2)業態を得意とするファーストリテイリングや、しまむらといった低価格路線のアパレルメーカーである。とくに「ユニクロ」を展開する業界首位のファーストリテイリングの業績は、低迷する日本経済の中で群を抜いて絶好調である。

しかしアパレル業界を牽引するのは、ユニクロのような低価格路線の業態だけかというと、必ずしもそうとはいいきれない部分がある。その対極として、比較的高額な商品群を扱いながら、快進撃を続けている企業がある。それが後述するユナイテッドアローズである。

◆ファーストリテイリングの概要

ファーストリテイリングの原点は、現社長の父親である、柳井等が宇部市に個人営業として、一九四九年にメンズショップ小郡商事を創業したことに始まる。一九七二年柳井等の長男である柳井正が入社し、一九

(2) ＳＰＡ＝製造小売り：Specialty store retailer of Private label Apparelの略語で、アメリカの衣料品小売大手ＧＡＰのドナルド・フィッシャー会長が一九八六年に発表した造語。

図３：2000－2010年　家計支出推移

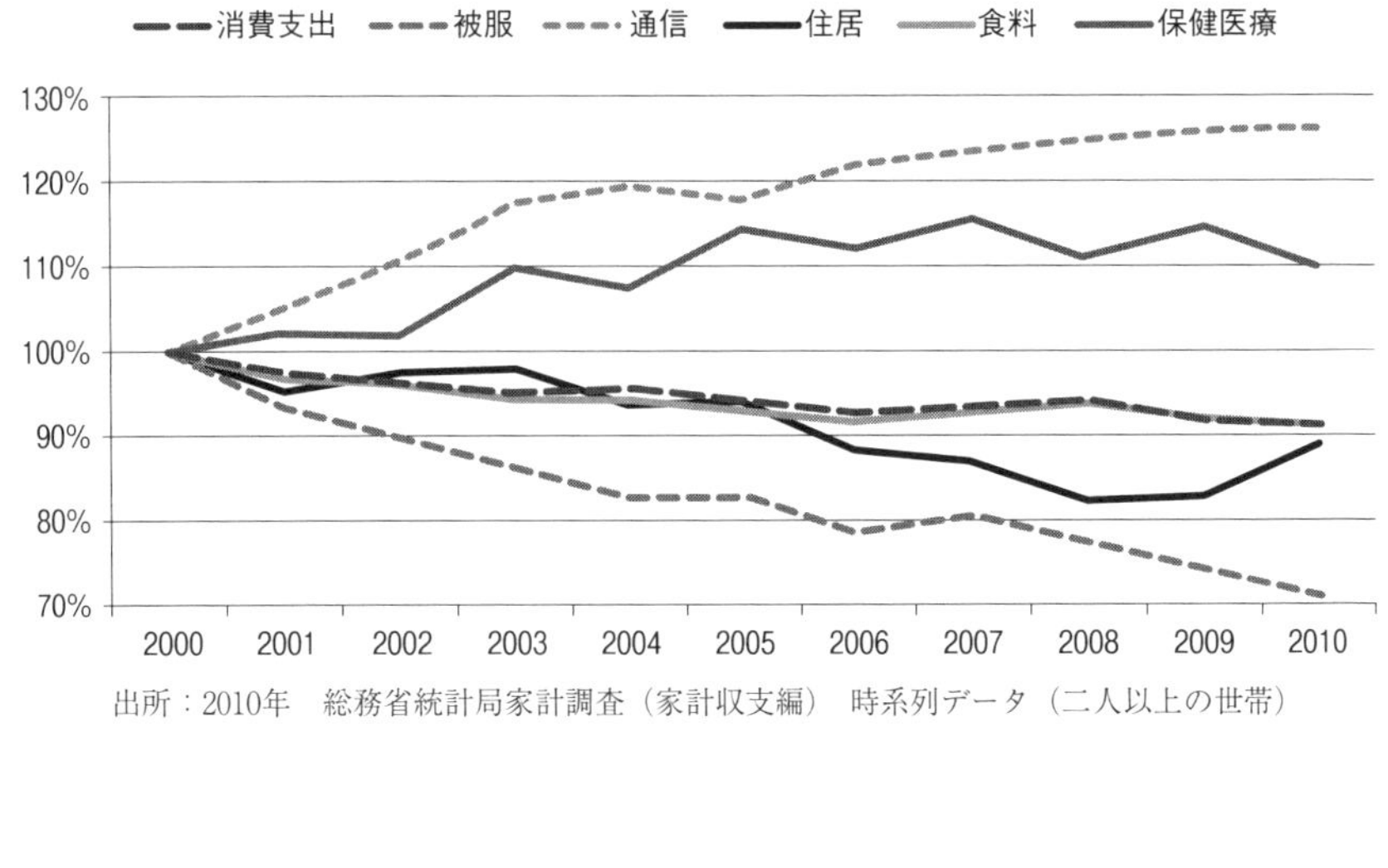

出所：2010年　総務省統計局家計調査（家計収支編）時系列データ（二人以上の世帯）

八四年広島市中区に「ユニーク・クロージング・ウエアハウス」（略称・ユニクロ）一号店を開店。その年の九月に柳井正が代表取締役社長に就任。一九九一年に、現社名である株式会社ファーストリテイリングに変更。その社名の由来は「素早く（提供する）」を意味する"Fast"と「小売業」を意味する"Retailing"を組み合わせた造語で、ファストフード的に素早く商品を提供できる小売業を意図して名付けられたものである。

その後、一九九八年のフリースキャンペーンで日本中にユニクロブームを起こしたことは誰もが周知のことである。九八年に二〇〇万枚。九九年に八五〇万枚。そして二〇〇〇年には二六〇〇万枚。日本人のおよそ五人に一人が買ったことになる（もちろん一人で複数枚買う人を除いた計算である）。

最近では、一一〇〇坪の中国での旗艦店を上海に開店する計画を発表した。二〇〇一年に始まった海外進出は、英国、中国、香港、韓国、米国、フランス、シンガポール、ロシアへと広がっている。現在の直営店舗数は国内八四三店舗、海外一八一店舗（二〇一一年

図4：ファーストリテイリングの業績推移

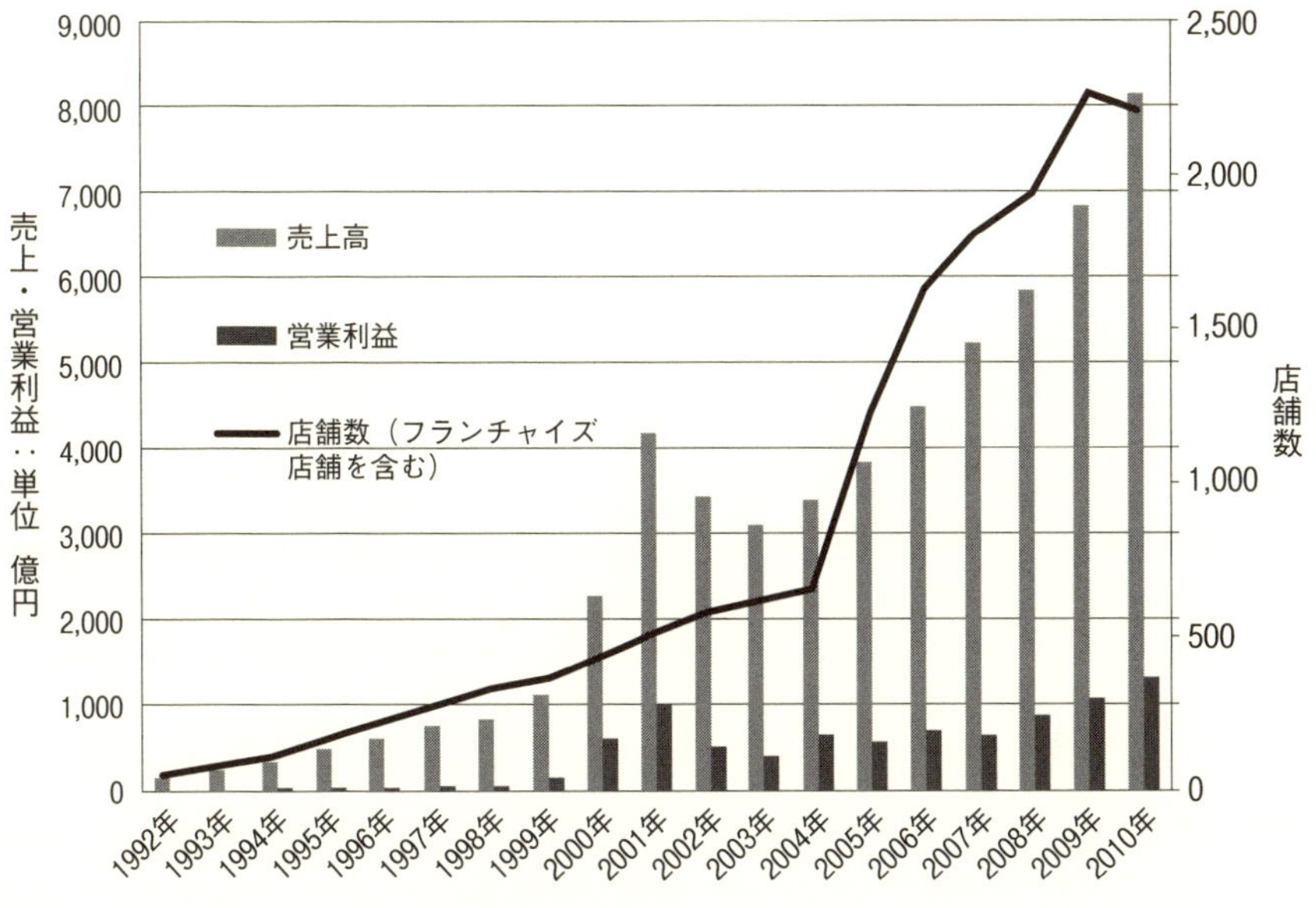

出所：ファーストリテイリング決算公告同社サイト http://www.fastretailing.com/jp/ir/financial/summary.html（2012年３月14日閲覧）等より作成

八月末）である。

◆ユナイテッドアローズの概要

不況下にあって、ファッション業界ではユニクロなどのファストファッション勢力ばかりが、喧伝されている。しかしその対極となるセレクトショップ業態の雄として、ユナイテッドアローズが好調な業績を残している。売上高は右肩上がりで伸びてきており、わずか一〇数年で一〇倍以上にもなっている。営業利益についても、一〇年間での伸びは目覚しい。リーマンショック後、営業利益率で一時的な落ち込みがあったものの二〇〇九年以降は増収増益基調に推移している。直近の二〇一一年三月期では五〇％近い営業増益を達成し、今季も二〇〇六年の最高益更新を狙う勢いである。

その好調の要因は、既存店売上の奮闘にある。百貨店が対前年比で伸び悩み、ユニクロでさえ前年の好調の反動で二〇一〇年、二〇一一年と苦しむ中でも、ユナイテッドアローズは堅調な増益を確保している。「一つのブランドではなく、複数のブランドを独自の視点で選んで並べる＝セレクトショップ」は九〇年代に広く知れ渡った業態だが、同社はその後も時代の流れと歩調を合わ

表１：ファーストリテイリングの会社概要

社名	ファーストリテイリング
代表者	代表取締役会長　兼社長　柳井正
企業理念	「服を変え、常識を変え、世界を変えていく」
設立年月日	1963年５月１日
本社	山口県山口市
売上高	連結8,148億円（2010年８月期）
店舗数	国内853店舗、海外223店舗
従業員数	11,245人
平均勤続年数	8.5年
平均年齢	35歳
平均年収	7,680千円

出所：ファーストリテイリング決算公告同社サイト http://www.fastretailing.com/jp/ir/financial/summary.html（2012年３月14日閲覧）等より作成

せるかのように順調な成長を遂げ、東証一部に株式上場を果たして業界のトップに躍り出た。

ユナイテッドアローズは、一九八九年一〇月二日にアパレル大手のワールドのバックアップを受け、元ビームスで現在ユナイテッドアローズの代表取締役社長を務める重松理らが立ち上げた。会社名は、毛利元就の「三本の矢」の考えを根底にした「束矢理念」から由来する。ファッション感度の高い層をターゲットとし、自社デザイナーがデザイン・プロデュースした衣類や小物などを全国の直営店で販売する他、海外の衣類や装飾品、小物類の輸入・販売も手がける。

一九九〇年に東京都渋谷区（神宮前六丁目）に、ユナイテッドアローズ（以下、UA）第一号店（渋谷店）をオープン。一九九九年に日本証券業協会（現ジャスダック）に株式を店頭登録。同年に「グリーンレーベル リラクシング（以下、GLR）」業態の本格出店となるGLR新宿店をして、低価格業態へも進出。同時にCHROME HEARTS TOKYOを東京都港区（南青山一丁目）にオープンし、「クロムハーツ（以下、CH）」業態の本格展開を開始して、高価格帯から低価格帯まで

図５：ユナイテッドアローズの業績推移

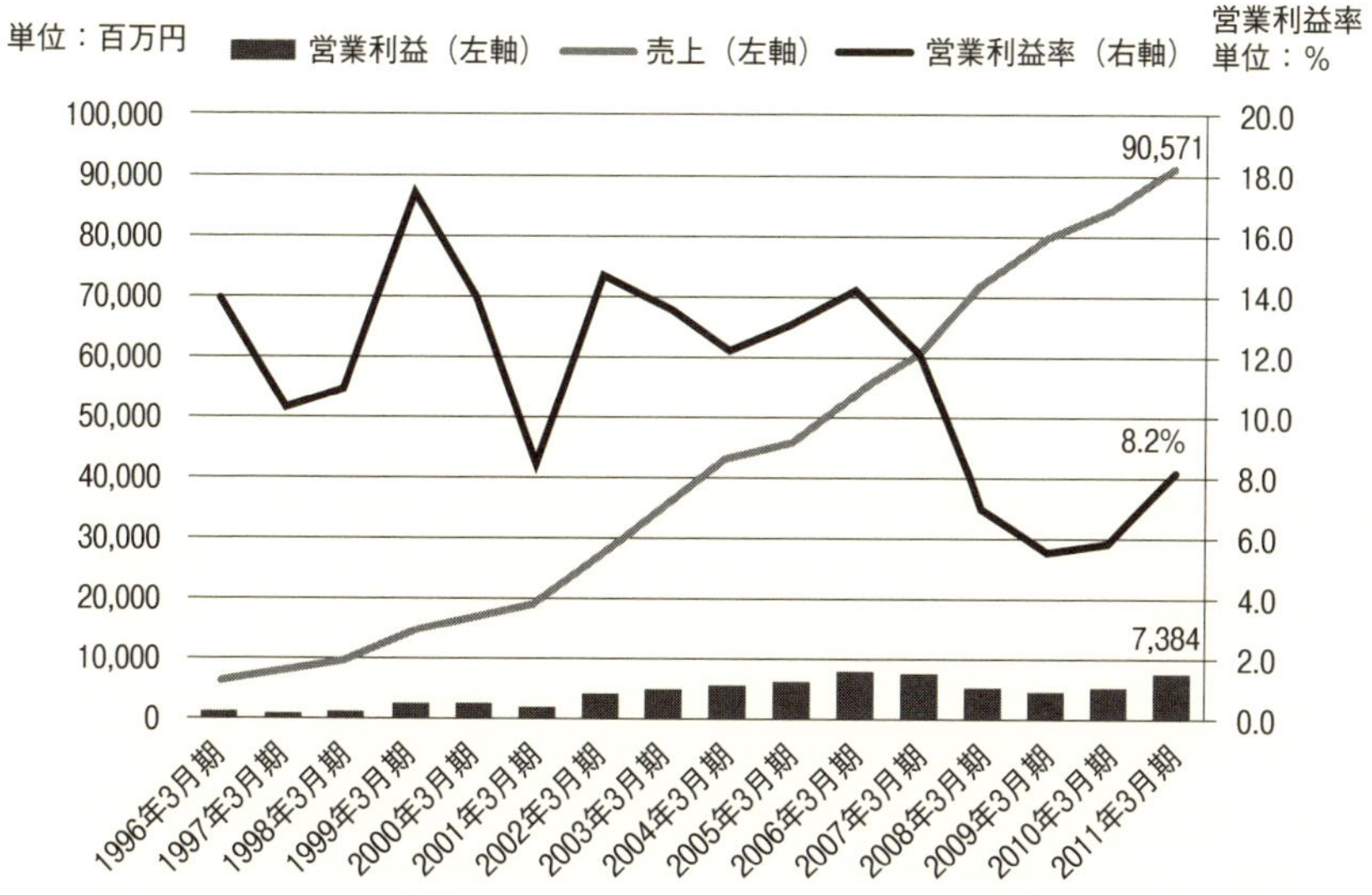

出所：ユナイテッドアローズ決算公告　同社サイト http://www.united-arrows.co.jp/ir/lib/data/sec_report.html（2012年２月18日閲覧）等より作成

幅広い業態ラインナップを展開。二〇〇三年に東京証券取引所市場第一部銘柄に指定。二〇一一年末で株式会社ユナイテッドアローズの期末店舗数が一六二店舗、株式会社フィーゴの期末店舗数が一一店舗、株式会社コーエンの期末店舗数が三四店舗となる。

Ⅱ ファーストリテイリングのオーナーシップ・バリュー モデル

【企業理念・ビジョン】

ファーストリテイリング社の企業理念のステートメントで示されている言葉は、「服を変え、常識を変え、世界を変えていく」。それに続くファーストリテイリンググループのミッションでは、「ファーストリテイリンググループは—本当に良い服、今までにない新しい価値を持つ服を創造し、世界中のあらゆる人々に、良い服を着る喜び、幸せ、満足を提供します」と定義している。

二六〇〇万枚のフリース、二八〇〇万枚の「ヒートテック」といった「部品」を一年で売り切る。驚異的な数を売り切る販売体制、そして原料調達から生産体制まで構築することは、日本のアパレル業界の常識では考えられない仕組み

表２：ユナイテッドアローズの会社概要

社名	(株)ユナイテッドアローズ
代表者	代表取締役社長　重松　理
企業理念	新しい日本の生活文化の規範 (THE STANDARDS OF JAPANESE STYLE)
設立年月日	1989年10月２日
本社	東京都港区赤坂
売上高	905億71百万円
店舗数	162店舗
従業員数	3,011人
平均勤続年数	4.5年
平均年齢	30歳
平均年収	4,370千円

出所：ユナイテッドアローズ決算公告　同社サイト http://www.united-arrows.co.jp/ir/lib/data/sec_report.html（2012年２月18日閲覧）等より作成

である。ユニクロでは、他社が簡単には模倣できない極めて合理的なオペレーションシステム、人材マネジメントの仕組みが構築されている。図6に示しているのが、ユニクロ事業における「オーナーシップ・バリュー モデル」である。この図に沿って、説明していく。

◆顧客価値創造システム

【ターゲット】

「九六％の日本人がユニクロで買い物を経験したことがある」という調査結果がある。ユニクロが掲げる「ノンエイジ、ユニセックス、ベーシックカジュアル」というコンセプトに示す通り、老若男女を問わないターゲットが購買していることを示している。まさに「世界中のあらゆる人のための服」という意味で究極の服なのである。それはカジュアル衣料という分野に特化した理由から伺える。ユニクロ以前のアパレル業界では、年代や性別、嗜好毎に細かく顧客を絞り込むことが一

図6：ユニクロのオーナーシップ・バリュー モデル

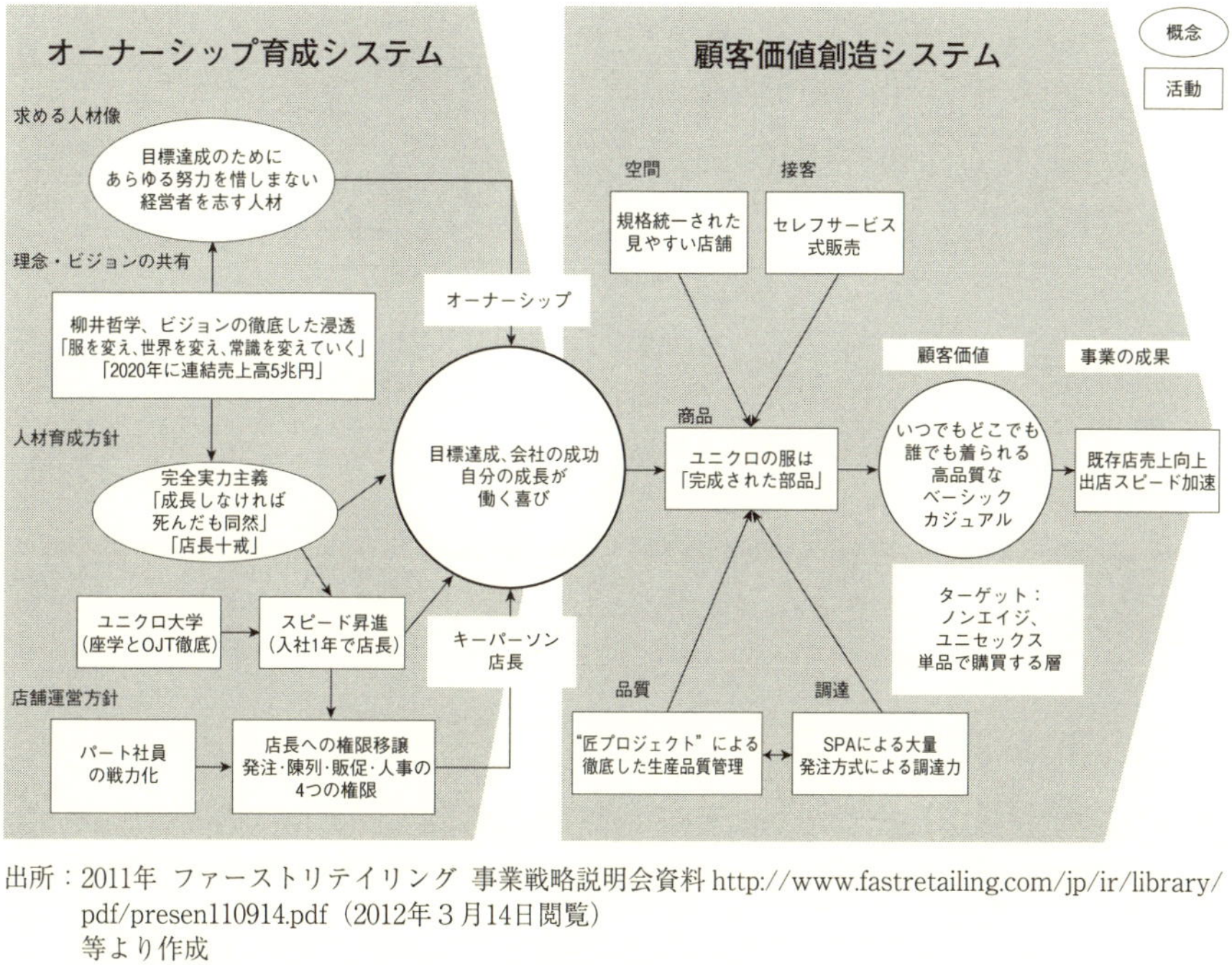

出所：2011年 ファーストリテイリング 事業戦略説明会資料 http://www.fastretailing.com/jp/ir/library/pdf/presen110914.pdf（2012年３月14日閲覧）
等より作成

般的だったが、あえて顧客層を限定せず、性別や年齢の枠を超えた消費者を対象としたところに、ユニクロの独自性がある。「いつでもどこでも誰でも着られる高品質なベーシックカジュアル」というコンセプトは、「個性は服でなく、人間にある」という哲学に基づいて策定されている。つまりノンエイジ、ユニセックス、あらゆる顧客層を対象としている。

[顧客価値]

ファーストリテイリングでは、その存在意義として「良い服」を提供することが明確に示されている。その事業の中核であるユニクロにおいて、「よい服とは何か」をどのように定義しているだろうか。

- ユニクロの服とは、服装における完成された部品である。
- ユニクロの服とは、人それぞれにとってのライフスタイルをつくるための道具である。
- ユニクロの服とは、つくり手ではなく着る人の価値観からつくられた服である。
- ユニクロの服とは、服そのものに進化をもたらす未来の服である。
- ユニクロの服とは、美意識のある超・合理性でできた服である。
- ユニクロの服とは、世界中のあらゆる人のための服、という意味で究極の服である。

MADE FOR ALL

ここにみられるように、ユニクロが顧客満足を生み出す源泉は、清々しいぐらい割り切っている。「高品質、低価格」の要素が徹底的に追及されたカジュアル衣料という商品。これを愚直に顧客に提供していくことに尽きる。柳井社長はユニクロの服についての哲学をこのように述べている。「個性は服でなく、人間にあると思います。むしろ服に個性があると着こなしが難しいと思います。完成した服装を作る「部品」としての服を作りたいと思っていました[(3)]」。

【接客】

カジュアル衣料品で成功していくためのモデル、ユニクロの構想の元となったのがアメリカの大学生協であった。柳井氏は自著でこう語っている。「学生がほしい物をすぐにでも手に入れられるような品揃え、それでいて接客が要らない。セルフサービスだ。売らんかなという商業的な匂いがしないし、買う側の立場で店づくりされている。こんな形でカジュアルウェアの販売をやったら面白いのではないかと思った」。その発言通り、ユニクロでは、本屋やレコード屋のようなセルフサービスに近い販売方法が実践されている。

【空間】

ユニクロは店舗のフォーマット化で、出店を加速させてきた。そのため全国に八〇八もの店舗を抱える。さらにユニクロは既存店舗の大型化を進め一店舗当たりの収益強化を図っている。近年ではロードサイド型の店舗だけでなく店舗のバリエーションを増やし、都市型店舗、ショピングセンター型店舗、駅構内の小型店舗などと出店エリアを拡大させている。その他、複合商業施設「ミーナ」の運営も手掛け、核テナントにユニクロを置き、他のテナントとの相乗効果により売上の拡大を図るという新たな試みも行われている。

(3)　二〇〇一年六月八日　ファーストリテイリング柳井正社長　経済産業研究所講演資料より参照。

【品質】

ユニクロは、自ら生産拠点を持たず、海外のメーカーに委託している。その委託先は八五％の中国を筆頭に、残りの一五％をベトナム、バングラディシュ等のアジア諸国へと広げている。そうした生産拠点を多国籍化させるなかでも、商品の品質を維持するために徹底した品質管理体制を取っている。ユニクロでは、七〇社の生産委託工場をビジネスパートナーとして、ユニクロ「匠（たくみ）チーム」が積極的に技術サポートを行っている。「匠チーム」は日本の繊維産業で三〇年以上の経験を持つ技術者集団である。紡績、編み立て、織布、染色、縫製、仕上げ、出荷までの工場管理全般にわたる「匠の技」を工場に伝授している。さらに海外生産管理部門も徹底した管理を行っている。上海、シンセン、ホーチミン、ダッカの生産管理事務所には、合計一七〇人のユニクロ生産管理担当者が常駐し、毎週工場に出向いて、商品の品質のチェックなどを行う。

【調達】

こうした機能性の高い商品を、どこよりも低価格で販売できる力がユニクロの強みである。その強みを下支えするのがSPAという仕組みである。SPAの特徴は、商品の企画、開発、素材調達、製造、物流、販売を一貫して行うシステムである。ユニクロで販売する製品はすべて自社企画製品であり、アパレルメーカーや卸・商社などの中間業者も役割が限定されている。それゆえ、SPAは、チャネルをコントロールしやすい流通機構であることが窺える。製品は中国にある契約工場で生産され、日本に運ばれ、日本中のユニクロの店舗で販売される。全品買い取りである。

SPAは、従来の衣料品流通とは異なり、中間業者が存在しない。それゆえ、中間業者が得ていたマージンが必要なくなる。さらに、委託販売の場合に仕入コストに組み込まれていた在庫リスク分が、買い取り制に変換することにより、その分だけ安く商品を調達することができる。その結果、低価格を実現するも高粗利益を実現できる。

SPAの特徴のもう一つの側面は、リスク、とくに在庫リスクをすべて自社が引き受けなければならない、という点である。それゆえ、リスクを小さくする試みが必要となる。そのために、ユニクロは前述したカジュアルベーシックという商品カテゴリーを展開する。これは、〝部品〟という商材のため、ファッション性の強い商品に比べ売上変動の小さいものであり、リスクを小さくすることができる。

◆オーナーシップ育成システム

【店長人材】

入社後一年で店長になった社員のインタビューでは「すごく大変ですし、逃げたい、辞めたいと思うこともあります。しかし、若いから、経験がないからという理由で責任ある仕事を与えられないよりは、店長を任せてもらえることにモチベーションが喚起され、自分も成長したいという貪欲な人が集まってきている」(4)と指摘する。

【人材育成方針】

ファーストリテイリングは全社的なメッセージとして「成長」を最大のキーワードに掲げるとともに、会社の成長を支える社員個人の成長を促す人事戦略を展開している。「成長しなければ死んだも同然」という強い成長志向が当社のDNAといってもいい。「当然、個人の成長なくして会社の成長もないし、会社の成長なくして個人の成長もないという一貫した考えが根底にあります。ただし、成長するのはあくまで自己責任というのが大前提。誰かが成長させてくれるのではなく、会社は働くステージを提供するなど支援はしますが、成長のチャンスを掴みとるのは個人の責任です」(ユニクロ人事担当執行役員)(4)。そうした店長育成の指針として、ユニクロでは下記のような「店長十戒(5)」という戒めを

---

(4)「ユニクロ式教育『店長は2年でつくる』」PRESIDENT 二〇〇七年七・一六号『職場の心理学』[一七四頁]

明文化し、徹底教育している。

【ユニクロの『店長十戒』】

1. 店長はお客様の満足実現の為、的確な商品と隙のない売場づくりに命を懸けろ
2. 店長はサービス精神を発揮し、目の前のお客様のために全力を尽くせ
3. 店長は誰よりも高い基準と目標を持ち、正しい方向で質の高い仕事をしろ
4. 店長は鬼となり、仏となり、部下の成長と将来に責任を持て
5. 店長は自分の仕事に、誰にも負けない自信と異常なまでの熱意を持て
6. 店長は社員の模範になり、部下と本部に対してリーダーシップを取れ
7. 店長は販売計画を考え抜き、差別化と付加価値を売場で生み出せ
8. 店長は経営理念とＦＲＷＡＹ（ファーストリテイリング・ウェイ）に賛同し、全員経営を実践しろ
9. 店長は本当に良い服を良い店で販売し、高い収益をあげ社会に貢献しろ
10. 店長は謙虚な心で、自分に期待し、どこでも通用する世界の第一人者になれ

若くして店長の重責を担わせるというユニクロの戦略は、現場での「修羅場の体験」を経験させてプロのマネジメント職を養成する。店長職をビジネスの基本と位置づけるユニクロはその後のステージも用意している。もちろん、本部の管理部門やマーケティング、生産をはじめ海外事業部門で活躍する道も開かれているが、店舗営業系の職階では店長

(5)「ユニクロ『店長の十戒』」『商業界』二〇一〇年八月号

の上がスーパーバイザー、その上がブロックリーダーになる。スーパーバイザーは六店舗程度を統括するマネジャーであり、ブロックリーダーは全国一五ブロックの一つを統括し、約五〇店舗、売上げ約三〇〇億円を預かる営業総責任者である。ちなみにスーパーバイザーへの昇進は早い人で二六歳、平均で三〇歳。ブロックリーダーは早い人で二八歳、平均でも三二歳という若さである。

【教育制度】

ユニクロの店長は年間数億円の売上げと従業員数十人を抱える責任者であるが、早い人でじつに入社後一年、平均二年で店長に起用されている。まさに短期速成型育成であるが、それを可能にしているのが「ユニクロ大学」と呼ばれる、内部の機関が保有するスキルや能力育成などの教育カリキュラムだ。この徹底した座学研修とOJTの繰り返しによって社員の成長を促す。ユニクロは近年四〇〇人強の新卒を採用している。うち八割以上が店舗に配属され、店長教育を受けるが、その内容は一般的な企業レベルをはるかに超える密度の濃いものだ。まず二泊三日の集合研修が半年後の一〇月までに四回実施される。一般的には入社直後の新入社員研修と一〇月のフォローアップ研修の多くて二回だが、ユニクロは四回を通じて管理職教育も施す。

【キャリアパス】

ユニクロのユニークなところは、専門の店舗経営職のコースを人事制度上に位置づけている点である。スーパー（S）店長とスーパースター（SS）店長の二つに分かれ、本人の実績と能力によって格付けされる。通常の店長と違い、発注や在庫の調整権限が大きく、給与体系も他の店長より業績に対する変動幅が大きくなるように設計され、高い業績を上げればそれだけ報酬も増える仕組みである。店長として一定のレベルに達したと評価されれば、このコースを選択することも可能だ。さらにSS店長の中で審査に合格すれば、ユニクロのフランチャイズ（FC）店として独立する道も開かれている。

[評価制度]

社員の報酬も年齢に関係なく、本人の実力に応じて決まる仕組みだ。ユニクロの給与体系は職責と役割に基づく一〇段階のグレード給（月給）と業績を反映した賞与で構成される。グレードの「昇格」と賞与は評価によって決定されるが、スーパーバイザーまでは店長と同様に面接と筆記による試験が課され、合格すれば昇格と同時にグレード給も上がる。評価は行動評価と業績評価の二つに分かれ、行動評価は「グレードごとに要求されるマネジメント能力、全社への影響力、会社の改善についての情報発信力などの各項目についての総合評価を行う」（人事担当役員）仕組みである。業績評価は売上げ、利益、人材教育などの評価項目に基づいて査定される。評価は半年に一回行われ、昇格のチャンスが年に二回あるだけでなく、評価結果しだいでは二階級「昇格」もある。半面、降格もあるなどアップダウンも激しく、社員は日々実力の発揮が問われる。会社はチャンスを提供するが掴みとるのは個人の責任という考え方がここでも貫かれている。

[店舗運営方針]

ユニクロの顧客満足を作り出す源泉となる店舗。その店舗を運営するオペレーションはどうなっているか。店舗のオペレーションにおける権限は店長のランクによって裁量の幅が違うが、現場である店舗に与えられており、発注量の調整・商品陳列・店舗運営・販促といった四つの権限が付与されている。店長はランクによって与えられた裁量の幅の中で店舗が立地する商圏の特性を加味し自由に権限を行使することができる。その体制をサポートするのが本部の役割であり、ユニクロブランドのもと、チェーン店の意思統一を図る重要な役目を担い、店舗が適正に運営されているかをみるセーフティーネットの役割も果たしている。こうした戦略のもと、ユニクロは大量の商品を売り切ることを可能としているのである。ユニクロの店長は契約・パートなどの店舗スタッフの採用と教育、人事考課の権限を持つだけでなく、在庫計画に基づく発注権限を持つ。もちろん、人件費やテナント料、広告費を含めた経費も考慮に入れた利益責任も伴うなど権限も大きい半面、責任も重大だ。

〔パート社員の戦力化〕

正社員の成長力促進のみならず従業員の多くを占めるパート・契約社員の活性化にも取り組む。ユニクロはパート、アルバイトなどの店舗スタッフを正社員に登用する「地域限定正社員制度」を導入している。従来から契約社員の店舗スタッフを正社員に登用する仕組みはあったが、優秀な女性であっても転勤があるために応募者が少なかった。そこで導入したのは転勤がなく、地域に限定した社員と位置づけることで「有能な人材にもっと活躍してもらう仕組みとして導入した」（人事担当役員）ものだ。店長への昇進も可能であり、さらに地域限定正社員から転勤のある社員への道も開かれている。ユニクロには店舗のパート、アルバイトの総数は約二万人だが、うち五〇〇〇人のフルタイム勤務者を二年かけて順次地域限定正社員に移行していく計画である。正社員、地域限定正社員、パート、アルバイトといった多様な雇用形態を抱える小売業にとっては、個々の従業員の役割に応じた能力をいかに開花させ、戦力化することが人事戦略上の最大の課題といえる。

ユニクロの取り組みは、正社員に限らず、従業員個々のモチベーションを刺激する多様なチャンスを提供することで、会社の成功が自分の成功と感じられるオーナーシップを育んでいく。目標を与え達成する。徹底して個人の成長を促そうというモデルとして好例と考えられる。

Ⅲ ユナイテッドアローズのオーナーシップ・バリュー モデル

「完成された部品」としてカジュアルウェアを販売するユニクロに対して、ユナイテッドアローズでは「日本の生活文化のスタンダード」という理念を掲げている。ある意味で対照的な両社である。

◆顧客価値創造システム

【ターゲット】

現社長の重松らがビームスから独立し、ユナイテッドアローズを立ち上げた時、「専門十貨店」という理念を掲げた。その意図は店舗を二ダース以上に拡大する事は絶対に無い（それ以上広げると接客や商品確保が疎かになる）と宣言をし、比較的高額な商品を揃え、大人のセレクトショップを目指した。それゆえ、ユナイテッドアローズの顧客は、他のセレクトショップに比べて、大人の世代であり、ファッションだけでなく生活全般にこだわりを持つ層を顧客としている。

【調達】

ユナイテッドアローズは、セレクトショップとして有名だが、仕入れ商品と自社開発商品（ＰＢ商品）の二通りある。セレクトショップは、複数の仕入先から商品を仕入れるため、仕入れ商品の割合が多いと思われがちだが、ユナイテッドアローズの場合は自社開発商品とのミックス戦略である。仕入れと自社企画を組み合わせた自社の業態の目指すところを「マルチ調達チャネル型スーパーＳＰＡ」と名付け、顧客に高い満足を与えながら高い収益を得られる新しいセレクトショップの方向として位置づけている。仕入れ商品で素早い流行を追いながら、利益率の高い自社開発商品を組み合わせ、経営を安定させる戦略をとっている。

　またユナイテッドアローズは、図8にあるとおり、多岐に渡るブランドを展開しており、ブランドによって仕入れ商品と自社開発商品の比率は異なる。

　OEM生産は、発注者がデザインや生地や縫製加工場を指定する場合が多く、OEM生産を自社開発商品に含めると上記割合は更に増すと思われる。また、二〇〇七年度の会社方針に「自主企画商品の開発力強化」をあげており、今後はOEM生産を含めた自社開発商品の比率が増加すると思われる。

　ユナイテッドアローズのようなセレクトショップとは、もともと、国内外から調達した商品を、消費者に提案する専門店であった。しかし上記に見られるように、自社開発商品が高まるにつれ、セレクトショップからSPA業態に近づきつつある。というのは、第一に、同じ商品が他社の店頭に並ぶ可能性を排除できず、製品で独自のスタイルを表現するには限界があるためである。第二に、輸入品の仕入れ価格は上代の五〇～六〇%であるのに対し、オリジナ

図7：ユナイテッドアローズのオーナーシップ・バリュー モデル

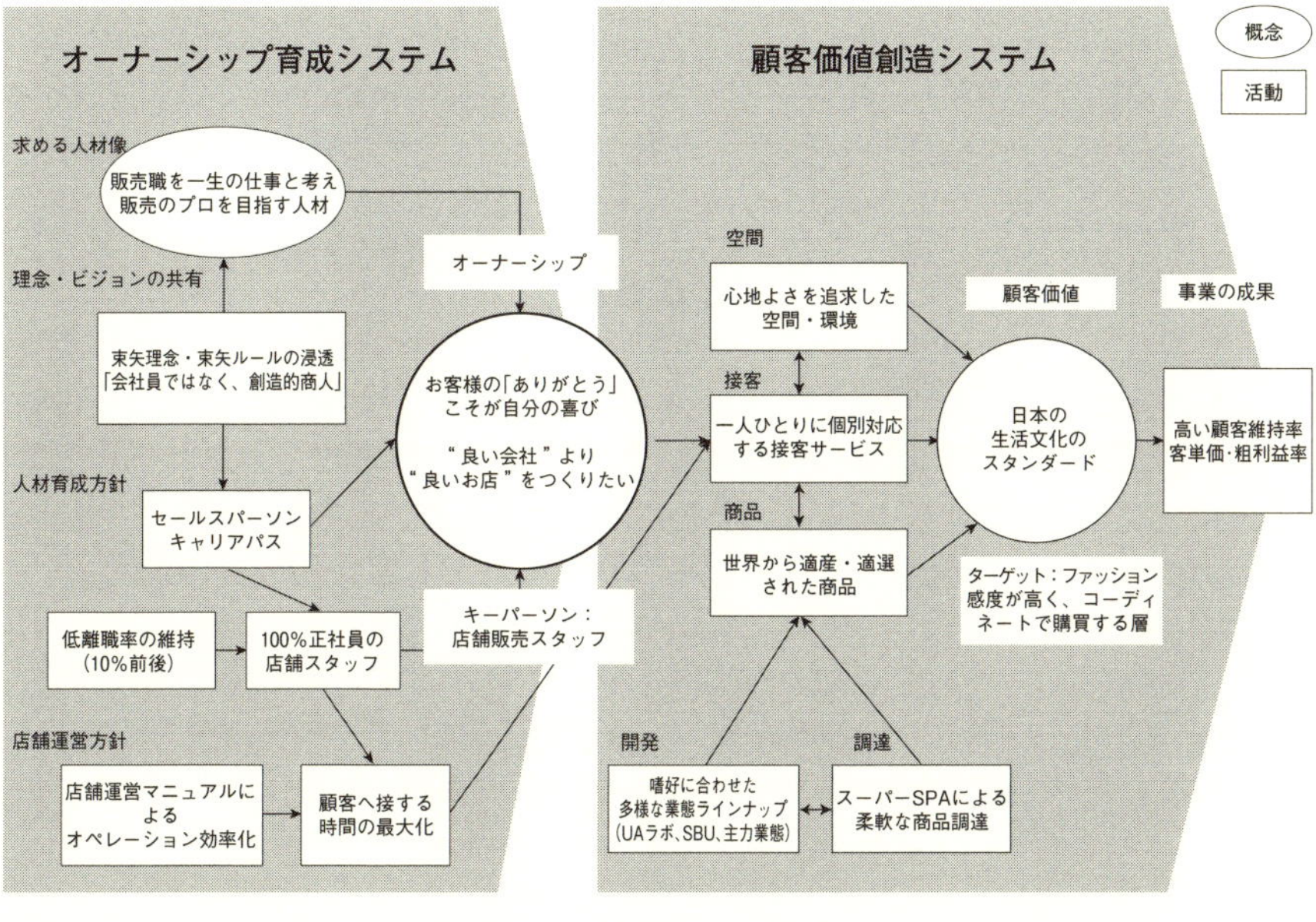

ル商品の原価は二〇%後半～三五%という、コスト上の大きな差である。利益率を高めるには、必然的に輸入品の割合を低減しなければならない。第三に接客を通じて獲得・蓄積したニーズ・シーズ情報がショップの何よりの経営資源である。それらをダイレクトに反映させた商品を揃えるには、独自に製作するほうが効率的である。企画・開発・生産・物流・店舗運営・プロモーションという売り手側の業務と、個店・顧客の多様な欲求をムダなくつなぎ、価値創造を追求するためには、SPA化は欠かせないのである。

そして第四は、衣料製品の持つ特性にかかわる理由である。衣料商品の売れ行きは、トレンドの行方、気候・天候などに大きく左右される。よって、で

(6) OEMは仕入商品に含めて算出。

図8：ユナイテッドアローズのショップブランド体系

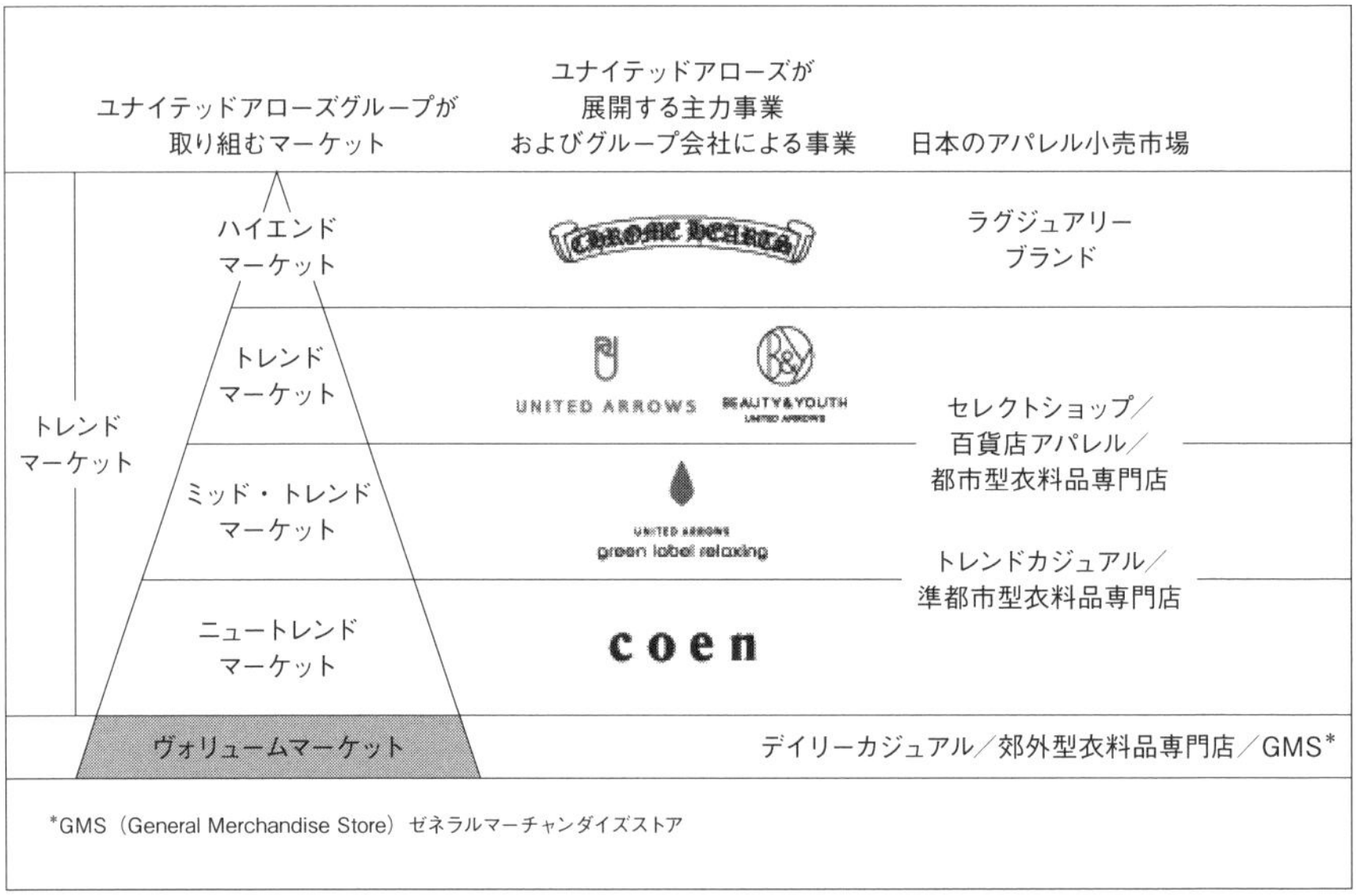

- ユナイテッドアローズ全体　仕入れ商品[(6)]：約50%　自社開発商品：約50%
- ユナイテッドアローズ　仕入れ商品　：約55%　自社開発商品：約45%
- クロムハーツ　仕入れ商品　：約100%　自社開発商品：約０%
- ジュエルチェンジズ　仕入れ商品　：約45%　自社開発商品：約55%
- オディト エ オディオール　仕入れ商品　：約15%　自社開発商品：約85%

出所：ユナイテッドアローズ決算公告　同社サイト http://www.united-arrows.co.jp/ir/lib/data/sec_report.html（2012年２月18日閲覧）等より作成

きるだけこれらの動向に沿った品揃えができることが望ましい。その点オリジナル商品では、生産をコントロールすることができる。生産の追加・停止を柔軟に行えることで、チャンスロスと売れ残りを低減することが可能となるのである。

【商品】

ユナイテッドアローズは、以下の三つの商品カテゴリーを意識的にうまくミックスさせながら、独自のスタイルの提案するビジネスを展開している。

- 「独自性商品」……トレンドに左右されず、安定的に売れ続ける核商品群
- 「時代性商品」……そのシーズンのトレンドを反映した商品群
- 「先駆性商品」……他社に先駆けて次代にトレンドとなる可能性を問う商品群

こうした方式を採用する際に重要となるのは、いかにバランスのとれた商品構成とするかという点である。重松社長は、店頭に置く「先駆性商品」「時代性商品」「独自性商品」の比率は、1：4：5がよいと判断しているようである。つまり、リスクを抑えながら、時代の流れを意識した商品展開を実行することが、ユナイテッドアローズの大きな生命線になっているわけである。

【接客・空間】

「ユナイテッドアローズ」という社名には、「ひとつの目標へ向かって直進する社員一人ひとり（矢）を束ねた」という意味が込められている。つまりスタッフ一丸となって「世界的な広い視野で適産・適選された商品（モノ）」のみな

らず、「高度に完成された接客サービス（ヒト）」「真の心地よさを追求した施設・空間・環境（ウツワ）」を提供することを目指してきたわけだが、顧客サービスと商売との間の論理的関係を説明することに成功することで、社名通りのサービスの実現に近づくことができた。実際に、「試着中に顧客の靴を磨く」「購入した服をそのまま着て帰る顧客に対し、着てきた服を後日、宅配便で送り届ける」「希望サイズの在庫がない場合には、他店から速やかに取り寄せる」といった、「創造的商人」による伝説的サービスを普通に実践しており、アローズファンを創造することに寄与している。

［開発］

更にユナイテッドアローズは、THE STANDARDS OF JAPANESE LIFESTYLE（日本の生活文化の規範）を提案するライフスタイルショップを目指してきた。今後は独自の感性を、新事業を通じて伝えていくことで、成長しようとしているのである。しかし、既存事業のマーケットと重複を避けながら斬新な新事業を立ち上げようとすると、支持層が限定的となる危険性が高くなる。同社は近年、実験事業の「UAラボ（UA-LABO）」、将来の主力事業へと育成すべく徐々に展開規模を拡大していく「S. B. U.（Small Business Unit）」に力を入れている。小規模展開で顧客の反応をみながら多事業化を目指すこの戦略においても、先進性とリスク軽減という、一見相容れない関係のものを、同時追求している。多事業化の際の重要な戦略として位置づけられているのが、他社との提携である。自社の事業・製品の幅を確実に、かつスピーディに広げるうえで有効な企業間提携については、主力業態においても重要な戦略であると考えているようである。スポーツメーカー・ミズノと肌着ブランド「WMUNDERWEAR」の開発、独自動車メーカー・アウディとオリジナルバージョンのオープンカー「TT Roadster Exclusive by UNITED ARROWS」の製作、そして京都の呉服メーカーと着物の商品化など、他社とのコラボレーションを積極的に進めている。

◆オーナーシップ育成システム

［ターゲット］

従来のセレクトショップには、商品で差別化しようとする意識が強かったが、サービスによるそれが極めて低かった。売れ筋商品を適時・適量に揃えることが重要と考えられており、発注・仕入れ、それを行うバイヤーがすべてであった。これに対し、ユナイテッドアローズは接客を重視する戦略を採り、販売員の役割を重んじている。スーパーSPAというビジネスモデルでは、利益は「仕入れ」「生産」「販売」を経ることで得られるが、ユナイテッドアローズは他のセレクトショップと比較して、とくに「販売」に重きを置いている。販売を一生の仕事と考え、「お客様に満足していただきたい」いうおもてなしの心を持つ、販売のプロフェッショナルを目指す人材が同社の求める人材像である。同社社員によると、優秀な販売スタッフの特徴は以下の三つといわれている。①知識が豊富（洋服はもちろん、ゴルフや食事、車などさまざまな趣味的要素）②人あしらいが上手い③記憶力が優れている。

［理念の共有］

同社はMAKE YOUR REAL STYLE、つまり「あなた（お客様）の本当のスタイルは何ですか。そのスタイルを実現するために、われわれにできることならば、どのようなお手伝いもいたします」という献身的精神を、企業の基本理念（「束矢理念」と呼んでいる）としている。

しかし、こうした販売員の自己意志・判断による接客サービスを企業・店舗の強みとする場合、問題となるのは、いかに彼・彼女らのモチベーションを維持していけるかという点である。いいかえれば、顧客の満足を販売スタッフの満足にどう結びつけるかということである。従業員満足を高めながら、顧客満足を高めるためには、組織ビジョンの明確化が必要であり、顧客満足を組織メンバーにとって意義ある有用な命題であると理解させることが必要だとしている。

二〇〇一年一月に完成した経営理念ハンドブック（タイトルはMAKE YOUR REAL STYLE）では、「顧客マインド（顧客満足）」と販売スタッフの満足度にかかわる「商売マインド（売上、利益）」との関係が明確には述べられておらず、これらをどのように整合的に位置づけるかという経営の根幹にかかわる課題が浮上した。そこで二〇〇四年に同ハンドブックの改訂作業が始められ、翌年三月に完成したリニューアル版では、従業員満足→顧客満足→企業成長のサイクルモデルが示された。

【人材育成方針】

ユナイテッドアローズの店舗で働く人間はすべて正社員である。同社ではアルバイトスタッフを置かず、東矢理念を理解した人間だけが店頭に立っている。それも同社の離職率が一〇％前後と非常に低いために可能となっている。そして採用された人間は、全員初日に集合研修を受けて理念の訓示をうける。さらにロールプレーイングによる接遇コンテストなどを実施して接遇品質の向上を図っている。ちなみにこのコンテス

図９：ユナイテッドアローズの理念体系

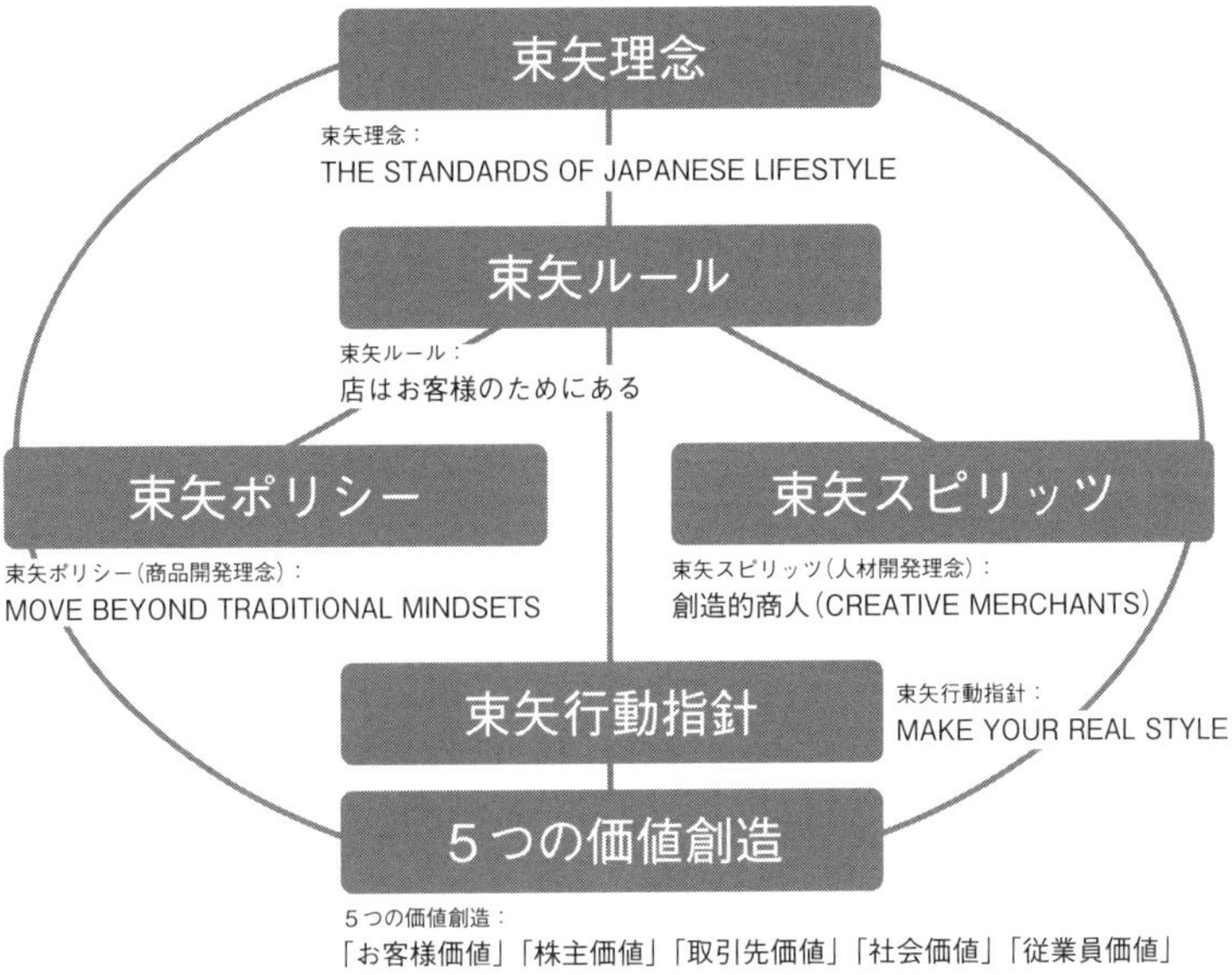

出所：ユナイテッドアローズ　同社サイト http://www.united-arrows.co.jp/ir/pdf/ig11-9.pdf（2012年２月18日閲覧）等より作成。

トでの受賞者は、ヨーロッパでのバイイングに同行することができ、商品知識の拡充に繋がるという効果をもたらしている。

［店舗運営方針］

接客を重視するユナイテッドアローズではあるが、同社には接客の詳細なマニュアルはない。「セールスガイダンスハンドブック」が用意されてはいるが、そこにはきわめて基本的なことのみが書かれている。ユナイテッドアローズは、唯一無二の個性をもつ各顧客に対して、販売員は臨機応変な接客サービスを提供できなければならないと考えている。それゆえ、型にはめた接客作法をマスターさせるのではなく、基本を理解させることで、それをベースに場に応じた適切な判断を下せる人材を育成する教育を徹底している。小売業である以上、商品の売り方が重要となることは当然であるが、この常識が常識でなかったセレクトショップ業界で、販売員の接客力を高めることにより購買率、購入品数、客単価を引き上げていったモデルがユナイテッドアローズの成功要因と考えられる。

Ⅳ　両社のオーナーシップ・バリュー　モデルの比較

◆顧客価値の質の違い

図10は、ユナイテッドアローズとユニクロの顧客、従業員に対する提供価値の対比を纏めたものである。

ユニクロはあらゆる人に受け入れられ、あらゆるブランドの商品にマッチするベーシックな商品づくりを心がけており、汎用性が高い日常着（daily clothes）を提供する。衣料品を「道具」「部品」とみなし、あくまで単品で売り込むユニクロに対し、ユナイテッドアローズは、トータルファッション（コーディネート）を提案する。つまりユニクロは商品それ自体の「モノ」、ユナイテッドアローズはライフスタイルという「コト」を提案しているのである。

品揃えについても違いがみられる。ユニクロは特定アイテムの色やサイズでのバリエーション展開（商品の「深さ」）に力を入れるが、ユナイテッドアローズは商品の「幅（ライン）」を広げることで、顧客にアピールしている。

商品の「提案方法」においても差異がみられる。ユニクロはセルフサービス方式を採るのに対し、ユナイテッドアローズでは一対一の接客を重んじている。このように、ユナイテッドアローズとユニクロは、SPAという同じ範疇に括られながらも、それぞれが採用してきた戦略は大きく異なっている。

◆オーナーシップの質の違い

ユナイテッドアローズで伸びていく人の条件として、①洋服が好き、②接客が好き、③UAが好き（とくにユナイテッドアローズのテイストや嗜好）の三つが、関係者のインタビューから挙げられた。仕事そのものを楽しむ嗜好のユナイテッドアローズに対して、ユニクロで働く動機はやや異なる。その仕事を通じて成長すること、任せてもらえることにモチベーションが喚起され、自分も成長したいという意欲を満たすことが、ユニクロの特徴である。

きっちりとしたマニュアルに基づき、分業体制が取られているユニクロに対し、個々の顧客の嗜好に合わせて臨機応変に行うユナイテッドアローズの働き方も大きな差異がみられる。しかし、両社ともカリスマ経営者への憧憬、経営方針への共鳴が、従業員を惹きつける要素になっているのは共通している。

東矢理念に基づく重松社長の考え方、ある種抽象的な概念に惹かれるユナイテッドアローズに対し、一兆円企業を目指す、グローバルでナンバーワン等の明確な目標を掲げる柳井社長の目標設定に奮い立つユニクロとは、その違いが際立っている。

図10：ユナイテッドアローズとユニクロの対比

□：各社の際立った特徴

		ユニクロ	ユナイテッドアローズ
求める人材像		目標達成のためにあらゆる努力を惜しまない経営者を志す人材（キーパーソン：店長）	販売職を一生の仕事と考え販売のプロを目指す人材（キーパーソン:店舗販売スタッフ）
オーナーシップ育成システム	理念・社風	柳井哲学、ビジョンの徹底した浸透 「服を変え、世界を変え、常識を変えていく」 「2020年に連結売上高５兆円」	束矢理念・束矢ルールの浸透 「会社ではなく、創造的商人」
	採用・育成	・ユニクロ大学（座学とOJT徹底）	・100％正社員の店舗スタッフ ・店舗運営マニュアルによるオペレーション効率化
	報酬・評価	・スピード昇進（入社１年で店長） ・店長への権限移譲（発注・陳列・販促・人事の４つの権限）	・セールスパーソン　キャリアパス
オーナーシップ		目標達成、会社の成功 自分の成長が働く喜び	お客様の「ありがとう」こそが自分の喜び “良い会社”より“良いお店”をつくりたい
顧客価値創造システム	接客	・セルフサービス式販売	・一人一人に個別対応する接客サービス
	商品	・ユニクロの服は「完成された部品」 ・匠プロジェクトによる徹底した生産品質管理 ・SPAによる大量発注方式による調達量	・世界から適産・適選された商品 ・嗜好に合わせた多様な業態ラインナップ ・スーパーSPAによる柔軟な商品調達
	空間	・規格統一された見やすい店舗	・心地よさを追求した空間・環境
顧客価値		いつでもどこでも誰でも着られる高品質なベーシックカジュアル	ハイセンスなトータルコーディネート
ターゲット		ノンエイジ、ユニセックス 単品で購買する層	ファッション感度が高く、コーディネートで購買する層
事業の成果		既存店売上向上 出店スピード加速	高い顧客維持率 客単価・粗利益率

しかしどちらの企業も、その特異性ゆえに、働き手からの強いロイヤルティを構築していることは共通している。ある種エモーショナル型の絆を強めるユナイテッドアローズと、オペレーショナル型の働き甲斐を提供するユニクロ。どちらも簡単に模倣でき得る仕組みではないだろう。それが両社を持続的な成長に導いている要因ではないだろうか。

V むすび

これまで、ユニクロとユナイテッドアローズを題材として、両社のオーナーシップ育成システムと顧客価値の創造について検討した。両社がそれぞれ独特のスタイルで、働き手の動機、買い手の動機、事業の成果に見事にシンクロさせた仕組みを構築している。一方でこれからの成長を鑑みると、両社が持っている強みがある場面では弱みに繋がる可能性についても最後に触れておきたい。

ユナイテッドアローズに関しては、既に香港のセレクトショップにおける卸販売、シンガポールなどにおけるテストセールによるマーケティング活動を行っており、海外への本格的な進出の時期については、模索を図っている段階である。しかしこれまで見てきたように、束矢理念に基づく重松社長の考え方への信奉、UAそのもののファンであること等、オーナーシップを生み出す源泉がきわめて俗人的であった。故に海外進出の際には共通の土壌が無いことをどのように乗り越える事ができるか、それが今後に向けた課題であろう。

一方でユニクロの場合は、スピード昇進や目標管理の徹底等、その合理的なマネジメントスタイルは、海外拠点においては日本以上に合致する仕組みとなっている。課題としては、「完成された部品」であるカジュアルウェアにおいて、常に革新的な機能性を備えたヒット商材を開発し続けることができるかどうかである。それが今後のグローバル市場での成長において欠かすことのできない要素であろう。

第7章

オーナーシップの二つの型

I カスタマイズ型とユニバーサル型の顧客価値

「ドライバー・イズ・ショー、パット・イズ・マネー」[1]。ゴルファーの世界でもっとも喧伝されている格言である。ドライバーも当然大事だが、本当に勝負の明暗を分けるのはパッティングであり、古今東西、多くのゴルファーが悩んできたテーマである。そのパッティングのスタイルについて、長年さまざまな流派が存在し議論されてきたが、近年ではおおむね二つの型に集約されてきている。再現性を重視した「ストローク式」と、感性を重視した「タップ式」である。ストローク式は振り子のようにパッティングするスタイル。振り子のように同じスピードで左右対称にパッティングすることで、機械的に振り幅の大きさで距離感が合いやすい。その反面長いパットになると振り幅が大きくなって芯からずれやすいという難点がある。一方タップ式のパッティングストロークは、手首を使ってボールをパチンと打つスタイルである。テークバックを小さくすることでパターのフェース面の狂いを最小限にしやすい利点がある。その反面、距離感を合わせにくいという難点がある。

ここで大事なことは、どちらの方式が良いとか悪いではない。それぞれの特徴や利点をきちんと把握しながら、自分の個性すなわち、感性を重視するか、再現性を重視するかに適した最適な方法を選択することである。そのパッティングスタイルに適したグリップの仕方、パターの選び方（ストローク式にはマレット型、タップ式にはピン型、L字型など）、アドレスの形ができているかどうかである。よく見られるのは、昔からタップ式のストロークを身に付けていながら、道具は流行のマレット型を使用するというチグハグな組合せである。

---

(1) 正式な英語表現では“Drive for show, Putt for dough”。「ドライバーは見せるため、パットはカネのため」という意味。この“dough”は「金（カネ）」のことをさす。

サービス提供においても同じことが言えないだろうか。大事な人との会食を楽しもうと行ったフランス料理店でやたらと素早く給仕するギャルソンや、コンビニで「○○さん、いつもの雑誌が入りましたよ！」と他の客の前で、名前で呼びかけられたら、居心地の悪さを感じるだろう。自社の商品、サービスに期待される顧客価値は何か。それを実現するために必要な人材は何か。そうした人材を採用、育成する仕組みは何か。そうした人材にどのようにしてオーナーシップを持たせることができるか。このような要素がすべて同じ文脈の中で一貫している企業ほど、効率よく、そしてぶれずに顧客へ価値を提供し、事業成果をあげ続けている。これまでに述べてきたホテル、カフェ、回転寿司、生命保険、アパレルの五つの業界、そして業界ごとに二つの企業、計一〇社の成功要因を分析するとその潔いほどの一貫性が伺える。

この一〇社の成功要因について共通要素を抽出していくと、パッティングの話に似たある種の「型」が導出された。われわれが一〇社のケースの成功要因から抽出したのは二つの型である。既存の商品に手を加えて、顧客の好みのものに作り変えることが可能な「カスタマイズ型」のサービスと、すべての顧客に一律に、妥当な価格で安定的に提供する「ユニバーサル型」サービスの二つに類型化された。

たとえば同じアパレルという業態であっても、「ユニクロ」と「ユナイテッドアローズ」では提供価値が異なってくる。「完成された部品」としてノンエイジ、ユニセックスなカジュアルウェアを単品ごとに販売する「ユニバーサル型」のユニクロ。一方で、ライフスタイル提案を標榜し、トータルコーディネイトで一人ひとりに適した提案を目指す「カスタマイズ型」のユナイテッドアローズ。同じ回転寿司業態である「スシロー」と「銚子丸」でも顧客への提供価値が異なってくる。安くて、ネタの種類が多くて、新鮮な鮨を提供する為に、できる限り人件費や店舗運営を標準化して経費を抑制して、原価率五〇％を維持する「ユニバーサル型」のスシロー。一方でマグロの解体ショー等、職人（劇団員）の技をエンターテイメント化し、対話型の劇場というコンセプトで店舗を運営する「カスタマイズ型」の銚子丸。先ほどのパッティングと同様、どちらが良い、悪いという話ではない。成功している企業群の条件は、自分たちの型に適し

図1：カスタマイズ型とユニバーサル型の特徴

		カスタマイズ型	ユニバーサル型
企業事例		リッツカールトン／スターバックス／銚子丸／プルデンシャル生命／ユナイテッドアローズ	スーパーホテル／ドトールコーヒー／スシロー／ライフネット生命／ユニクロ
求める人材像		サービス業のプロとして、徹底して顧客に尽くせる人材	定めた目標に対してどんな困難があろうと完遂する人材
オーナーシップ育成システム	理念・社風	・理念的・人を大切にする	・具体的・競争を重視する
	採用・育成	・人材に依拠するため採用基準を厳格化 ・理念に基づく意識のすり合わせを徹底	・意欲さえあれば過度に人物は問わない ・共通目標の徹底的な刷り込み
	評価・報酬	・あいまいな評価指標 ・チームへの評価	・明確な目標管理 ・個人の優勝劣敗の明確化
オーナーシップ		仕事・業務自体が好き・喜び	ゴール到達の達成感
顧客価値創造システム	接客	・臨機応変な対応	・基本は一律なセルフサービス
	商品	・幅広いラインナップ ・個々の嗜好に合わせてカスタマイズ可能	・優れたコストパフォーマンス ・独自性のあるキラーアイテム
	空間	・個々の店舗で独自性をもった店舗空間	・標準化された店舗空間
顧客価値		ハイ・バリュー（品質、ラインナップの幅、個別対応）	バリュー・フォー・マネー（価格、スピード、標準化）
ターゲット		絞られたターゲット層に対応	幅広いターゲット層に対応
事業の成果		ライフタイムバリューの最大化	稼働率の最大化

た人材像や動機づけ、採用・育成の仕組み、評価・報酬の制度づくり、接客、商品、空間の設計が「統合された一連のシステム」として構築されている事である。

図１は一〇のケースから導出されたカスタマイズ型とユニバーサル型の特徴をまとめたものである。どちらの型にしても、縦列にその特徴や利点をみていった際に、ストーリーとしてつながっていること、それぞれが演繹的な役割をはたしていることが重要である。個々の内容は次節で説明していきたい。

Ⅱ カスタマイズ型とユニバーサル型のオーナーシップ・バリュー モデル

◆カスタマイズ型の顧客価値創出システム―上得意客を創りだし、高い顧客維持率を実現

まずはカスタマイズ型の顧客価値創出システムから紹介していく。このタイプの企業は、顧客の嗜好に個別対応するサービスを展開する。といってもすべてをカスタマイズするわけではなく、あくまでも既存商品の一部や組合せ方、接客方法をカスタマイズすることである。

典型的な例がスターバックスの商品カスタマイズの例である。「豆乳やフォームミルク、ホイップなど、カスタマイズによって、スターバックスのメニューには理論的に七万種のバリエーションがある。コーヒーの濃さ、温度やミルク、クリームの量にも希望を伝えることが可能である。」顧客はスターバックスを繰り返し利用するに従い、カスタマイズの上級者になる喜びを感じることもできる。こうした自分ならではの嗜好に合わせる、「カスタマイズの上級者」になる顧客は限られた層かもしれない。しかしそうした「スタバ・ラバー」と呼ばれる愛好者を増やし、リピートする楽しさを提供し続けること。それが事業の成果である顧客単価と顧客維持率の掛け算、すなわち「ライフタイムバリュー（顧

客生涯価値）を最大化」することにつながっていく。

カスタマイズのバリエーションが発展していくと、顧客ごとのオーダーメイドで商品を設計する。プルデンシャル生命がそれに当たる。①保険のプロが顧客のニーズをヒアリングしながら、オーダーメイドの生命保険を提供し、②契約から保険金支払いまで生涯にわたるパーソナルサービスを提供する、という二点に集約される。こうしたライフプランナーという保険のプロフェッショナルへの信頼性、パーソナルな安心感によって契約者は他社の保険商品を考えようとしない。極めて高い顧客単価と顧客維持率によって、プルデンシャル生命保険は二五年連続で成長を達成している稀有な企業となっている。

カスタマイズ型の企業は、幅広いターゲットではなく、ある特定の価値観を持つ顧客層をターゲットとして、高品質、ラインナップの幅、個別対応といった高付加価値なサービスで上得意客をつくりだす。それによって比較的高単価で高維持率を保って顧客生涯価値を高める戦略を取る。

◆ユニバーサル型の顧客価値――どこにもない驚きの価格と商品であらゆる顧客を魅了

一方、ユニバーサル型の顧客価値創出システムでは、顧客層をそれほど絞らない戦略を取る企業が多い。それは提供価値が極めて普遍的なものになるためである。高品質な商品・サービスを卓越したコストパフォーマンスによって、幅広い顧客層の支持を獲得し、高い普及率と稼働率で収益を最大化する戦略である。

たとえばドトールコーヒーでは、豆の種類、焙煎の方法、鮮度管理に徹底的に拘った高品質なコーヒーを低価格で、「わずか一五秒のコンタクト」でスピーディに提供するオペレーションを実践している。ビジネス・アワー内の貴重な休息時間を無駄にしない工夫が徹底されている。顧客の平均的な店舗滞在は一〇分から一五分という高稼働率で、客単価が低くても十分な高収益を確保できる。

スーパーホテルにおいても、その低価格が喧伝されているが、枕の選択肢、低反発のベッド、防音性の壁、照明への気遣い等、「ゆっくり休む」というコンセプトに徹底的にこだわった品質感がリピート顧客を生み出している。逆にコンセプトに関係しないサービスは徹底的に合理化を図って無駄を排除している。

その他、スシロー、ユニクロ、ライフネット生命にしても、単なる低価格ではなく、バリュー・フォー・マネー（対費用価値）の最大化を促進している。顧客が支払う対価（マネー）の使用価値（バリュー）をもっとも高めようとする戦略である。そのために提供価値をもっとも基本的なものに絞りこみ、付随的なものは徹底排除する、究極のノンフリルサービスであろう。

◆カスタマイズ型のオーナーシップ―自らの感性で考え動き出す人材の動機

カスタマイズ型の企業では、ハイバリュー（高品質、個別対応）なサービスの担い手の質に大きく依存する。この点が成功の絶対要因であり、模倣困難性を作っている。求める人材像もその業界特性や顧客層によって異なってくる。しかし本書で取り上げた五つのカスタマイズ型企業には、多くの共通点が伺える。たとえば銚子丸では「接客はニコニコ・言葉はハキハキ・行動はキビキビ・寿司はイキイキを実践できる人材」であり、それが「劇団員」の要件として定義されている。ユナイテッドアローズでは「販売職を一生の仕事と考え、販売のプロを目指す人材」と規定されている。ザ・リッツ・カールトンでは「ホスピタリティがあり、接客を喜びと感じる人材」、プルデンシャル生命では「高い人間性を備えたプロフェッショナル」、スターバックスでは「チームワークを尊重しながらも個人の能力と成果が問われるヒエラルキーに挑戦する人材」と定義されている。業界特性はバラバラだが、「サービス業のプロフェッショナルとして、徹底して顧客に尽くせる人材」という共通項がみえてくる。これはこまごまとした職務規定や指示命令等の細かいルールを策定するというよりは、動機づけられた現場人材たちが、自発的な創意工夫や相互補完で臨機応変に目的を達成していくように組織が支援している。たとえばスターバックスのエピソードでみてみよう。

スターバックスのパートナーは、顧客の求めるサービスには柔軟に対応することが求められる。「ドーナツを七等分してほしい」、ある顧客の要望はその店舗内で語り草になっているという。盲目の顧客が毎回同じメニューをオーダーすることに気づいたパートナーたちは自発的に図書館に通い点字のメニューをつくった。パートナーたちが老人介護施設に出張したイベントの様子が貼り出されていた店舗もある。スターバックスにおける仕事や業務を好きだと感じなければ、楽しいと感じなければ、これらのエピソードは生まれなかっただろう。

同じフードサービス業界の銚子丸ではどうだろうか。銚子丸では、店舗で働くスタッフを銚子丸一座の「劇団員」と称して（ディズニーランドの「キャスト」を援用）、店舗内の雰囲気を盛り上げる体制を整えている。つまり、劇団員は店舗という舞台で入場料（飲食代）を払ってくれる観客（来店客）を精一杯もてなす使命を担う。客が来店すると、従業員全員でかけ声をかける。このかけ声も店舗ごとに違い、そのため店舗によって雰囲気が違う。

ラグジュアリーホテルの代表格であるザ・リッツ・カールトンでは、どうだろうか。あるビジネスマンが、ホテル宿泊中に、翌朝の商談までに髪を切ってくれる美容室がないかを尋ねてきた。連絡が入ったのがすでに夜中だったため、スタッフはどの美容室にも問い合わせをすることができなかったし、どの美容室も商談が始まる時間には間に合いそうにもなかった。そこで、この従業員は自宅に電話をし、美容室の店長をしている自分の妻に状況を説明した。そして、彼女は翌朝、午前七時にホテルに立ち寄って、顧客のカットをしたという。このような顧客に感動を与えるサービスはザ・リッツ・カールトン・ミスティークと呼ばれ、たくさんの事例が存在する。

こうしたエピソードを創り出す源泉は何だろうか。非常に単純化して要約すると「自らの感性で考え、つくりだす仕事・業務自体が好きであり、それが喜び」であり、オーナーシップという企業、組織に対する思いと、自己実現が重なっている状態をもたらしている。すなわち本人がもっている動機と企業が顧客に提供する価値が、同じベクトルでぴたりと合致している状態になっているという事だろう。この状況が上手く重なっている時は良いが、少しでもずれたり、綻びが生じると軌道修正が非常に難しくなっていく。たとえば、業績が悪化しコスト削減のために、接客サービスにやり甲斐を感じていた従業員を、効率重視の職種に配置転換しても、彼・彼女はなかなか容易には適応できない。こうした事例は日本企業で昨今散見される事例である。オーナーシップ・バリュー　モデルは常にこうした一貫性、ベクトルのずれが無いかどうかを確認するための青写真となるのである。

◆ユニバーサル型のオーナーシップ—従業員が心酔し、夢が持てる目標を提示

ユニバーサル型の企業では、徹底したオペレーションの改善によって顧客価値を創出する。それ故にそこで働く従業員の実行能力に大きく依存している。組織が求める厳しい要求を喜んで達成していこうとする動機は何だろうか。提供するサービスや業態はまったく異なるが、本書で取上げた五社には極めて類似する共通点が伺える。たとえばスーパーホテルでは、社員ではなく業務委託された個人事業主で、「独立・開業という夢をスーパーホテルでの業務を通じて目指す人材」である。ドトールコーヒーではフランチャイジーとして独立した経営者であり、「自店舗の運営とグループの共存共栄にコミットできる人材」である。スシローでは「『追われている』のを楽しめる・「予測ビジネス」の醍醐味を楽しめる人材」だろう。ライフネット生命では「自分の頭で考え、チームで伸び伸びと働く人」、ユニクロでは「目標達成のためにあらゆる努力を惜しまない経営者を志す人材」である。彼ら彼女らに共通するのは、強い目標志向と達成意欲を備えている人材であることだ。それは理念のような永続的で抽象的なものでなく、がんばれば手が届く具体的な数値目標。定めた目標に対して、どんな困難があろうと完遂する人材が理想とされる。バリュー・フォー・マネーという骨太顧客価値を提供し続けるために、優勝劣敗が明確な組織内競争の中で、極めて筋肉質な集団を形成できている事が、ユニバーサル型組織の成功に不可欠な要素である。

◆カスタマイズ型のオーナーシップ育成システム—動機を強化する仕組み

サービス産業は何よりも「人」の営為である。「人」の手によって商品やサービスが生み出され、「人」の手によって提供され、それを顧客という名の「人」が購入し対価を払う。その結果費用よりも高い対価が支払われ、利益を生み出すことができてはじめて、この営為は継続する事ができる。とりわけカスタマイズ型の組織においては、「人」の営みがエンジンとなる。そこで個人としての動機と、企業としての目的の同一性を強化する仕組みが、必要となる。どのような人間を採用し、育成すべきか。そしてがんばった人間をどのように評価し、報いるかという制度の運用が、重要な潤滑油となる。

たとえばプルデンシャル生命の場合、ライフプランナーの採用には、生命保険営業の経験者を採用しない方針を掲げている。これは一見するとずぶの素人を採用するための教育コストがかかって非効率に思われる。しかし既存の日系生命保険会社の営業経験者を採用して、自社の理念に沿った動機づけを行う事の方が、実はよほど非効率と判断した結果である。確かに一定のスキルを持った即戦力人材は魅力的だが、既存生命保険会社とプルデンシャル生命の提供価値が根本的に異なるために、マインドセットを根本から変えていかねばならない。そこにエネルギーを注ぐよりも、まだ真っ白なキャンバスに新たな色を描く事の方が中長期の視点でみれば非常に合理的である。

同じ事が銚子丸の採用にも伺える。寿司職人募集告知において「歓迎するスキル」に「すばやく美しく寿司が握れるなど、一流の技術だけに固執される方、接客サービスの大切さを軽視される方には残念ながらご遠慮願っています。」と明記されている点である。「寿司三割、接客七割」が基本戦略であることから、寿司職人としての腕よりも劇団員の一員として働けるかということが重要な点であることがわかる。

このようにカスタマイズ型の組織においては、どのような人物を採用するかに非常に慎重かつ注力している事が伺える。誰でもいいわけでは決してない。故にこの組織が急速な成長を図ろうとしても人材供給が追いつかない場合もある。

まして海外の国、文化を超えた拡大を図ろうとすると、事は容易には運ばないのである。それがこのカスタマイズ型の組織の難点であろう。

更に評価や報酬の仕組みについてもカスタマイズ型の組織では簡単ではない。何故なら事業成果は中長期にわたる顧客生涯価値であり、概して一人の力ではなく、チームの力で成果を勝ち取る事が多い。たとえばザ・リッツ・カールトンでは、ファイブスター表彰プログラムという表彰制度がある。四半期毎に、年間二〇名の優れたサービスを行った従業員を選び表彰する。そして毎年、その中でも特に優れた活躍をした上位五名を「年間ファイブスター（五つ星）」として選ぶ。しかしその選定基準もどうしても曖昧なものになりがちで、優勝劣敗の根拠が明確化しづらい。

◆ユニバーサル型のオーナーシップ育成システム──ゴール到達の渇望感を作る仕組み

夢の実現、目標の達成、それに向けて切磋琢磨し、競争に駆り立てられる筋肉質な集団であるユニバーサル型の組織。こうした強い集団を形成する人材をどのように選考し、育成できるだろうか。「成長しなければ死んだも同然」という表現に象徴されるユニクロしかり、スーパーホテルやドトールコーヒー、スシロー等もカスタマイズ型組織に比べると、採用における選定基準への強いこだわりは見られない。むしろ採用後の教育に非常に注力しているのが、ユニバーサル型組織の特徴である。ユニクロ大学やスーパーホテルのゴールド作戦チームの指導、ドトールのＩＲＰシステム等に見られるように、かなりの時間とエネルギーをさいて、標準的なノウハウや技術を徹底的に叩き込むことに注力している。これはカスタマイズ型組織の育成方法にはみられない特徴である。この育成の時期には、ノウハウの伝授と共に組織個人が目指すべき目標、夢を刷り込んでいく。

ドトールコーヒーやスーパーホテルのように個人事業主である組織であっても、個人の行動を支配する動機と組織として追及しなくてはならない目的や戦略とが同期するとき、その組織はより大きな力を集団として発揮する。だからこそ、一人ひとりの動機と、組織が目指すゴールがきちんとシンクロしていることを確認し、現場のキーパーソンにくどいぐらいに啓蒙し続けていかねばならない。ユニバーサル型組織において「ゴール到達の達成感」という果実が、強力なオーナーシップをもたらしている。

第
8
章

オーナーシップのつくり方

I 自社の組織にオーナーシップを導入する

これまで一〇社の成功要因から、オーナーシップが顧客価値を創り出すメカニズムについて分析してきた。ここからは実際の企業においてオーナーシップに基づく顧客価値創造の仕組み、オーナーシップ・バリュー モデルをどのように導入していくべきか、そのアプローチについて提案していきたい。図1はオーナーシップ・バリュー モデルを構築するに当たり、戦略として規定しなければならない要素は何か、それを実行に落とし込むために定義しなければならないプロセスは何かを俯瞰できるフレームワークである。以下では三つのステップに沿ってそのアプローチを概観していく。

Step1 顧客価値を再定義する

最初にやるべき事は、自分たちの事業は、誰に何を提供し、どうやって儲けるのかという事業ビジョンを再定義することである。顧客は一体どのような価値観を持ち、どのような理由で自社の商品・サービスを購入するのか。その時の顧客とはだれかを再度見つめ直すために市場をセグメンテーションしていく。人口・地理・心理の特性に関するデータをはじめ、行動の動機も理解したうえで顧客の識別に臨まなければならない。実際には顧客の特定は、自身がどのような顧客価値を提供するかにかかっている。顧客の特定と価値の特定は表裏一体である。その時、自社の顧客価値はカスタマイズ型かユニバーサル型かを見極めなければならない。もし自社のサービスが顧客の好みのものに作り変えることが可能な「カスタマイズ型」のサービスであるなら、顧客をある程度限定する必要があるだろう。品質、ラインナップの幅、個別対応が求められるハイバリューな顧客価値であるなら、それなりの対価を得なければ事業は成立しないはずである。そこに対価を支払っても享受したいと望む顧客層を特定することが求められる。

一方自社のサービスが、一律に妥当な価格で安定的に提供する「ユニバーサル型」サービスであるならば、無理に顧客を限定する必要はないかもしれない。むしろどのような点に特化してバリュー・フォー・マネーを最大化するかに注力するべきである。顧客を惹きつける独自性、差別性を顧客体験の中で定義することである。

Step2　活動の再設計

次のステップは、顧客の真のニーズから強化すべきもの、捨て去るものを再検討することである。「長年の慣習だから」「業界の常識だから」。筆者はこのような理由で顧客体験からみた際に価値を生み出すに値しないにも関わらず、墨守されてきたプロセスを数多くみてきた。第1章のフィットネスクラブの事例にみられるとおり、事業目的のために最も大事な活動が放置され、相対的に価値が低い活動に資源を浪費してしまっているケースは特殊な事ではない。たとえば筆者が経験した、ある石油元売りの企業でのことである。そこでは系列のガソリンスタンドのサービス品質を管理するために、定期的に覆面調査員を使ってチェックし、それを業務改善に活かしていくという仕組みを採っている。それ自体は大事なことだが、問題は調査員がチェックする項目であった。項目の中には、「トイレ

図1　オーナーシップ・バリュー モデル構築のフレームワーク

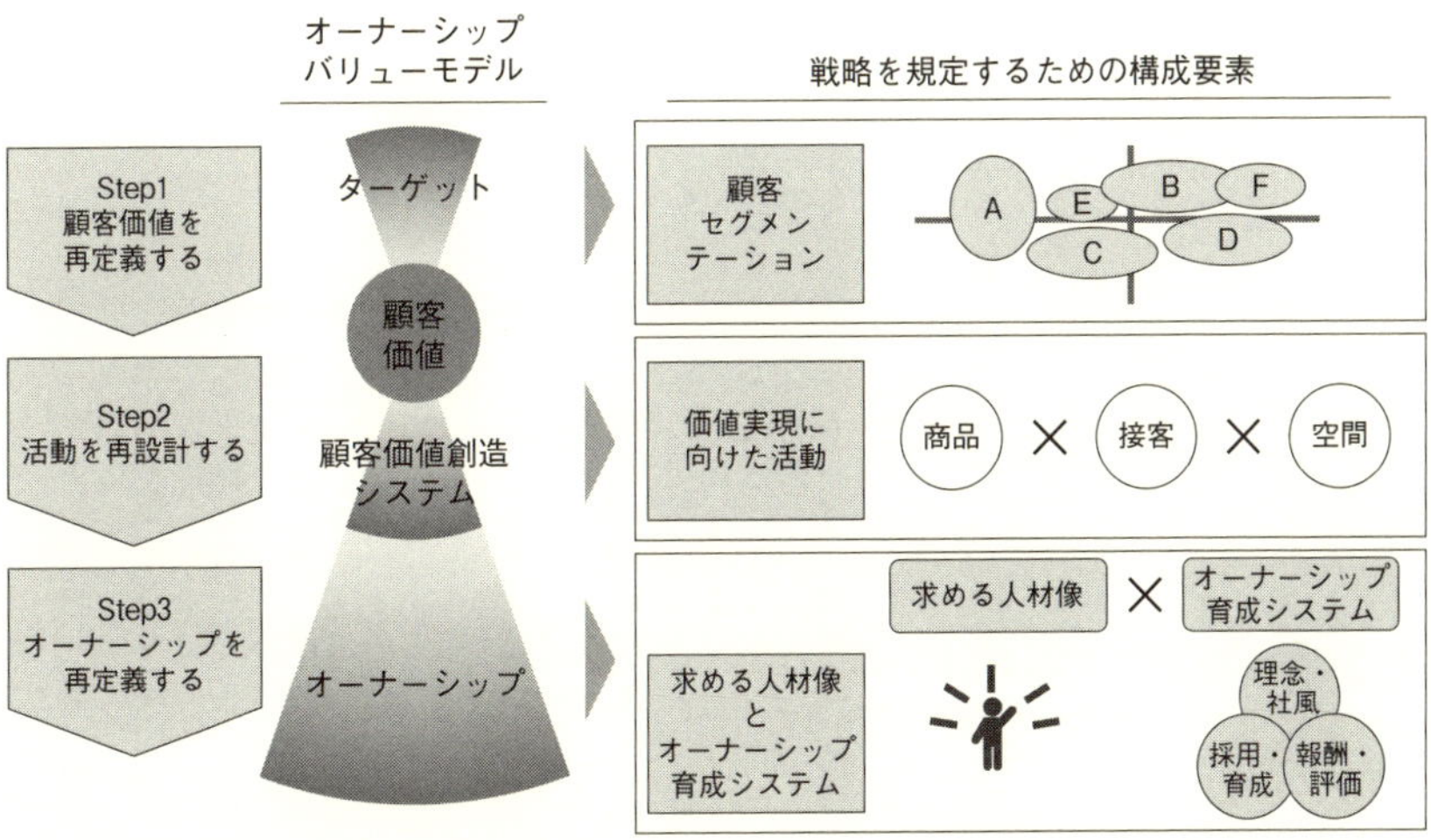

の壁に清掃当番の表が張ってあるか」とか、「新しいオイルをお勧めしているか」とか、ガソリンスタンドを利用する顧客の満足にほとんど寄与しない項目が数多く含まれていた。これこそ典型的な「業界の慣習」による活動評価であろう。どうしても企業側の事情、論理を優先させた視点で捉えてしまい、本当に必要な顧客のニーズが反映されない危険性が伴う。理想的な顧客体験を導出するために、商品は、空間は、接客は、それぞれどのような役割を果たさなければならないのか。この問いにきちんと答えきれない限り、一貫性のとれたオーナーシップ・バリュー モデルは構築できないだろう。

Step3 オーナーシップの再定義

経営史の泰斗アルフレッド・チャンドラーの著名な言葉にある「組織は戦略に従う」。われわれは敢えて「オーナーシップは顧客価値に従う」と主張したい。まず顧客の購買行動を洞察し、理解することからすべてが始まる。そしてその顧客体験は、従業員のどのような行動によって実現されるのか、その理想的な物語を描くことである。その物語に沿って従業員がそこで働く理由を明確化する。どんな人間が、何を求めてそこで働くのか。彼らを惹きつける独自性、差別性のある魅力は何か。「カスタマイズ型」のサービスであるなら、「顧客の『ありがとう』こそが自分の喜び」となるかもしれない。「ユニバーサル型」サービスならば、「自分の成長実感が働く喜び」になるかもしれない。大事なことはどちらの型であれ、働き手が抱く動機と企業が顧客に提供する価値が、無理なくシンクロ出来るような物語が描けるかどうかである。

その物語にそって、そうした人材を育成する仕組みを構築していかねばならない。既存の採用制度、教育制度、評価制度、報奨制度等を、顧客体験との整合性を持ちながら、オーナーシップを強固にする視点で再度見直していくことが求められる。

Ⅱ オーナーシップを促進するシステムの導入

◆オーナーシップ・チームの組成

構築したオーナーシップ・バリュー モデルを、実行し、維持、管理して事業成果につなげていかねばならない。そのために、トップマネジメントはマーケティング関連部門のメンバー、人事管理関連部門などのメンバーから構成される直轄の部隊をもうけて、遂行していくことが望ましい。このチームの主なミッションは以下の三つである。

①**設計士**：事業の目標達成のため顧客価値の実現方法を策定。そのために顧客を惹きつける独自性、差別性のある顧客体験プロセスを設計。さらにその体験を実現する人材を育成する仕組みの設計を関連部署と協働で担っていく。

②**伝道師**：上記の設計図を組織の隅々にまで浸透させていく役割を担っていく。自社の理念や目標の共有だけでなく、それをもとにどのような行動を取るべきかを根気よく啓蒙してい

図２　オーナーシップ・チームが果たすべき役割

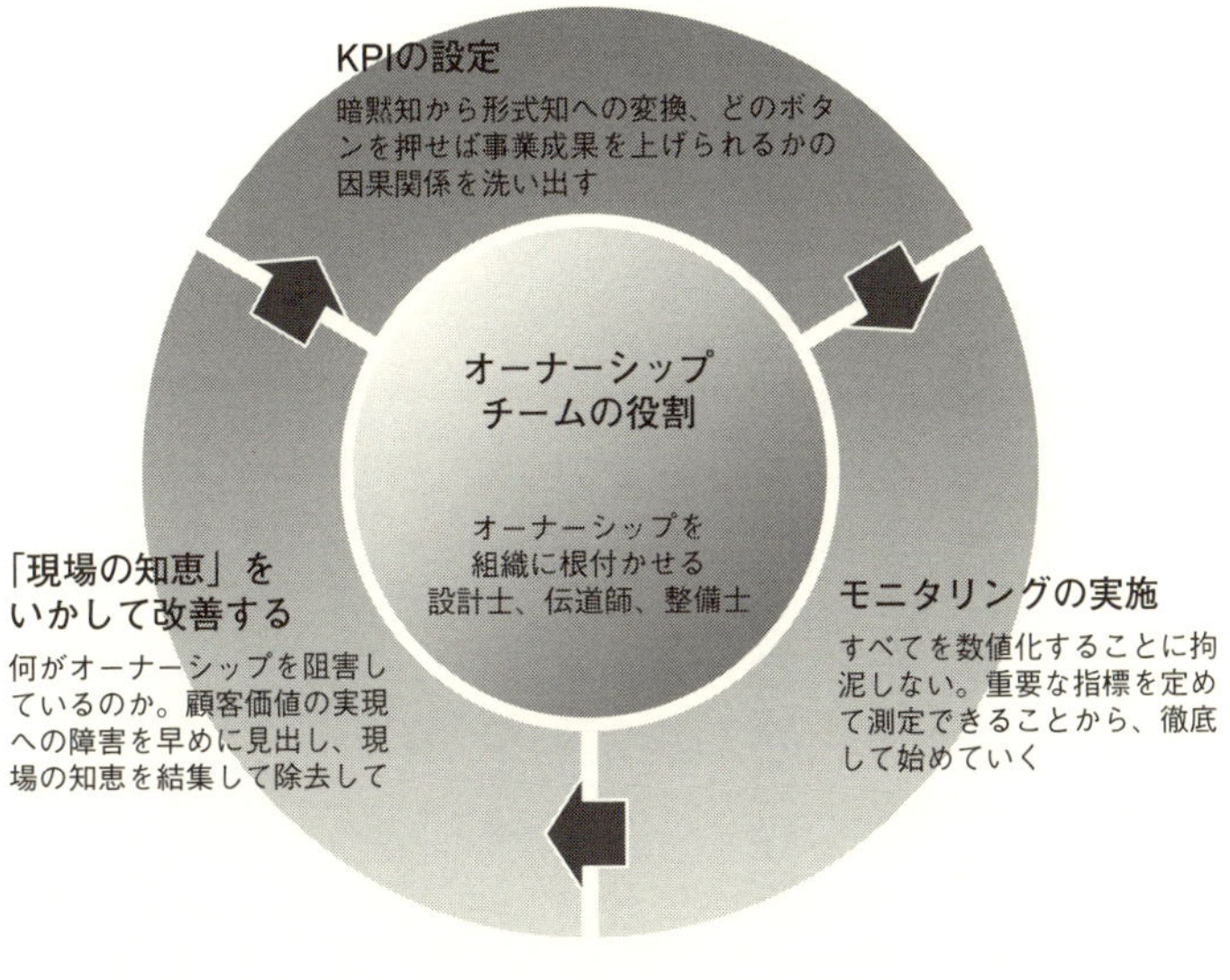
KPIの設定
暗黙知から形式知への変換、どのボタンを押せば事業成果を上げられるかの因果関係を洗い出す
オーナーシップ
チームの役割
オーナーシップを組織に根付かせる設計士、伝道師、整備士
「現場の知恵」をいかして改善する
何がオーナーシップを阻害しているのか。顧客価値の実現への障害を早めに見出し、現場の知恵を結集して除去して
モニタリングの実施
すべてを数値化することに拘泥しない。重要な指標を定めて測定できることから、徹底して始めていく

く活動が必要になってくる。

③**整備士**：オーナーシップ・バリュー モデルに基づいて、目標の達成度合いを計る定量的な指標を継続的に測定・監視し、その向上のために日々の活動の改善が行われているかどうかを管理・支援していく役割を関連部署と協働で担っていく。

それでは実際にどのような業務を担っていくのか。図2はオーナーシップ・チームの役割を図示したものである。その詳細を次項で説明していく。

◆KPI（キー・パフォーマンス・インディケーター：重要業績評価指標）という青写真の設定

顧客の購買決定要因が多様なサービス財のマーケティングでは、どの要因が顧客満足に寄与するかを見出すことは、容易ではない。自社の顧客価値はカスタマイズ型かユニバーサル型を見極めた後に、顧客体験を構成する多くの要素が、どの程度その目標達成に寄与しているのかを確認していく。それによって企業にとって有限な資源をどこに注力していくべきかを定められることになる。とくにここを高めれば顧客価値が飛躍的に向上するというスイッチ、重要なKPIを発見していくことが、顧客体験という青写真をマネジメントしていく勘所である。

顧客価値を促進するKPIを、顧客の視点で策定した例がある。あるスーパーでは、主婦の調査員によるミステリーショッパー調査を、定期的に全店で実施していた。その解析結果から得られた方程式で、最も店舗業績（平米あたり売上、客単価）との相関性が高かったのが鮮魚売場の評価であった。これはデータから純粋に導き出したものだが、主婦の買物行動をヒアリングしての結果もそれを裏付けていた。ヒアリングの結果によれば、一般的に主婦が日常的に買物に使うスーパーは約二〜三軒ある。ただしその中で必ずメインとなるスーパーがあり、サブの店は特売時だけに行く傾向にある。では何がメインのスーパーになるポイントなのかを確認すると、鮮魚売場の鮮度感であった。乳製品や冷凍食品、調味料などいわゆるナショナルブランド(1)の商品は、どこの店で買っても大きくは変わらない商材である。しかし鮮魚は、スーパーによって、その質が大きく異なってくる数少ない商材である。さらに素人の目からみても比較的鮮度の善し悪しが、はっきりわかりやすい商材(2)である。必然的に魚の品質が良い店がその他の商品の信頼性も高め、自分のメインの店となる確率が高まってくる。つまり同じ客数でも魚が良い店と悪い店では、その客単価が大きく異なってくる。なぜならメインの店で、魚を購入する顧客は、魚と一緒にお米や牛乳などの基本食材を購買し、買物頻度とともに一回あたりの購買額も上がっていく傾向にある。それが鮮魚売場の評価が高ければ高いほど、売上や客単価が向上していく因果関係を形成していったのである。

スーパーマーケットでは通常、売場ごとに損益計算を行い、売上に合わせた人件費や売場面積を保っている。しかし主婦の購買行動から見て、魚売場では採算を度外視してでも、ショーケースや売場の人数を割き、ある程度の諸経費をかけて、お店への集客装置にしていくべきであった。そのためにこのスーパーでは、鮮魚売り場での調査結果の評価を具体的な改善活動につなげていった。売場での人の動きの改善へ、売場の什器の改善へ、バックヤードの人の動きの改善へ、売場全体の動線の改善へ、仕入れ素材の改善へと、現場から次々と上流へとたどるようなプロセス全体の青写真を策定し、それぞれのＫＰＩを定めて運用されている。

このように、自社の経営資源を注力するべきポイントをみつけることで、オーナーシップ・バリュー モデルの推進、

(1)　大手メーカーが全国規模で展開するブランド。National Brand の頭文字を取り、ＮＢとも呼ばれる。

(2)　筆者が行ったスーパーマーケットのユーザーのインタビュー調査では、生魚の目がポイントであった。具体的には「眼が赤くなっていない（血が混じっていない）」、「白く曇っていない」などが選択のポイントと挙げられている。

事業目標の達成を近づける最適な照準がみえてくるだろう。

◆モニタリングの実施

ものごとには全て原因と結果がある。ブランド体験が優れたものであれば、顧客はまたそれを利用し、リピーターとなり、時にその良さを周囲の人間に喧伝してくれて評価が高まっていく。そうしたことが結果として収益性、効率性を高めていく。一方優れた体験は、顧客接点で生まれていくが、これを創りだすのは、従業員の優れた行動であり、それを左右するのは、スキルやノウハウ、生産性に加えて、従業員のそのブランドに対するオーナーシップである。従業員のオーナーシップは、これまでのケースで見てきたように、理念への共鳴や職場環境、マネジャーとの人間関係や、成長を実感させるような研修制度、評価制度によって高まっていく。本書の最後に「オーナーシップ診断表」をまとめている。自社のオーナーシップが、何によってもたらされているのかを分析するツールとして活用してもらいたい。

従業員のオーナーシップが、原因変数となって、従業員定着率を高め、顧客へのサービス品質を高め、結果として企業の高収益性を導いていくような因果関係が形成される。こうした連鎖のモデルは、オーナーシップ・バリュー モデルとして一〇社のケースで紹介してきたものである。こうした重要な要因と思われるものをモニタリングしていくことが、オーナーシップ・チームの重要なミッションとなる。しかしモニタリングしただけでは改善にはつながらない。その結果を共有し、改善に向けた指導まで行うことがミッションとなる。その好例としてジョンソン・エンド・ジョンソンが行っているクレドサーベイがある。詳細は同社のウェブサイトで以下のように公表している。

クレドサーベイ

ジョンソン・エンド・ジョンソンでは、毎年、グループ内のファミリー企業が「我が信条（Our Credo）」に沿った事業運営を行っているかどうかについて、全社員に対して無記名のアンケート調査―Credo Survey を実施しています。二〇〇四年秋～二〇〇五年冬の調査では、我が信条、リーダーシップ、イノベーション、顧客、品質などについての質問が、Web上で約八〇項目設定されています。特にリーダーシップの項目に、直属の上司について「明確でわかりやすい目標や任務を与えているか」「あなたの直属上司のマネジメント能力は？」といった質問も含まれているところが特徴的です。

回答は、回答者の秘匿性を確実に保つため無記名で行われ、インターネットを通じて直接外注先の調査会社に送信、集計されます。結果が集計され、調査会社からフィードバックされた後は、それぞれの組織で改善すべき課題や問題点をリストアップし、具体的なアクションプランを策定し、実施します。そして、その成果が次回の Credo Survey で評価、検証される仕組みになっています。

Credo Survey はジョンソン・エンド・ジョンソンが健全な経営を維持し続けるための、いわば〝組織の健康診断〟として機能しています。

出所：同社サイト〈http://www.jnj.co.jp/recruit/jnj/about/credostory.html（二〇一二年七月一〇日閲覧）〉より参照。

こうした「組織の健康診断」を持続的に行っていくことで、オーナーシップを定着し組織の思考パターンにすりこんでいくための大事な道標が明確になる。

◆「現場の知恵」をいかして改善する

注力すべき課題が見つけられたら、それをどのように改善していくか。この方法論を考えていくには、現場の知恵の活用、すなわち現場の人間を巻き込んだ改善シナリオの設計が重要である。そのメリットは三つある。一つは、現場に携わっている人たちに、その問題点とそれを放置した場合の危機感を理解させることができること。二つめは現場での経験に基づいた改善策であるため、机上の空論になるリスクを避けられること。三つめはでき上がった改善策をスピーディに現場に導入できることである。

こうした改善策を考案する際の枠組みとして、「ワークアウト」という手法がある。これはGE（ゼネラル・エレクトリック）が、一九八〇年代末から全社規模で導入・実施した業務改善プログラムである。「ワークアウト」は、社内のさまざまな階層から従業員が集まって、二～三日にわたって行われる。最初に、責任者であるマネジャーが注力課題を説明し、狙うべき目標を呈示する。それが終わるとマネジャーは退席し、話し合いには参加しない。参加者はいくつかのグループに分かれ、ファシリテーターと呼ばれる進行役（外部のコンサルタントなど）の助言を受けながら、提起された課題について議論を行う。一定の解決策が出たら、マネジャーを呼んでその説明を行う。参加者がまとめた提案を聞いたマネジャーは、その場で採用するか、却下するかを即答しなければならない。その場で結論を出せない場合も、決断を下すべき期限を設定する。提案が承認されたら、「オーナー」と呼ばれる実行リーダーに権限が委譲され、実現に向けて具体的な活動が行われる。

こうした現場のスタッフを巻き込んだ改善活動は、即座に実行されるようになり、現場で会社を支える従業員に主体的な参画を促すことにつながる。現場参画型改善活動という意味では、日本で広く展開されたＱＣ活動に似ているが、ＱＣサークルは基本的に職場内グループであり、マネジャーも参加しないことが多いのに対し、ワークアウトは組織や階層の壁を越えた営みである点が異なる。

こうした枠組みを用いながら、注力課題を改善していく行程をえがく際に、目標設定の仕方がポイントとなる。ただ漠然と「売場を良くする」「従業員の定着率を向上する」という類のものでは、どんな成果が得られるのかが分からず、シナリオにはならない。ＳＭＡＲＴとよばれる次の五つの視点で確認しておかなければならない。

Ｓ＝Specific…具体的な
Ｍ＝Measurable…測定可能な
Ａ＝Attainable…達成可能な
Ｒ＝Realistic…現実的な
Ｔ＝Time-bound…期限付き

これらのＳＭＡＲＴゴールを見定めて、改革案を実行した時、顧客の評価、従業員のオーナーシップがどのように変化していくかをモニタリングしていかなければ、一過性の運動で終わってしまう。これらを定点的に観測し、目標に達していなければ何がいけないのかを常に振り返れるようなプロセスをつくっておかなければならない。

Ⅲ　最期に

「熱しやすく、冷めやすい」。別に恋愛に限った話ではない。仕事への情熱や喜びが、同じ人でも人生のステージや環境によって変わってくるかもしれない。ＫＰＩという道しるべもまた不動のものではない。「伝統は革新の連続である」[(3)]という言葉は、創業四九〇年の伝統を持つ虎屋の黒川光博社長の言葉である。カスタマイズ型であれ、ユニバーサル型

(3)　『日経流通新聞』、二〇〇八年四月九日、第四面

であれ、常に進化し続ける組織においては、果たすべき目標の設定と成果の把握が繰り返し行われる。当然その働き手のオーナーシップは、ある仕組みをつくったら出来上がるものではない。永続的な改革を行っていきながら、「会社の成功、所属単位の成功、顧客の成功が、自分の事のようにうれしい」と思うオーナーシップという組織文化、風土を作り続けていく運動である。本当に強い企業というのは、戦略施策の善し悪しなどよりも、トップから現場の最先端に至るまで、オーナーシップの思考が組織のクセとして根づいているところにある。一人ひとりが何のために働いているのかという自己益というもの。企業組織の動機づけとしての組織益というもの。最期に社会全体にとっての有益性というもの。これら三つが根本的な部分でシンクロしているのか。私たちは常に自問自答し、それらが同期できるように追求し続けていかねばならない。

【付録】　オーナーシップの診断票

本書における事例研究の成果を実務に活用するために、付録としてオーナーシップの診断票を掲載する。この診断票は、とくに顧客に対してサービスを提供する従業員たちに対して利用されることを念頭につくられている。すなわち、従業員が自身のオーナーシップや志向性、待遇・評価などを自己評価するものである。

はじめに、貴社の従業員のオーナーシップを測定することが必要である。さらに第7章において議論したとおり、従業員たちの間にオーナーシップを育成し、顧客に対する価値提供へと結びつけるためには、「求める人材像」と「オーナーシップ育成」とのフィットと「ターゲット顧客」と「価値」とのフィットが必要である。そこで、この診断票はこれらのフィットが検証できるように設計されている。

なお、第一の診断票についてはマネジャー層や経営陣にも利用可能である。第二の診断票については、たとえば管理を担当している部下や店舗の従業員たちについて、マネジャーが評価するように適宜修正して利用することもできるだろう。

I　オーナーシップの測定：第一の診断票

本書の冒頭では、職務内容や給与、社内の評価制度などについて、従業員の満足度を測定あるいは向上するだけでは不十分であると主張してきた。従業員満足ではなく、オーナーシップを向上することが肝要である。まずは貴社の従業員のオーナーシップを測定しなければならない。ヘスケットらのオリジナルな測定方法にもとづきつつ、本書の事例研究やさまざまなサービス企業の取材を通じて、われわれが提案するのは以下の調査項目である。

ここで例示するのは、従業員にオーナーシップを七段階で自己評価する質問項目である。貴社の意図に合わせて、五段階にしてもよいし、「どちらともいえない」という中立的な回答を避けるために四段階や六段階にしても構わない。

【用途】

この診断票の活用法として、平均値と分散を検討する方法がある。たとえば、貴社のA店舗（あるいは部署）の従業員とB店舗の従業員のオーナーシップを比較するといった方法である。単純に平均値の低い店舗の従業員に対してはオーナーシップを高める施策が必要であろうし（むろん、オーナーシップを高める価値のある従業員であることは前提とする）、全員が最高評価をするように（この例では全員が「7」と回答する）組織の自助努力を投じることも有用かもしれない。また、平均値の高低だけでなく、分散の大きさも検討に値するだろう。A店舗では比較的高い平均値の回答が全員から寄せられているのに対し、B店舗では回答者によって評価が様々である、というような状況も想定できる。こうした場合、B店舗には貴社とソリの合わない従業員が採用されているとも考えられるし、B店舗における貴重な人材がその他の人材に対してコミュニケーション上の困難を感じているとも想像できる。B店舗のマネジャーの能力が問題かもしれないし、あるいは、B店

	まったくそうは思わない			どちらともいえない			とてもそう思う
お勤めの会社のために努力しようと思いますか	1	2	3	4	5	6	7
お勤めの店舗（所属、部署など）のために努力しようと思いますか	1	2	3	4	5	6	7
チームメンバーや同僚のために努力しようと思いますか	1	2	3	4	5	6	7
会社の成功は、自分のことのように嬉しいと感じますか	1	2	3	4	5	6	7
会社の製品やサービスをお客様に自信を持ってお薦めできますか	1	2	3	4	5	6	7
会社の製品やサービスを身の回りの人たちに自信を持ってお薦めできますか	1	2	3	4	5	6	7
あなたのお勤め先で働くことの喜びを身の回りの人たちに話そうと思いますか	1	2	3	4	5	6	7
会社をより良くするための提案を積極的にしたいと思いますか	1	2	3	4	5	6	7
会社をより良くするための提案に対して、あなたの上司や経営陣は聞く耳を持っていますか	1	2	3	4	5	6	7
会社が困難な状況に陥ったとき、自分が苦しい思いとしたとしても、会社のために努力したいと思いますか	1	2	3	4	5	6	7

舗のマネジャーはそれだけ困難な課題に対して孤独に立ち向かっているのかもしれない。

この診断票はあくまでも現状として、貴社のオーナーシップを測定するものである。第8章における議論を踏まえて、オーナーシップをどのように向上するか、という問題に取り組むための診断票を提案したい。

Ⅱ オーナーシップの二つの型：第二の診断票

オーナーシップを向上するロジックとして、われわれが注目したのはカスタマイズ型とユニバーサル型という二つの型である。そこで、本節にて提案する診断票は便宜的に二ページに渡るものとした。一ページ目はカスタマイズ型組織（貴社・貴店）のオーナーシップ育成や顧客価値の創造システムについて尋ねるものであり、二ページ目は同じくユニバーサル型のシステムについて尋ねるものである。それぞれのシステムを意図的に別ページにしているが、実際にこの診断票を使用するさいには各質問項目をシャッフルして構わない。しかし、以下のとおり診断項目はパーツごとに特定の役割を担っている。

それぞれの診断票は、四つのパーツから構成されている。従業員の志向性、待遇や評価、顧客の特性、顧客に提供する価値を順に尋ねるものである。

【用途】

この診断票には三つの主要な使いみちがあると考える。第一に、組織の目標や理念に沿った回答が得られただろうか。組織の求める人材像と従業員の志向性とは合致しているだろうか。カスタマイズ型の志向性に対してカスタマイズ型の待遇や評価が十分に準備されているだろうか。ターゲット顧客の求める価値を従業員たちは正しく認識しているだろうか。こうした問題を診断するために有用であることを願っている。

第二に、組織の一貫性を診断するために使用できる。たとえば、従業員の志向性や待遇・評価、顧客に提供する価値はカスタマイズ型であるのに対して、顧客の特性がユニバーサル型であるならば、組織の効率性や生産性を向上し、優れたコスト・パフォーマンスを追求する施策が有用となるであろう。あるいは、従業員がユニバーサル型の志向性をもっているにも関わらず、その実、顧客から求められているのは情熱やアドリブや柔軟性の必要なカスタマイズ型の価値であることを理解している、というのであれば、リクルーティングの出発点からの見直しが必要かもしれない。従業員たちは解決策を知っているにも関わらず、その解決策とはあまりなじまない志向性をもっているとも想定できるからである。こうした診断のためには、従業員たちの回答をパーツごとに平均し、カスタマイズ型とユニバーサル型の回答を引き算するとよい。貴社の理念や目標に反して、大きな窪みのあるところに改善点があるといえる。ただし、カスタマイズ型のオペレーションとユニバーサル型のオペレーションは両立しないわけではない。あるいは両立しなければならないケースもあるだろう。効率的なベース（たとえば設備やマニュアルのようなユニバーサル型のロジック）が準備されてはじめて実現できるような柔軟なオペレーションがある（カスタマイゼーションや義務以上のサービス提供活動などカスタマイズ型のロジック）。単純な引き算が問題を顕在化することも考えられるが、詳細については貴社の理念や目標、現状認識との相違と照らし合わせて活用してほしい。

第三の用途は、組織内あるいは組織間比較である。たとえば、貴社全体の目標や理念がカスタマイズ型のオペレーションであるならば、A店とB店とを比較することによってそれぞれに不十分なポイントを識別することができるかもしれない。たとえば、A店の従業員たちはカスタマイズ型の志向性に高い値を示すが、B店はそうではない、とすると、A店の従業員を手本とするような人材の交流が望ましいと診断できる。また、各店の従業員の回答から分散（あるいは標準偏差）を算出するのも興味深いであろう。たとえば、A店の従業員の回答はカスタマイズ型とユニバーサル型について各人がバラバラに回答している一方で（分散が大きい）、B店の従業員の回答の足並みが揃っているとすると（分散が小さい）、本部とA店の責任者、従業員たちの間の意思疎通に問題があるというように診断できる。

カスタマイズ型のロジックに関する質問項目

	まったくあてはまらない			どちらともいえない			とてもよくあてはまる
マニュアルにはないこと、マニュアルには載せられそうにないことにやりがいを感じる	1	2	3	4	5	6	7
臨機応変な対応が求められる環境が自分には合っている	1	2	3	4	5	6	7
創造性が重要な職務に就きたい	1	2	3	4	5	6	7
より良いサービスを提供するためには、業務時間やコストにこだわらない努力を投じていきたい	1	2	3	4	5	6	7
この会社の仕事や業務において成功することは、自分自身の目的の一つだ	1	2	3	4	5	6	7
仕事の進め方については個人で判断していかなければならない部分が多い	1	2	3	4	5	6	7
給与以外の面からみて、組織から自分は大事にされていると感じる	1	2	3	4	5	6	7
同僚と一緒に協力しなければできないように、仕事が進められている	1	2	3	4	5	6	7
グループ単位で評価・査定されている	1	2	3	4	5	6	7
顧客は特定の従業員によるサービスを求めている	1	2	3	4	5	6	7
顧客は従業員との対話や深いつながり、長い付き合いを求めている	1	2	3	4	5	6	7
顧客はプレミアムな価値を求めている	1	2	3	4	5	6	7
顧客（潜在顧客も含めて）は、コスト・パフォーマンスとは関係なしに、特定の会社やブランドを選択している	1	2	3	4	5	6	7
顧客に対してよりよいサービスを提供するためには、従業員同士や顧客をまじえた問題解決が奨励されている	1	2	3	4	5	6	7
自社は、他社の製品やサービスにはない、特別な価値を提供している	1	2	3	4	5	6	7
さまざまなタイプの顧客が価値を見出してくれるような製品やサービスを提供している	1	2	3	4	5	6	7
経験の少ない従業員をグループでフォローしようとする風土がある	1	2	3	4	5	6	7

ユニバーサル型のロジックに関する質問項目

	まったくあてはまらない			どちらともいえない			とてもよくあてはまる
担当する業務のこなし方・進め方については事前に詳しく説明されていたい	1	2	3	4	5	6	7
手順どおりに仕事を進めていける環境が自分には合っている	1	2	3	4	5	6	7
効率性が重要な職務に就きたい	1	2	3	4	5	6	7
努力や時間、コストの管理に気をつけている	1	2	3	4	5	6	7
給与は、自分自身の目的を達成するための手段だ	1	2	3	4	5	6	7
仕事の進め方について詳しい説明を受けている	1	2	3	4	5	6	7
金銭的・経済的な理由からみて、組織から自分は大事にされていると感じる	1	2	3	4	5	6	7
同僚との間には明確な分業・分担があり、お互いに独立した仕事の進め方をしている	1	2	3	4	5	6	7
個人単位で評価・査定されている	1	2	3	4	5	6	7
顧客にとって、どの従業員が担当かということは重要でない	1	2	3	4	5	6	7
顧客はスピーディなサービスを求めている	1	2	3	4	5	6	7
顧客のコスト意識は強い	1	2	3	4	5	6	7
顧客（潜在顧客も含めて）は、コスト・パフォーマンスがよいものがあれば、気軽に他社の製品やサービスを購入する	1	2	3	4	5	6	7
顧客に対してよりよいサービスを提供するためのサポート・ツール、ソフトウェア、機械や設備が用意されている	1	2	3	4	5	6	7
自社は、他社の製品やサービスよりもコスト・パフォーマンスの良いものを提供している	1	2	3	4	5	6	7
どのようなタイプの顧客に対しても平等な製品やサービスを提供している	1	2	3	4	5	6	7
経験の少ない従業員でも十分にサービスできるようなマニュアルやツールが準備されている	1	2	3	4	5	6	7

あとがき

「米国民の同胞の皆さん、あなたの国があなたのために何ができるかを問わないでほしい。あなたがあなたの国のために何ができるかを問うてほしい。」

これは、一九六一年一月にケネディ大統領が行った大統領就任演説の終盤のくだりである。本書の原稿がすべて揃い、校正作業をしていたときに、執筆者間の会話の中で、このくだりが話題に上った。ケネディ大統領が、米国民に、国へのオーナーシップを持たそうと試みた事例と捉えられるのではないかというわけだ。

当時の米国は、ソビエト連邦との冷戦のさなかにあった。彼は、この就任演説で、共産主義国家との闘いを越えて、人類共通の敵である圧政や貧困、疾病、そして戦争との闘いを呼びかけた。そして、国民に、自己利益を超えて、自分の国のために働くよう促したのである。国民オーナーシップの向上策と捉えてもおかしくはないだろう。

我が国でも、東日本大震災のあと、多くの人々が復興のボランティア活動に従事した。国が危機に直面したときに、国民の多くが国の行く末を憂い、自らの利害を超えて、自分が何をすべきかを自主的に考えて動いた。普段、あまり意識していなかった国へのオーナーシップが、震災を機に顕在化したと考えられよう。

このように、オーナーシップという概念は、さまざまな組織活動に関係している。企業経営にとどまらず、国家運営にも応用できる概念かもしれない。本書では取り上げなかったが、経済的報酬が相対的に小さいＮＰＯやＮＧＯにとっては、より重要な概念ではないだろうか。我々は、適用範囲の広い概念を手にしたように思う。

本書の執筆と編集を通して、もう一つ気づきがあった。それは、オーナーシップと教育とのつながりである。私は、普段、ビジネススクールでの授業で、ケースメソッドという教育方法を使っている。この方法は、講師が体系化された知識を一方的に伝えるレクチャーメソッドとは異なり、受講者が事例の中の当事者の立場になって意思決定することによって学ぶ方法である。

このケースメソッドの教育効果を高めるために一番重要なことは、受講者に当事者意識を持たせることである。言い換えれば、オーナーシップを持たせることだ。設定された状況における問題を、あたかも自分自身のものとして意思決定すれば、経営能力は確実に向上する。意思決定状況を追体験することにより、実際に体験した人と同じような学習効果が期待出来るからだ。他人事のような感覚で取り組む人は、ほとんど学習できていない。つまり、オーナーシップを持つことは、その人の能力向上にもつながるのである。

そうすると、組織メンバーのオーナーシップは、組織全体の利益になるだけでなく、組織メンバー本人の成長にも資するということになる。オーナーシップを高めることは、組織メンバーの犠牲の下に成り立つのではなく、経営者と従業員ともに利するＷＩＮ－ＷＩＮ関係にあるわけだ。顧客も含めれば、ＷＩＮ－ＷＩＮ－ＷＩＮと言ってもいいだろう。

本書の主張が、個人の犠牲の下に成り立つのであれば、我々は多少後ろめたい気持ちで本書を出版することになっただろう。しかし、オーナーシップを高めることで、従業員の成長を促しながら、企業業績を高めることが出来る。ゆえに、我々は自信を持って本書を日本のビジネスパーソンに紹介するのである。

本書のなりたち

本書が刊行されるきっかけは、同友館の佐藤文彦氏から、執筆者の一人である川又啓子が、ハーバード・ビジネススクールのヘスケット名誉教授とサッサー教授らの著作である The Ownership Quotient: Putting the Service Profit Chain to Work for Unbeatable Competitive Advantage を翻訳しないかと持ちかけられたことに遡る。二〇〇九年の夏のことである。

彼らの著作は、それまでに二冊ほど日本語に翻訳されており、いずれも多くのビジネスパーソンに読まれていた。したがって、前作の延長線上にある著作を日本のビジネスパーソンに紹介することは一定の意義があるだろうということで、翻訳することになった。川又は、京都産業大学の同僚である福冨言・諏澤吉彦、大学院の後輩の私を加えて翻訳チームを編成する。そして、二〇一〇年四月に『オーナーシップ指数：サービスプロフィットチェーンによる競争優位の構築』という日本語タイトルで出版した。

翻訳書の出版で一区切りついたのだが、翻訳チームは解散とはならずに、オーナーシップに関する研究を続けることになる。もちろん、オーナーシップという概念が、マーケティング研究および企業経営にとって重要な概念だと感じたからだ。また、翻訳本の中に出てくる企業は、欧米の企業であるため我々にはなじみがなく、十分にオーナーシップ概念を紹介しきれていないという思いもあった。

そこで、日本人ビジネスパーソンになじみのある日本市場で活躍する企業を対象にして、オーナーシップの概念を使って分析することに焦点を定めた。また、翻訳に携わった研究者だけでなく、実務に携わるコンサルタントに実務的な側面を補完してもらおうと、博報堂ブランドコンサルティング（現、博報堂コンサルティング）に声をかけた。同社は、『サービスブランディング「おもてなし」を仕組みに変える』という著作を刊行していることからわかるように、サービス業へのコンサルティング業務を数多く行っているので、この企画に興味を示してくれた。

二〇一〇年五月、新たな研究チームが発足し、第一回目の研究会を開催した。その後、八月から平均二か月に一回のペースで実施した。その間、分析枠組みを変更したり、対象企業を変更したりと、紆余曲折あったが、ようやくまとめ上げることができた。

本研究は、まだ終わりではない。オーナーシップの概念が重要であることは間違いないが、まだ完全に消化しきれていない。現在、本書で取り上げたスターバックスやドトールコーヒーと同じフードサービス業界の企業を対象にして、定量調査を実施している。研究の経過は、ＯＱブログ（http://www.doyukan.co.jp/authlog/oqblog/）に記載する予定なので、ときどきのぞいて欲しい。

謝辞

本書は、前述のとおり、ヘスケット名誉教授らの著作の翻訳本のメンバーと博報堂コンサルティングの共同研究の成果である。執筆者として名は連ねていないが、京都産業大学の諏澤吉彦氏と博報堂コンサルティングの吉田芳弘氏は、研究会のメンバーの一員であり、本研究に多大な貢献をしている。本書は、彼らを含めた七名の研究メンバーの成果であることをここに記しておきたい。

株式会社あきんどスシロー、株式会社ドトールコーヒーには、我々のインタビューに快く対応していただき、２次データでは入手できない情報を提供していただいた。感謝の意を表したい。

京都産業大学と武蔵大学の学生の数名には、アルバイト先としての企業の実態について、話を聞かしてもらった。彼・彼女らにも感謝したい。

尚、本書は、以下の研究資金による研究成果を含んでいる。

- 「サービス、営業、販売職に就く人々のパフォーマンスを向上する組織のダイナミクス」（科学研究費補助金若手研究（B）、代表者　福冨言、2012-2013、課題番号24730371）
- 「市場志向組織における価値創造：リレーションシップ・マネジメントの構築」（科学研究補助金基盤B、代表者　内田和成、2010-2012、課題番号21330106）

最後に、同友館には、先の翻訳本に引き続き、本書の刊行にもご尽力いただいたことを感謝したい。特に、編集の佐藤文彦氏と武苅夏美氏は、研究会にも何度か出席し、さまざまなアドバイスをいただいた。また、タイトな編集スケジュールをうまく調整していただいた。改めて、お礼を申し上げたい。

二〇一二年九月

編著者を代表して
黒岩健一郎

参考文献

Arndt, A., Arnold, T. J. and Landry, T. D. (2006) "The Effects of Polychronic-Orientation upon Retail Employee Satisfaction and Turnover," *Journal of Retailing*, 82 (4), pp. 319-330.

Bettencourt, L. A., Brown, S. W. and MacKenzie, S. B. (2005) "Customer-Oriented Boundary-Spanning Behaviors: Test of a Social Exchange Model of Antecedents," *Journal of Retailing*, 81 (2), pp. 141-157.

Brown, S. P., Cron, W. L. and Slocum Jr. J. W. (1998) "Effects of Trait Competitiveness and Perceived Intraorganizational Competition on Salesperson Goal Setting and Performance," *Journal of Marketing*, 62 (October), pp. 88-98.

Burns, A. C. and Bush, R. F. (2000) *Marketing Research*. Prentice-Hall.

Chandler. A. D. (1962) Strategy and Structure. Massachusetts Institute of technology（有賀裕子訳『組織は戦略に従う』ダイヤモンド社，二〇〇四年）

David, Fred. R. (2005) *Strategic Management: Concepts and Cases*, 10th. International Edition, Prentice-Hall.

Dooley, D., Rook, K. and Catalano, R. (1987) "Job and Non-Job Stressors and Their Moderators," *Journal of Occupational Psychology*, 60 (2), pp. 115-132.

Hackman, J. R. and Oldham, G. R. (1975) "Development of the Job Diagnostic Survey," *Journal of Applied Psychology*, 60 (2), pp. 159-170.

Heskett, J. L., Jones,T. O.et al. (1994) "Putting the Service-Profit Chain to Work," Harvard Business Review

Heskett, J. L., Sasser, E. W., and Wheeler, J. (2008) *The Ownership Quotient: Putting the Service Profit Chain to Work for Unbeatable Competitive Advantage*. Harvard Business School Press.（川又啓子・諏澤吉彦・福冨言・黒岩健一郎訳『オーナーシップ指数：サービスプロフィットチェーンによる競争優位の構築』同友館，二〇一〇年）

Jaramillo, F. and Grisaffe, D. B. (2009) "Does Customer Orientation Impact Objective Sales Performance? Insights from a Longitudinal Model in Direct Selling," *Journal of Personal Selling and Sales Management*, 29 (2), pp. 167-178.

Michelli, J. A. (2008) The New Gold Standard, McGraw-Hill.（月沢李歌子訳『ゴールド・スタンダード』ブックマン社，二〇〇九年）

Mulki, J. P., Lassk, F. G. and Jaramillo, F. (2008) "The Effect of Self-Efficacy on Salesperson Work Overload and Pay Satisfaction," *Journal of Personal Selling and Sales Management*, 28 (3), pp. 285-298.

Netemeyer, R. G. and Maxham III, J. G. (2007) "Employee versus Supervisor Ratings of Performance in the Retail Customer Service Sector: Differences in Predictive Validity for Customer Outcomes," *Journal of Retailing*, 83 (1), pp. 131-145.

Noble, C. H. (2008) "The Influence of Job Security on Field Sales Manager Satisfaction: Exploring Frontline Tensions," *Journal of Personal Selling and Sales Management*, 28 (3), pp. 247-262.

Oliver, R. L., and Anderson, E. (1994) "An Empirical Test of the Consequences of Behavior- and Outcome-Based Sales Control Systems," *Journal of Marketing*, 58 (October), pp. 53-67.

Rizzo, J. R., House, R. J. and Lirtzman, S. I. (1970) "Role Conflict and Ambiguity in Complex Organizations," *Administrative Science Quarterly*, 15 (June), pp. 150-163.

Robinson, L., Marshall, G. W., Moncrief, W. C. and Lassk, F. G. (2002) "Toward a Shortened Measure of Adaptive Selling," *Journal of Personal Selling and Sales Management*, 22 (2), pp. 111-119.

Schultz, Howard with Gordon, Joanne (2011) *Onward: How Starbucks fought for Its Life without Losing Its Soul*, John Wiley & Sons.（月沢李歌子訳『スターバックス再生物語　つながりを育む経営』徳間書店，二〇一一年）

荒田雅之（二〇一〇）『スターバックスの感動サービスの秘密』ぱる出版。

岩瀬大輔（二〇一一）『ネットで生保を売ろう！'76生まれ、ライフネット生命を立ち上げる』文藝春秋。

越後修・袴田輝（二〇〇八）『「深さ」を追求する顧客創造——ユナイテッドアローズの情報マネジメント——』北海学園大学開発研究所。

株式会社J.D.パワー　アジア・パシフィック（二〇一一）『２０１１年日本ホテル宿泊客満足度調査』。

川島蓉子（二〇一一）『ユナイテッドアローズ』アスペクト。

川嶋幸太郎（二〇〇八）『なぜユニクロだけが売れるのか?:世界を制するプロモーション戦略と店舗オペレーション』ぱる出版。

河野宏和、坂爪裕（二〇〇五）「㈱くらコーポレーション」慶應義塾大学ビジネス・スクール所収ケース。

柴田光栄（二〇一二）、「江戸ののれんに学ぶ事業承継と人づくり（第7回）虎屋　黒川光博社長　確立した個を結集し、最高のプロ集団をつく」『商業界　12年4月号』、一一二―一一五頁。

嶋口充輝（一九九四）『顧客満足型マーケティングの構図』有斐閣。

関口康（一九九八）『ヤンセンファーマ　驚異のビジョン経営』東洋経済新報社。

瀬戸久美子（二〇一一）「あきんどスシロー（回転寿司のチェーン展開）新鮮さ支える高効率」『日経ビジネス２０１１年12月12日号』日経ＢＰ社、六二―六六頁。

高橋一夫（二〇一〇）「サービス人材のマネジメント：ザ・リッツ・カールトン大阪」『1からのサービス経営』碩学舎、五五―七一頁。

竹内一雅（二〇一〇）「日本のホテル事情　統計的把握と需要の将来予測」『不動産投資レポート　２０１０年4月27日』ニッセイ基礎研究所。

玉城良隆（一九九八）『プルデンシャル生命の顧客至上経営』ビジネス社。

デーブ・ウルリヒ、スティーブ・カー、ロン・アシュケナス（二〇〇三）『GE式ワークアウト』、日経ＢＰ社。

鳥羽博道（二〇〇八）『ドトールコーヒー「勝つか死ぬか」の創業記』日本経済新聞出版社。

豊崎賢一、西頭恒明（二〇一一）「トップインタビュー　あきんどスシロー／代表取締役社長　豊崎賢一氏―「デジタル7割」で経営　原価率50%をＩＴで下支え」『日経情報ストラテジー２０１１年2月号』日経ＢＰ社、二六―三〇頁。

永田雅乙（二〇一〇）『顧客満足度No.1のチームマネジメント：回転寿司スシロー7つの秘訣』阪急コミュニケーションズ。

日本生産性本部（二〇一一）『レジャー白書２０１１』。

野地秩嘉（二〇一一）「現場リーダーの仕事術「店長」図鑑⒄スシロー　川崎　第一京浜店　店長　小池雄大　お客様の好みを察知して売れるネタをテンポよく流す。回転ずしは〝読み〟が勝負。」『日経ビジネス associe　２０１１年8月2日号』日経ＢＰ社、九八―一〇一頁。

原年廣（二〇〇八）『魔法を信じた経営者　プルデンシャル生命・坂口陽史の献身と挑戦』ダイヤモンド社。

原年廣（二〇〇三）『ただ、顧客のために考えなさい』ダイヤモンド社。

扶桑社ムック（二〇一〇）『スシローが顧客満足度No.1になった50の秘密』扶桑社。

堀地ヒロ子（二〇一一）『銚子丸の心意気』ＰＨＰ研究所。

丸木伊参（二〇〇六）『ユナイテッドアローズ　心に響くサービス』日本経済新聞社。

三菱ＵＦＪリサーチ&コンサルティング（二〇一〇）「企業最前線　銚子丸―ネタとともに理念を売れ。グルメな「回転寿司」のつくり方」『スケットNo.251』三菱ＵＦＪリサーチ&コンサルティング会員・教育事業本部Squet事業部、二七―二九頁。

南知惠子・ファッション・システム研究会（一九九九）「流行の生成システム：ヴィジュアル・リーダーの存在」『マーケティング・ジャーナル』日本マーケティング協会、七五号、四―一六頁。

峰如之介（二〇一〇）『稼働率89％リピート率70％　顧客がキャンセル待ちするホテルで行われていること』ダイヤモンド社。

柳井正（二〇〇六）『一勝九敗』新潮社。

米川伸生（二〇一一）『回転寿司の経営学』東洋経済新報社。

山本梁　31
ユナイテッドアローズ　152
ユニクロ　146
ユニクロ大学　159
ユニクロブーム　149
ユニバーサル型　186, 199, 200, 202
予測ビジネス　95

ら行

ライフネット企画　132
ライフネット生命保険　117
ライフプランナー　115
離職率　91, 98
リビングニーズ特約　114, 121
レーン　92
ロイヤルティ　23

わ行

ワークアウト　194
ワールド　151
ワンフローズン　90

銚子丸　87
直送仕入れ　101
帝国ホテル　29
出口治明　116
店長十戒　157
店内調理　89
店内パフォーマンス　100
東京ディスニーリゾート　2, 10, 15
当事者意識　4
東横イン　29
独自性商品　165
特約　121, 134
ドトール・日レスホールディングス　49
ドトールコーヒー　53
鳥羽博道　51
豊崎賢一　87
トライアル　23
虎屋　201

な行

内発的動機　13, 14
内部サービス品質　22
ニードセールス　123
日本版顧客満足度指数（JCSI）　29, 68, 85
日本マイクロソフト　2
日本マクドナルド　48

は行

廃棄率　93
廃棄ロス　93
ハイバリュー　192
働きがいのある会社ランキング　134
働く人の保険　129
ハラーズ・エンターテイメント　5
バリュー・フォー・マネー　106, 187
シュルツ，H.　49
ピア・コーチ　62
ヒートテック　152
ビームス　151
ピン型　174
品質管理　88
ファーストクラスカード　37
ファーストリテイリング　150
ファイブスター表彰プログラム　37
ファンド・ユニゾン・キャピタル　86
フェア・トレード　59
フェアモント・ホテル&リゾート　5
付加保険料　117
富士屋ホテル　28
プラス満足の促進　109
ブラック・エプロン　63
フランチャイジー　49
フランチャイズ　49
フランチャイズ・チェーン　87
フランチャイズ店　82
ブランド・イメージ　54
フリースキャンペーン　149
フルコミッション制　125
プルデンシャル・ファイナンシャル　114
プルデンシャル生命保険　115
プレミアム　201
プロジェクト・ダーウィン　97
プロデューサー　103
米国プルデンシャル生命保険　114
ヘスケット，J.　3
ベンチマーキング　102
報奨制度　97
ホスピタリティ　51
ポッカ（カフェ・ド・クリエ）　50
ホテルオークラ　29
堀地速男　87
堀地ヒロ子　99

ま行

マイナス点の回避　106
マニュアル　62
マルコム・ボルドリッチ賞　31
マレット型　174
マンダリン・オリエンタル　29
ミズノ　166
ミッション・ステートメント　64
無添くら寿司　84
モチベーション　63

や行

柳井正　148

グリーンレーベル リラクシング　151
グルメ回転寿司　85
クレド　34, 64
クレドサーベイ　192
黒川光博　195
経常利益率　73
ゲーム感覚　95
劇団員　100
劇団賞　105
ゲスト・サービス・エイド　32
原価率　89
小池雄大　92
広報誌　72
コーヒー・アンバサダー・カップ　63
ゴールド作戦チーム　42
顧客維持率　44
顧客価値　88
顧客価値創造システム　25
顧客のなる木＝Client Tree　121
顧客満足　2
顧客ロイヤルティ　22
個人保険　112
コスト・パフォーマンス　199, 201, 202
コスト管理　88
コミットメント　23
コリンズ，J. C.　102
コンセプト　51
コンビニエンス・ストア　48
コンラッド　29

さ行

ザ・ペニンシュラ　29
ザ・リッツ・カールトンホテル　30
サード・プレイス　57
サービス・プロフィット・チェーン　21
サービス・マーケティング　21
サービス産業生産性協議会　85
最低許容水準サービス　106
サイレン　60
坂口陽史　114
サザビーリーグ　50
サッサー　3
シアトル・スタイル　50
重松理　151
時代性商品　165
自動皿カウント・水回収システム　89
自動廃棄システム　89
使徒のような伝播力のある行動　24
しまむら　146
清水義雄　86
社長杯コンテスト　126
シャノアール（ベローチェ）　50
シャングリラ　29
従業員満足　3
需要予測　89
勝率　97
食材ロス　89
食の安全・安心財団　49, 84
職場環境　91
ドライデン，J. F.　114
ジョンソン・エンド・ジョンソン　193
自律性　13, 14
人材育成　102
診断票　197
スーパー・チューズデイ　97
スーパーSPA　167
スーパーホテル　31
スシロー　86
スシローマイル　97
スターバックス　51
スタバ・ラバー　177
ストローク式　174
セグメンテーション　186
リッツ，C.　30
セレクトショップ　150
先駆性商品　165
全店長会議　97
セントラルキッチン　90
専門十貨店　162
組織は戦略に従う　188

た行

鯛すし　86
タップ式　174
谷口義裕　91
単品管理　89

欧文索引

Basic Training Program　125
Career Information Program（CIP）　124
CHROME HEARTS TOKYO　151
CS（顧客満足）　96
CS/ES 管理部　96
D & N コンフェクショナリー　53
ES（従業員満足）　96
First Month Training Program　125
GE（ゼネラル・エレクトリック）　201
Great Place to Work Institute Japan　134
H & M　146
IC チップ　89
IRP 研修　73
IRP システム　67
KPI（キー・パフォーマンス・インディケーター）　191
L 字型　174
NTT ドコモ　2
OEM　164
OJT　62
QR コード時間制管理システム　89
QSP　38
S. B. U.（Small Business Unit）　166
SPA　148
UA ラボ（UA-LABO）　166
UCC（上島珈琲店、珈琲館）　50
ZARA　146

和文索引

あ行

アウディ　166
アサヒグループ　2
アパホテル　29
アパレル　11
アルフレッド・チャンドラー　188
岩瀬大輔　133
インセンティブ　54, 74
ウェルカム・トゥ・ザ・プルデンシャル　122
売上総利益率　60
衛生管理　92
エグゼクティブ・ライフプランナー　126
エクセルシオール・カフェ　82
ヱスビー食品　2
江戸前寿司（立ち寿司）　99
エリアマネジャー　92
エンパワーメント　35
大久保一彦　103
オーナー　66
オーナーシップ　4, 22
オーナーシップ・バリュー モデル　21
オーナーシップ育成システム　25
オーナーシップ指数　5
オープンアーキテクチャー経営　136
オール　87
おかみさん　99

か行

回転すし総合管理システム　88
回転率　93
加賀屋　99
カスタマイズ　57
カスタマイズ型　186, 199, 200, 201
カスタマイゼーション　206
かぞくへの保険　116
かっぱ寿司　84
カテゴリーキラー　147
加藤智治　96
金谷ホテル　28
カフェ・コロラド　53
カフェ・ベローチェ　68
気づきと好奇心　23
客室稼働率　44
客単価　93
逆ピラミッド型　96
キヨ・サカグチ・ゴールデンハート・メモリアル・アワード　123
業態　48
極洋　90
キラキラ賞　105
空間　106
苦情　71
グランドハイアット　29
グリーン・エプロン・ブック　64

【著者略歴】

黒岩　健一郎（くろいわ　けんいちろう）……… 編者、および序章、第1章Ⅲ節、第2章 担当
武蔵大学経済学部准教授
慶應義塾大学大学院経営管理研究科後期博士課程単位取得退学
［主要著書］『マーケティングをつかむ』（共著, 有斐閣, 2012年）、『1からのマーケティング分析』（共著, 碩学舎, 2011年）、『1からのサービス経営』（共著, 碩学舎, 2010年）、『OQ（オーナーシップ指数）サービスプロフィットチェーンによる競争優位の構築』（共訳, 同友館, 2010年）

牧口　松二（まきぐち　しょうじ）… 編者、および第1章Ⅱ節、第6章、第7章、第8章 担当
株式会社 博報堂コンサルティング執行役員
早稲田大学大学院商学研究科修士課程修了
［主要著書］『サービスブランディング』（共著, ダイヤモンド社, 2008年）、『ブランドマーケティングの再創造』（共訳, 東洋経済新報社, 2004年）、『図解ブランドマネジメントのすすめ方』（共著, 日本能率協会マネジメントセンター, 2002年）

福冨　言（ふくとみ　げん）…………………………………………… 第1章Ⅰ節、第3章、付録 担当
京都産業大学経営学部准教授
一橋大学大学院商学研究科博士後期課程修了
［主要著書］『日本企業のマーケティング力』（共著, 有斐閣, 2012年）、『OQ（オーナーシップ指数）サービスプロフィットチェーンによる競争優位の構築』（共訳, 同友館, 2010年）

川又　啓子（かわまた　けいこ）…………………………………………………………… 第4章 担当
京都産業大学経営学部教授
慶應義塾大学大学院経営管理研究科後期博士課程単位取得退学
［主要著書］『OQ（オーナーシップ指数）サービスプロフィットチェーンによる競争優位の構築』（共訳, 同友館, 2010年）、『マーケティング科学の方法論』（編著, 白桃書房, 2009年）

西村　啓太（にしむら　けいた）………………………………………………………… 第5章 担当
株式会社 博報堂コンサルティング　プロジェクト・マネジャー
The University of York, M.Sc. in Environmental Economics and Environmental Management 修了
Central Saint Martins College, M.A. in Design Studies 修了

2012年10月30日　第1刷発行

なぜ、あの会社は顧客満足が高いのか

―オーナーシップによる顧客価値の創造―

著　者　黒岩健一郎・牧口松二・
福冨　言・川又啓子・西村啓太

発行者　脇　坂　康　弘

〒113-0033 東京都文京区本郷3-38-1
TEL. 03(3813)3966
FAX. 03(3818)2774
http://www.doyukan.co.jp/

発行所　株式会社 同友館

乱丁・落丁本はお取り替えいたします。
三美印刷／東京美術紙工
ISBN 978-4-496-04916-3
Printed in Japan